中　國
西藏
中　亞
新德里
喜馬拉雅山
珠穆朗瑪峰
尼泊爾
加德滿都
錫金
不丹
孟加拉
印　度
緬甸
河內
寮國
越
南
中南半島
泰國
吳哥窟
柬埔寨
洞里薩湖
金邊
胡志明市
孟加拉灣
台灣
香港
澳門
太平洋
菲律賓海
南海
亞齊省
婆羅洲
伊里安查亞
（西巴布亞）
印尼
雅加達
爪哇島
狄力
西帝汶
東帝汶
帝汶海
澳洲

匈牙利
羅馬尼亞
巴爾幹半島
保加利亞
黑海
希臘
安卡拉
土耳其
地中海
敘利亞
大馬士革
巴格達
伊拉克
中
德黑蘭
伊朗
安曼
開羅
埃及
利雅得
沙烏地阿拉伯
東
波斯灣
阿曼
葉門
裡海
鹹海
烏茲別克
土庫曼
塔吉克
加拉拉巴德
喀布爾
白夏瓦
阿富汗
伊斯蘭馬巴德
達蘭薩拉
巴基斯坦
印度洋

中東現場

全新增訂版

Middle East

揭開伊斯蘭世界的衝突迷霧

張翠容——著

新版序

中東的變與不變

《中東現場》早於二〇〇六年出版，想不到相隔十多年，中東地區依然動蕩不安，而且其局勢更見詭祕。就在二十一世紀踏進第三個十年的二〇二三年，來到十月，竟爆發了以色列和巴人之間七十多年來最殘酷的衝突，兩邊的平民百姓成為最大的受害者。

當巴人激進組織哈瑪斯突襲以色列南部，千餘人遇害，並挾持兩百名人質，震驚國際社會之際。以色列立刻用極大不成比例的手段，在哈瑪斯大本營的加薩走廊，無差別地持續性狂轟濫炸，跨過二〇二三年，直至二四年，每天導彈都如雨下，造成屍橫遍野。醫院、學校和聯合國駐當地機構亦難倖免，死傷者上萬，最傷痛的是孩童。

踏入二十一世紀，這塊面積不大的巴勒斯坦土地上之舊恨，再次加添新仇，同時以史無前例的方式，把世界也捲了進去，推高中東第六次大戰、甚至到全球大戰的可能性。美英政客火上加油，國際評論煞有介事，平民百姓痛苦哀號，真是牽連甚廣。

眼看今次自許是文明富裕的以色列，夥同世界警察的美國，以自衛之名在加薩行國家恐怖主義之實，其行為比他們眼中極端的恐怖分子更見瘋狂，令人不禁問：恐怖主義是如何滋生的？

二戰後已被文明唾棄的殖民主義，原來在以巴地區卻已持續了七十五年，至今愈見殘暴，並理直氣壯，實在是挑戰著人類良知的底線，叫世人情何以堪?!這才引致全球各地就最新的加薩危機發出最大的怒吼，示威不斷。

發生在二戰的猶太大屠殺、冷戰初期印尼一九六七年剿共大屠殺，到上世紀九〇年代的盧旺達族群大屠殺，以及波斯尼亞宗教屠殺等，我們以為人類走過血腥的二十世紀，應該已有了很深沉的歷史教訓。踏進二十一世紀，我們講地球村，談普世價值、人類命運共同體，過程中雖有跌跌碰碰，但至少認為仍是往前走。

想不到古代誅九族的野蠻手段，卻在二十一世紀的今天上演，並有過之而無不及。要世人眼巴巴看著一場如此赤裸裸的持續性大屠殺在加薩爆發，對超過兩百萬人口的種族清洗行動，卻沒有人或國家能夠制止，這已不僅關乎一個民族的生死和人權及公義，而且可能涉及到人類價值的瓦解、文明的破產。當國際法受到這樣的蔑視和無法執行下，更可能導致世界的禮崩樂壞，那麼，我們生存在世還有何所依？

大家對此都想弄出個所以然，遂不禁問：什麼是因，什麼是果？若無法把因果關係梳理，這個影響世界格局的中東地區，對我們而言永遠只是個詭祕的黑洞。

就在這個時候，有讀者向我表示，希望絕了版的《中東現場》能有機會再版，而出版社也正有此意，我立刻提出必須添補內容，做一個更新版。畢竟在過去十多年間，中東局勢風起雲湧，在戰爭與和平之間急促遊走。大家都沒想到伊朗和沙烏地阿拉伯可以復交，而以色列也與數個海灣國家建立突破性的正常關係，另方面卻和巴人的衝突依然險峻，並陷入以暴易暴的惡性循環而不能自拔。

在中東地區，這麼多年來究竟有多少變化和不變？我帶著這個問號，多次重返該地區現場探個究竟。

從「阿拉伯之春」的希望到敘利亞內戰的絕望，黎巴嫩和約旦在阿拉伯地區成為了敘國難民潮前線收容國，令其國內政治也跟著起變化，加上使人聞風喪膽的「伊斯蘭國」的崛起和衰亡，可說是改變了整個中東的地緣政治。

在「後阿拉伯之春」時期，有國家走上回頭路如埃及，軍人政府再次抬頭；黎巴嫩由於內鬥和難民問題，加上二〇二〇年的貝魯特倉庫大爆炸，徹底把經濟壓倒，成了失敗的國家；支離破碎的敘利亞，企圖從戰爭灰燼中重新站起來。至於伊拉克，有人形容這是個沒有獨裁者的獨裁國度，美國的十八年占領究竟對該國做出了怎麼樣的改變？美軍在二〇二一年正式撤出伊拉克，應該有個結論。

在一片混亂的中東，走在其中，特別舉步為艱。由於全球石油的生產國主要集中在這個地區，而石油又是各國追求現代化的重要「血液」；加上該地區位處於亞非歐三大洲的交通要道，遂令得其地緣政治異常複雜，大國包括歷史上各帝國在此的博弈一直激烈；加上這亦是伊斯蘭文明的重要區塊，與西方的基督教文明和東方文明在世上鼎足而立，但後來在英美支持下的猶太復國主義者在此建立了以色列國後，更見洶流暗湧。

我們實在有必要了解這個地區，以及它和世界所發生的關係，但偏偏這個地區又是我們最不認識的，因此早於千禧年代我克服不少困難，下決心好好採訪中東，並撥開迷霧，把第一手資訊帶給中文讀者。重讀自己這本在二〇〇六年出版的《中東現場》，似乎可以為今天的果做出了其前因的一個解讀，為讀者提供一些建基於我所見證而引伸出來的觀點。再補充成書後我重返中東的所見所聞、所思所感，還有最新的分析，從中可看到過去和現在有多少的變與不變。

在我的中東旅程上，讓我最揪心的，就是遇上不少受戰火折磨的孩童，以及在動盪局勢中難以舒展理想的年輕人。我有時會感到無奈，除了盡力採訪報道，把他們的聲音帶出來外，還可以為他們做些什麼？藉著《中東現場》的新版與讀者見面，我把版稅全捐給為這些無助小孩及少年人而設的教育項目，也謝謝大家對這本書的支持。

Contents

黎巴嫩
浴火鳳凰

敘利亞
風暴靶心

伊拉克
潘朵拉的盒子

文學・政治
阿拉伯藝術家

美國．中東
從文明衝突到東方主義

和平運動在中東
黑暗中的光芒

楔子

恐怖主義的迷思

從我們身處的東北亞、東南亞往西移，便是政局複雜和動盪的中亞、南亞、中東，我們卻不清楚那裡的宗教、種族、政治和經濟。我們只隱約記得那一股在重慶大廈（位於香港尖沙咀鬧市、住滿南亞裔人士的一棟商場大樓）傳來的香油味道，還有那一位裹纏頭巾、眼睛圓大的小孩，手上拿著的神燈突然冒出壯大的幽靈。

一個屬於天方夜譚的故事，一個讓我們充滿想像的地區，同位於亞洲，卻是陌生如天涯海角，有訴說不盡的一千零一個神祕之夜？

但，我們和他們也不無聯繫。

「來如流水兮逝如風；不知何處來兮何所終！」

在金庸筆下的《倚天屠龍記》，韓夫人、謝遜、殷離和小昭都喜歡哼出上述的波斯小曲，當時明教傳自波斯，遂學上這首曲調。

金庸寫道，「各人想到生死無常，一人飄飄入世，實如江河流水，不知來自何處，不論你如何英雄豪傑，到頭來經不過一死，飄飄出世，又如隨風不知吹向何處。」

這亦道出了多少橫跨歐亞穆斯林帝國王朝的盛衰命運，從輝煌的阿拉伯王朝、奧圖曼突厥帝國、波斯薩法維王朝（Safavids）、印度蒙兀兒帝國。到現在，在大眾的印象裡，似乎就只有手持 AK-47 步槍的蒙面「聖戰者」，美國指稱他們是恐怖分子，我們也就跟著這樣說。

事實上，早於張無忌，其師父謝遜已經向他訴說了一個中東波斯的「恐怖分子」事蹟。一切從那首波斯曲子說起。

原來，那小曲來自波斯一位著名詩人峨默的手筆，已有兩百多年的歷史了。峨默精通文學，與善於政事的尼若牟、武功高強的霍山意氣相投，互立兄弟之約，禍福與共。

後來，尼若牟當上了教皇的首相，霍山也因好友獲得官職，峨默則只要求一筆金錢，研習天文曆數，飲酒吟詩，過著閒雲野鶴的生活。

「不料霍山雄心勃勃，不甘久居人下，陰謀叛變。事敗後結黨據山，成為威震天下的一個宗派首領。該派專以殺人為務，名為依斯美良派；當十字軍東征之時，西域提起『山中老人』霍山之名，無不心驚色變。其時，西域各國君王喪生於『山中老人』手下者不計其數……

「極西海外有一大國，叫做英格蘭，該國國王愛德華得罪了『山中老人』，被他派人行刺。國王身中毒刃，幸得皇后捨身相救，吸去傷口中毒液，國王方得不死。霍山不顧舊日情義，更遣人刺殺波斯首相尼若牟。首相臨死時口吟峨默詩句，便是這兩句『來如流水兮如風；不知何處來兮何所終！』。」（摘自金庸《倚天屠龍記》）

金庸向中文讀者呈現了中東伊斯蘭激進組織的輪廓。最有趣的是，金庸筆下的「山中老人」霍山在歷史上確有其人，阿拉伯名字為 Al-Hasan b.al-Sabbah。上海辭書出版社《伊斯蘭教小辭典》，翻譯為哈桑．本．薩巴，金庸取其名 Hasan，譯為霍山，實屬同一人。

根據該小辭典的記載：哈桑是伊斯蘭教什葉派的伊斯瑪教義派支派阿薩辛派（Hashishi）的始創人。生於庫姆，十七歲後皈信伊斯瑪教義，並在一〇七一至七二年受委派，由波斯前往埃及法蒂瑪王朝布道。據說法蒂瑪王位的繼承鬥爭中，哈桑擁立長子尼查爾（Nizar），企圖推翻已奪下王位的二皇子。他之後在波斯西北部阿拉穆特山（Alamut）建立城堡要塞，創立阿薩辛派，並因據有山中城堡，遂被稱為「山中老人」。

十二世紀十字軍入侵時，社會動亂，阿薩辛派勢力大增，擴及敘利亞、伊拉克和黎巴嫩山區，之前其勢力已廣為分布於伊朗、烏茲別克、哈薩克斯坦、印度西北部和非洲東部等地。

由於阿薩辛派善於暗殺，故有「暗殺派」之稱，加上哈桑在山中領導該派時又組成菲達伊（Fidais，意為奉獻生命者，即敢死隊），我們一聽見哈桑和阿薩辛，便很容易聯想到

「恐怖組織」。那麼，哈桑可謂是恐怖主義的鼻祖了，是不？

毛澤東說：「沒有無緣無故的愛，也沒有無緣無故的恨。」不過，當我們談到恐怖主義，特別在大眾媒體的論述裡，則比較傾向集中在可達煽情效果的恐怖手段；沒有了歷史的脈絡，他們活像是一群「天生殺人狂」。

經過「九一一」事件的震撼後，有些人公開地說，有些人心裡暗想，有些人極力辯護，但無論如何，伊斯蘭似乎變成恐怖主義的同義詞，焦點集中在中東的伊斯蘭地區。霍山又或是哈桑，那個以殺人為己任的恐怖分子，他走出山外，又復活了。

「來如流水兮逝如風；不知何處來兮何所終！」這兩句詩句如幽靈般在世界某個角落飄盪著，直叫人毛骨悚然。

但，如果我們還相信，一切總有一個來處，可以解釋心中的「為什麼」，就不妨與我一起展開一次探索伊斯蘭激進組織的旅程。

首站是埃及開羅……

埃及

| Egypt |

尼羅河之子

開羅市中心地標：解放廣場，過去的抗爭都是從這裡開始。

左｜一個開羅，兩個世界，伊斯蘭開羅是個保守的舊城。

右｜埃及開羅的茶館，是民間資訊與文化交流的中心。

埃及曾帶領「阿拉伯之春」運動。

作者與埃及青年，他們
熱切追尋自由的空間。

現代伊斯蘭主義運動起源地

她永遠奔流不息，乍看　卻像凝然不動。
一望無際的河水傾瀉奔流，是如此雄渾，又如此安詳；
可是只要稍微激怒，洶湧的水流便池沫飛濺，帶著雄獅般的怒吼，掀起驚濤巨浪。
像甜蜜的希望，她的玉液瓊漿對我們無比珍貴。
像龍涎香一樣，她的兩岸碧波蕩漾、四際芬芳。
儘管她泥沙混濁，卻使世界上最美麗的江河黯然失色，神聖、浩瀚的尼羅河啊，
是我們永恆的母親！

——艾哈邁德・邵基[1]，《尼羅河》

埃及，不免讓人聯想到尼羅河，可能還有那場戲劇化的「阿拉伯之春」革命，它的出

現如奔流的滔滔大江，現在，又回到原點地，一切是如靜止的河水默默地躺下來。從現任總統塞西身上，或許會令你想起他的前任穆巴拉克，一名在位三十年的埃及總統。在阿拉伯世界，你不能漠視他的影響。

塞西如他同樣穿起西服，背後是一身軍裝，對伊斯蘭主義者絕不手軟，但偏偏埃及卻是現代伊斯蘭主義的孕育地，有其說不盡的故事，就好像尼羅河，流入了埃及深邃的歷史中。

如要認知中東地區，不能不先了解埃及，它在阿拉伯世界是個龍頭大國，像她的歷史一樣重。

就這樣，我探索中東的旅程便從開羅開始。

開羅，這個遊客至愛的文化歷史名城，在古國裡如「夜明珠」照亮了尼羅河流域，滔滔河水孕育了人類最古老的文明之一，也見證了世界上最漫長的殖民統治。從亞歷山大大帝、羅馬帝國、阿拉伯帝國、土耳其奧圖曼帝國、法國到英國等，共歷經兩千兩百年，其中尤以阿拉伯帝國影響至為深遠。現在的埃及通行阿拉伯語、信奉伊斯蘭教，是「阿拉伯

---

1 艾哈邁德・邵基（Ahmad Shawq，一八六八—一九三二）：埃及當代著名詩人，阿拉伯詩歌復興運動的中堅分子之一。被譽為「詩聖」、「詩王」。

聯盟」舉足輕重的成員國。

占據非洲東北角一大片土地的埃及，風情萬種，開羅尼羅河兩岸停泊著一艘又一艘張燈結綵的遊船，夜晚傳出節拍明快的音樂，還有客人的歡呼掌聲。身材豐滿的埃及女郎披上誘人輕紗，跳著奔放的肚皮舞，她要告訴世界，埃及的伊斯蘭文化是開明的。這是「阿拉伯之春」前開羅市中心表面繁盛的情景，當時遊人如鯽，但只要你走遠些，便不難看見這個城市的千瘡百孔。極端的貧富懸殊背後，隱藏了多少貪污腐敗的故事，也為二〇一一年的春天，埋下動蕩的種籽。

從穆巴拉克時代說起

二〇〇二年第一次踏足中東地區，首站便來到埃及，這可能與當時全球陷入紐約「九一一」後一片伊斯蘭恐怖主義的陰影中，而我想為這個現象解碼。在伊斯蘭世界最大的穆斯林組織——埃及穆斯林兄弟會，他們就是發跡於埃及，其影響廣及其他伊斯蘭遜尼派國家。

我到埗後，當天的黃昏時分，難免如其他旅客先跑到尼羅河岸邊欣賞景色，一位年輕的埃及檢察官卡勒德友人邀請我在其中一艘船進餐，選了靠船邊的座位，他說：「這可讓你對尼羅河畔有更廣闊的視野。」

對埃及人而言，尼羅河是神的恩賜，在一大片以沙漠為主的土地上，尼羅河是他們賴以維生的泉源。

陣陣微風吹來，空氣中帶著濕暖的氣息，至少可以驅走白天的悶熱。夏天不好過，埃及人一到傍晚，便到尼羅河畔透透氣。

原本可讓人發思古之幽情的尼羅河、遐想法老王和埃及豔后的纏綿，還有古埃及王朝的力拔山河氣蓋世之雄姿，如今卻在五光十色中散發出一股現代化過程的俗豔，讓人看到埃及政府刻意將這一帶營造成深具娛樂價值的高級旅遊區，吃喝玩樂一應俱全。

埃及完全張開雙臂迎接世界各地的遊客，旅遊業是埃及的經濟命脈。多年前，有伊斯蘭激進組織襲擊外國遊客，造成重大傷亡，旅遊業一下子沉寂了。現在，彩燈再度高掛，專業舞孃重踏舞池，餐廳老闆回復笑容，向每一位前來的客人熱情握手。這一握，她眼眶也不禁泛有淚光，要恢復如昔的繁華，多麼不容易！

卡勒德一派英國紳士風度，與我一起吃著義大利餐。在埃及，像他這種出生於中上家庭的人，都喜歡跑到英國受教育。他們熱中於推動埃及的現代化，擁護普世價值，著重個人生活品味，淡化宗教規條，不經意處總是含蓄地靠向西方的人生指標。

位於開羅市中心解放廣場（Midan Tahir）附近的美國大學（American University in Cairo，簡稱 AUC），便是西方思想在阿拉伯地區的重要據點。儘管周圍環境混亂嘈雜，這所大學卻已成為開羅現代精神的座標，就讀的學生非富即貴，是培育埃及菁英的搖籃。

敏感的政治話題

「在埃及社會裡總有一股無形力量，扯著現代化發展的後腿……」卡勒德啜了一口義大利泡沫咖啡。

我藉機問起以開羅為大本營的穆斯林兄弟會（Muslim Brotherhood），因前一天看報得知，政府又逮捕了十多名該會成員，指稱他們涉及政治活動。

我好奇地問：「聽說埃及監獄裡有大批政治犯？」

做為檢察官，卡勒德對此不願意多說，只輕描淡寫地反問：「我們有政治犯嗎？」顯然，在埃及談政治是屬於敏感範疇，更何況公職人員。埃及有太多隱藏的耳朵和眼睛，一位駐開羅的外國記者直指埃及是個「警察國家」。

即使當時的穆巴拉克政府積極推動傾向西方的世俗政策，扮演美國的忠實盟友，並支持其價值思想，可是也只限於外交上。反觀國內，現實環境只能在穩定與民主之間做選擇，至少政府經常向國內傳遞此一訊息。由於社會存在著難以馴服的伊斯蘭基本教義派（原教旨主義）的傳統勢力，所以，他們辯稱有必要採取鐵腕措施。

事實上，當美國追查出「九一一」事件其中一名劫機者穆罕默德．阿塔（Mohammed Atta），是埃及開羅大學畢業生之後，再加上恐怖頭子賓拉登的左右手薩瓦里（Ayman Al Zawahiri）也是埃及人，美國對埃及再次「另眼相看」了。

或許大家不曉得，巴勒斯坦激進伊斯蘭運動組織「哈瑪斯」（Hamas）大部分領導人都在開羅接受大學教育，如在二〇〇四年遭暗殺的精神領袖亞辛（Sheikh Ahmed Yassin）和政治領袖蘭提斯（Abdel Aziz Rantisi），以及接任成為最高領導人的扎哈爾（Mamoud Sahr）等。

埃及人不斷往外跑，但他們鄰近的阿拉伯兄弟卻不斷來到埃及，尋求暫居之所。畢竟，埃及在阿拉伯地區是老大哥，無論在政治、經濟、文化上，都發揮帶頭作用。

在宗教方面，埃及的穆斯林兄弟會可算是自第一次世界大戰後，規模最龐大的基本教義派組織，從該組織分裂出來的支會遍布伊斯蘭世界，猶如蜘蛛網，鼎盛時期分支超過兩千，活躍會員有五十多萬人。

但，為什麼是埃及？為什麼這個二十世紀最龐大的基本教義派源起於埃及？

卡勒德看我不斷地追問伊斯蘭組織在埃及的無孔不入，顯然感到十分不舒服，他寧願談談人的前途，又或者為我介紹旅遊熱點。

一個開羅，兩個世界

開羅有兩個世界，他根本就不屬於「他們」的世界。在新城區——一個很小的區域，代表的是封建貴族階層。相對於新城區的，就是舊城區，面積廣闊得多了，人的背景也複雜得多，從充滿革命熱情的知識分子，到墨守伊斯蘭傳統的草根家庭都有。

舊城區裡有一個地方叫「伊斯蘭開羅」（Islamic Cairo），從遠處即可見到該地矗立的一排排清真寺圓尖頂，顏色豔麗卻永遠困在層層煙霧迷障裡，是空氣污染太嚴重？還是另有內情？有些人卻總愛為此抹上神話色彩。

在那裡，一天五次的頌禱聲音最響亮，可以一直傳到區外。一位信徒對我說：「我聽了心裡踏實，真神在，我們就在……」

因此，一到星期五伊斯蘭教休息日，頌禱便顯得格外響亮。「伊斯蘭開羅」內外都有大批信徒誠心跪拜，在清真寺裡，也在大街小巷上，人山人海，景象壯觀。

埃及政教分離，但宗教仍然牢牢占據大部分人的心靈。對他們來說，在西化、世俗化的表面下，伊斯蘭畢竟還是埃及社會的夜航燈。

穆斯林兄弟會崛起

「只有伊斯蘭才是出路！」早於一九二八年，一位埃及年輕學者哈桑・阿班納（Hassan-Al-Banna）即做出如此的呼喚。他振臂一呼，掀起了阿拉伯世界第一波現代伊斯蘭定義運動，並創立了在伊斯蘭世界影響至深的穆斯林兄弟會。

事情的經過是這樣的……

阿拉伯史學家認為伊斯蘭的埃及，在外來異教徒長期不合理統治下，締造了阿班納，而阿班納締造了穆斯林兄弟會，以伊斯蘭的宗教精神力量感召群眾進行抗爭運動。這種抗爭運動在其他經歷相同的阿拉伯地區如星火燎原，兄弟會遂迅速擴張。

埃及成為現代伊斯蘭基本教義運動的大本營，阿班納也被尊崇為該運動的老大哥。但在西方強國眼中，這都是當代伊斯蘭恐怖主義的開始，而阿班納領導的穆斯林兄弟會遂成為當代恐怖組織的鼻祖、始作俑者，在埃及曾牽涉諸多暗殺行動，早期成員包括亞辛和薩瓦里等風雲人物。

無論如何，阿班納在埃及人眼中是一個神話。他家世代書香，父親為伊斯蘭學者，也因此自幼受伊斯蘭的嚴格生活訓練，博覽群籍，十六歲便考上開羅伊斯蘭師範學院。其後在伊斯梅利亞（Ismiliyya）公立學校任教，漸露頭角，為當時埃及年輕一代較出色、主要的伊斯蘭復興理論家之一。

我就此請教一位對伊斯蘭組織有研究、並曾深入調查採訪的同行荷薩姆·哈馬拉維（Hossam El-Hamalawy），他為埃及一份英文周刊《開羅時報》（*Cairo Times*）撰稿。《開羅時報》背後雖然有外國資金支持，但其評論頗見中肯和分量。當我造訪該報時，就在那裡碰上荷薩姆。之前我閱讀過他的報導，當地人稱他為新竄起的伊斯蘭組織專家，想不到他這麼年輕，一頭濃密鬈髮，鼻梁上架著黑框眼鏡，談吐充滿自信心，英語流利，原來他是開羅美國大學政治系畢業的。

荷薩姆流露出一派獨立知識分子的作風，對任何事都抱著質疑眼光，從美國與埃及關係、穆巴拉克總統施政方針，到伊斯蘭主義運動，都有他獨到的批判。

民間仇美、仇以色列

我邀荷薩姆第二天在美國大學對面的麥當勞吃早餐，他立即提出抗議，「埃及人不喜歡麥當勞。今年（二〇〇二）年中，以色列軍圍困巴勒斯坦自治區，硝煙四起，示威人士首先攻擊麥當勞，埃及人都認為買下一個漢堡就等於殺掉一位巴勒斯坦弟兄！這種看法在開羅十分普遍，開羅人相信美國企業與美國政府朋黨為奸，提供以色列最先進武器殺害巴勒斯坦人……」

仇美、仇以色列情緒再次高漲。一位埃及洗衣店老闆唱了一首歌〈我恨以色列〉，便立即紅透半邊天，其後當上職業歌星，成為埃及的一個傳奇。

不過，這個傳奇使得埃及政府的神經敏感起來。而除了歌星外，整個社會氣氛都為伊斯蘭激進主義提供養分，草木皆兵。於是政府大舉監視，甚至搜捕有嫌疑的伊斯蘭組織成員，其中當然包括埃及最大的伊斯蘭政治力量——穆斯林兄弟會，但最可笑的是連歌星也成為階下囚，關了好幾個月才釋放。

荷薩姆搖搖頭，指政府與民間永遠存在著一定的張力。例如，埃及法律不容許大學生參與任何示威抗議活動，除非政府欲配合情勢需要，同時又不涉及內政問題，他們便在有條件下默許學生發出抗議聲音。

二〇〇二年四月和九月底，兩場譴責以色列攻擊巴人的大規模示威，便是政府藉學生之口表達他們不敢說出來的不滿情緒，但學生懂得打邊球，利用機會組織群眾，甚至借題發揮，指桑罵槐抨擊了政府政策一番。

眾多阿拉伯國家之中，只有埃及、約旦與以色列有外交關係。這種關係使得埃及政府處境尷尬，不時受到人民攻擊，因此又不得不進一步緊縮言論，這種作法更為人民所垢病。「近年已稍有放寬，至少新聞媒體除了不能批評總統穆巴拉克外，其他議題大都可以做有限度的評論……」

荷薩姆一邊走一邊說，就是不願進入麥當勞，寧可帶著我多走幾條街找間快餐店，但在攝氏四十度的高溫下奔波覓食，卻令我胃口大失。

吃過快餐，他又帶我到一間茶館，表示這是埃及非常道地的茶館，不少教授、作家、記者、學生領袖都愛跑到這些茶館討論時事，做思想與學術交流。

茶館的天花板非常高，吊著發出響聲的陳舊風扇，一張張木桌木椅，十分平民化，侍者大部分是上了年紀的人，但仍充滿好奇心，總喜歡站在客人旁邊偷瞄他們手上的報紙，高興時更提出他們對時政的看法，頗有不怕死的敢言作風。

這種茶館使我想起香港一九五〇年代的茶室，有張活游、吳楚帆（香港一九五〇年代粵語片知名演員）光顧的身影，但又飄盪著台灣紫藤廬的菁英傲氣。我一坐下來，就倍感親切，一種由於古老文化散發出來的樸實深邃。

荷薩姆叫了一瓶啤酒。在開羅，酒不是禁忌，荷薩姆喝起啤酒來很豪邁、很草根。他打趣說，啤酒是他的日常飲品，就好像英國工人，無啤酒不歡。

尼羅河畔的高級餐廳，大街小巷的茶館；卡勒德一身紳士打扮正啜飲著義大利咖啡；荷薩姆則一身T恤牛仔褲，瀟灑地喝下一口啤酒，代表著兩個世界的品味，但都同屬埃及的一部分。

「阿班納在開羅時就很喜歡到茶館來，茶館是他與志同道合的友人描繪國家未來藍圖的地方，並從茶館出發，宣傳他們對現代伊斯蘭主義的信念，當時很受穆斯林群眾歡迎……」

我一方面洗耳恭聽荷薩姆這位專家娓娓道來，穆斯林兄弟會創辦前的時代背景；一方面留意到我對面有位老先生，披著白色頭巾，抽著典型的阿拉伯水菸，散發出一陣陣帶有蘋果氣味的幽香菸味。

他的眼睛老是盯著我們。或許是我太敏感，他只不過在沉思罷了，抑或與我們一起追憶一段激盪人心的歷史。

民族意識的覺醒與反殖民

「伊斯蘭才是出路！」茶館擠滿了聽眾，一九二七年，當阿班納快要畢業準備返回家鄉伊斯梅利亞之際，他又再度發表演說，高喊上述口號。

荷薩姆強調，阿班納是位很出色的演說家，學貫古今，思路清晰，說話時充滿感情，很容易打動人心。

一次，阿班納回憶起一九二八年三月決定與友人組建穆斯林兄弟會時，說道：「只有真主知道，有多少個不眠之夜，我們幾個人一起議論著國家的處境和人民的生活狀況、分析原因並構思治國辦法，有時激動得都要流出淚來。」[2]

阿班納成長於二十世紀初的伊斯梅利亞，位於世界上頗為重要的蘇伊士運河中部，是運河管理的總部。該運河一直由英、法管理，並派駐英軍看守。

阿班納含著淚說道：「在這裡，我們每天都看到外國占領者的耀武揚威和外國資本如何吸吮祖國財富，這條運河是祖國一切災難的根源。東岸是運河管理局，外國人享受高官厚祿，住豪華寓所；西岸則是全副武裝的英國占領軍。埃及人成了自己國土上的異鄉人、成了卑躬屈膝的人……」[3]

---

2 內文摘自《伊斯蘭覺醒與文明對抗》第四十九頁。埃及東方出版社。一九九一年阿拉伯版。

3 同上第五十頁。

這一切都成了伊斯蘭復興運動的動力和食糧來源。

如果再追溯歷史，埃及經過土耳其奧圖曼帝國幾世紀的統治，直至第一次世界大戰後，奧圖曼帝國廢除哈里發制度[4]，邁向世俗化；與此同時，英國長驅直入埃及這片土地，在英國半殖民統治下，奧圖曼對埃及的統治只有象徵意義。

在埃及，英國不但進行軍事占領，在政治、經濟、文化方面，亦對埃及造成很大的衝擊。這是第一次世界大戰（一九一四至一九一九年）帶來的結果，阿拉伯世界完全被西方殖民主義國家瓜分。

在此之前，十九世紀末、二十世紀初，奧圖曼帝國的黑暗統治已激起阿拉伯民族主義思潮。阿拉伯人以為依靠英、法等國擊退奧圖曼人，便可實現阿拉伯國家的獨立與統一夢想。

可是，從「賽克斯—皮科協定」（Sykes-Picot Agreement）造成殖民瓜分阿拉伯土地，到「貝爾福宣言」（Balfour Declaration）協助猶太人在阿拉伯土地上建國，阿拉伯人恍然大悟，知道自己已經完全被西方列強出賣了。

英國完全控制了埃及，還包括埃及的經濟命脈蘇伊士運河，這點進一步激起埃及的民族意識。埃及人不接受英國所推行的任何改革，認為改革目的只是加強了英國的干涉和控制。

伊斯蘭主義的復興

反殖民的同時，埃及人的宗教活動也十分活躍。當時埃及的宗教人士眼看西方文化湧入、基督教傳教士活躍，遂發起護教運動，因此反殖民與護教便在這種情況下連結在一起。

一九二〇年代，可謂是埃及歷史上十分動盪的時期。在反殖民與護教的同時，埃及社會本身亦存在不少問題，例如，內部政黨派系之間的鬥爭激烈、教條過於僵化的傳統伊斯蘭宗教組織停滯不前且權力受削、世俗主義在西方思潮影響下抬頭、經濟資源分配不公造成嚴重貧富懸殊等等。此時，阿班納才沉痛呼籲：復興伊斯蘭主義，重現《古蘭經》的聖訓，回歸清澈的本源，才是拯救民族的方法。

不過，阿班納和過去的伊斯蘭領袖不同，他說教之餘也強調行動，這對日後的基本教義派運動產生了重要的啟蒙作用。

由阿班納領導的早期穆斯林兄弟會主張貼近群眾、動員群眾、啟發群眾，擺脫過往只

---

4 哈里發，即伊斯蘭教繼任者制度。伊斯蘭教先知穆罕默德逝世後，引發伊斯蘭教內部為爭奪繼任者地位的紛爭。結果，穆罕默德的密友和岳父當選為第一任哈里發，從而產生了影響深遠的哈里發制度，並出現了一個空前發展的時期。在四大哈里發時期（西元六三二—六六一年），哈里發都是通過推選產生的，但當第四代哈里發繼位後，伊斯蘭教內部爭奪哈里發權位的鬥爭進一步激化，出現了彼此對立的政治派別和武裝衝突。哈里發制度到一九二四年才廢除。自此阿拉伯國家開始淪為西方殖民地，也揭開了近代伊斯蘭教史的序幕。

服膺上層的伊斯蘭教士陋習，要發展出以群眾為本的一套改革伊斯蘭社會政治結構和社會基礎方案。因此，強調群眾力量的穆斯林兄弟會迅速發展，一九三四年在埃及各地有五十個分會，五年後即擴展至五百個，會員有五十多萬人。

此外，還有來自其他阿拉伯國家的留學生。他們回到祖國歡欣宣傳兄弟會的信念，兄弟會遂於一九三七年得以在埃及境外建立第一批分會，包括蘇丹、敘利亞、約旦、巴勒斯坦，以及其他伊斯蘭國家。一九四八年，兄弟會會員高達兩百萬人，阿班納的組織能力和感染力令人刮目相看。

「西方評論家指稱，阿班納是當代基本教義派的恐怖主義之父，其實是不對的……」荷薩姆在開羅的美國大學研究埃及伊斯蘭主義運動，談起穆斯林兄弟會的歷史，態度也特別自信，滿有權威感。

他是一位非常世俗化的穆斯林，對埃及本土的「聖戰」組織有諸多批評，儘管如此，他卻又不滿外界漠視其歷史背景，肆意將他們簡化為「恐怖組織」了事。

他又叫了一瓶啤酒，繼續說：「阿班納創立兄弟會時，一直只想透過辦教育、開工廠、建醫院、組公司、辦慈善等活動，向群眾推廣並鞏固伊斯蘭，讓伊斯蘭如星星之火，燃燒起整個社會，然後與群眾一起推動一場對抗西方殖民的不妥協聖戰（Jihad），捍衛神聖的伊斯蘭信仰。他萬萬沒想到兄弟會竟成為伊斯蘭激進主義的先鋒，以及日後所出現的跨國恐怖組織的啟蒙老師。」

世事的發展有時難免失控。

一九三〇、四〇年代，英國扶植埃及法魯克國王，但該政權腐敗無能，其軍隊更是荒淫無度，激起民憤。穆斯林兄弟會內部開始醞釀，以武力推翻法魯克。

事實上，兄弟會在推動教育與慈善福利活動的背後，已經因應時勢組織了一個祕密系統，負責保安和軍事行動。據報導，當時有個組織「自由軍官集團」（Free Officers），當中的成員曾提供軍火予兄弟會。

第二次世界大戰期間，其軍事實力更為強大。與此同時，阿班納仍然希望兄弟會可以透過體制進行革命，遂鼓勵成員積極參與埃及的國會選舉，最後乃是以建立伊斯蘭國家為目標。這是第一次有伊斯蘭基本教義派透過議會選舉參與政治，可謂創先河。

人肉炸彈——恐怖主義萌芽

一心參政的兄弟會，卻在國王的朋黨從中作梗下，於選舉中大敗。他們怒火爆發，毫無顧忌地武裝自己，開始一連串暴力行為：搶掠外國商店、街頭暴亂、破壞西方報社、恐嚇、綁架、暗殺等等，令人聞風喪膽。

連阿班納也變得瘋狂了，他說：「當我們變得無話可說時，我們便會起來行動！」

等到兄弟會將首相納格拉什（Mahmud Nukrashi）也暗殺掉時，法魯克立即對他們進行掃蕩。

一九四九年二月十二日，阿班納在開羅一個熱鬧的市集遭暗殺，結束了四十三年的傳奇一生。隨著阿班納之死，法魯克國王立即禁止兄弟會參與任何政治活動。

就在伊斯蘭主義運動似乎面對連番挫敗時，世俗化的民族主義運動卻銳不可擋，其中曾與兄弟會並肩反殖民和推動民族解放的「自由軍官集團」，便是民族主義運動的火車頭，最後終能推翻法魯克王朝而將埃及帶上獨立之路，其領導人納賽爾（Gamal Abdel Nasser）[5]成為開國之父，也是阿拉伯世界備受尊崇的民族革命英雄。

「納賽爾萬歲！」

茶館侍者又在偷聽我們的談話，聽到我提及「納賽爾」這個名字，就打趣喊了上述口號。

提到納賽爾，穆斯林兄弟會對他又愛又恨，從愛到恨，恨到後來欲將他除掉。

在抵抗外國侵略、推翻封建王朝的抗爭道路上，納賽爾與阿班納惺惺相惜，是一對最佳戰友。納賽爾建立埃及共和國，舉國民族情緒沸騰，他上台不久即將「蘇伊士運河」收歸國有[6]。這是阿班納生前的夢想，兄弟會成員無不額手稱慶。

「我們終於當了自己的主人！」納賽爾與兄弟會在開國之初可說正處於蜜月期間，兄弟會再度活躍，積極參與時政。

前者是世俗民族主義者，主張政教分離，推行革命性的現代化政策；後者是基本教義派，主張伊斯蘭神權政治，堅持一切以伊斯蘭為本的復古政策。他們各有立場、互不妥協，矛盾尖銳化。

納賽爾開始感到兄弟會的威脅，於是在一九五四年將他們非法化，接著是一連串逮捕、拘禁、行刑。

失望、不滿、憤怒、挫折、仇恨，兄弟會的激進主義找到了生根的土壤。

一九五四年十月二十七日，納賽爾在亞歷山卓（Alexandra）一個集會上演講，刺客向他連開八槍不中後，原本計畫再衝向他，引爆身上的炸藥，欲同歸於盡，但被軍警及時制

---

5 納賽爾是「泛阿拉伯主義」的信奉者，他認為阿拉伯世界最終應該走向統一的大阿拉伯聯邦。納賽爾設想的大阿拉伯聯邦，是超越宗教的政教分離國體，只要是講阿拉伯語的，不管什麼民族、什麼宗教信仰，都是大阿拉伯聯邦的成員。要達到這個最終目標，納賽爾計畫分三步驟：首先，把埃及建成一個富強的國家，成為阿拉伯聯邦的基石；第二，收回被占領的阿拉伯領土（主要是指巴勒斯坦）；最後，建立統一的大阿拉伯聯邦。只可惜，這美夢終告落空。

6 蘇伊士運河危機（Suez Crisis）發生在一九五六年，並引發第二次中東戰爭。殖民時期，英法兩國共同管理這條有重大戰略意義的運河。在一九五〇年代，埃及新政府實行民族主義政策，並與蘇聯發展親密關係。一九五六年七月二十六日，納塞爾更宣布將蘇伊士運河收歸國有，導致了西方國家、以色列和美國的抗議。英、法和以色列透過祕密軍事行動重奪蘇伊士運河，美國不滿，要求英法立即撤軍，此時蘇聯也插手蘇伊士運河危機。蘇伊士運河危機標示著英帝國的正式崩潰，美國和蘇聯兩個超級大國真正主宰了中東。

止。

雖然該次暗殺不成功，然而人肉炸彈的手段，卻為日後的伊斯蘭激進主義起了示範作用。

此次的自殺式炸彈襲擊事件，納賽爾認定是兄弟會所為，遂展開大規模鎮壓，兄弟會於是轉為地下活動，更為激進。他們的矛頭從西方殖民者轉而直指阿拉伯世俗政權。

想不到埃及擺脫了殖民統治，卻在世俗主義與伊斯蘭主義之間展開一場大鬥爭，不自覺地為英美勢力提供了祕密介入的空間（見附錄一）。

傳統與現代的掙扎

當我陷入沉思時，一群打扮入時的大學女生嘻嘻哈哈地走進茶館，我望著她們，有種世事難料之感，心想，世俗主義不僅給予女性離婚的權利，也為她們打開了教育大門。埃及的大學教育在阿拉伯世界裡廣受尊重，卻不普及。在埃及，有機會完成中學教育的人並不多，開羅這個大都會掩飾不了貧民窟的艱苦生活。此時，在嘈雜混亂的小巷裡，有一身黑衣的婦女疾步走過，只露出一雙明亮眼睛，在傳統與現代之間掙扎。

從開羅市中心坐車到金字塔只需半小時，有時真不敢相信，半小時之內便穿梭於兩個截然不同的世界。

事實上，埃及共有大小金字塔約九十五座，有不少近在開羅咫尺外，故開羅又被稱為「千塔之城」。至於金字塔坐落的沙漠地區，人民居住在古老的房子裡，駱駝與馬匹是他們的經濟支柱，如果遊客不來，他們就會發愁。

原本孕育萬物的尼羅河三角洲，他們也得不到什麼好處，穆斯林兄弟會打著慈善福利的招牌，輕易地將他們吸引過來。這裡與過去總有一種親密的聯繫，不難成為伊斯蘭主義的溫床。

馬兒的嘶叫聲、駱駝的蹄踏聲，迴盪在歷史長廊裡。沙漠的滾滾黃沙，捲起人們對埃及古文明的懷念，我隱隱嗅到木乃伊身上的香料。

晚上的沙漠有點蒼涼，靜寂黑漆一片，望不見前路，這使人增添一分恐懼。我租了一隻駱駝，駱駝的主人只有二十來歲，他承繼了家族生意，卻又很想往外跑。

他指著星光閃亮的夜空，古埃及人善觀星象，想不到埃及的年輕人對星象也滿有遐想，他問：「世界有多大？宇宙有多大？真主提醒我們不要離棄伊斯蘭，但我們不要暴力的伊斯蘭，暴力事件使我失去生意，經濟更形困苦。」

突然，眼前一亮，不知從哪裡射出七彩的雷射激光，照向金字塔，金字塔雷射激光表演正式開始。埃及政府為了吸引遊客，增添了這個摩登節目，但對我這位旅人而言，真是大殺風景。

回程後，年輕的駱駝主人漫天開價，我放下原先約定的費用，疾步離去。他暴跳如雷，幾乎要擋我去路，忘了他剛表達對暴力的厭惡。

我捏一把冷汗，想到剛才在杳無人跡的沙漠上與他單獨相處，實在是大忌。開羅的治安，與其他阿拉伯國家相比，還有改善的必要。

兄弟會的分裂，激進主義形成

埃及人有說不出的憤怒，為信仰、為政治、為經濟，甚至為個人前途。他們似乎總徘徊在十字路口上。

一九六七年的中東戰爭，自覺擁有大國文化的埃及人落得慘敗，還被以色列奪走西奈半島——摩西在曠野沉思四十天的所在地。

當時，群眾對納賽爾恢復民族尊嚴的承諾感到落空，社會上普遍彌漫著挫敗感，因而穆斯林兄弟會的地下活動大受歡迎。

納賽爾於一九七〇年病逝，副手沙達特（Anwar Sadat）上台。

沙達特與兄弟會有過一段淵源。他年輕時深受阿班納的演說吸引，是第一個將阿班納介紹到軍營上宣揚兄弟會信念的「自由軍官集團」成員。他執政後，利用兄弟會打擊納賽爾的親蘇聯左派餘黨，放寬前政權對兄弟會的部分限制，並釋放大量遭囚禁的該會成員。兄弟會各網絡又得以名正言順再度擴張。

但是，沙達特卻低估了兄弟會的力量。儘管他於一九七三年出其不意地突襲以色列，奪回西奈半島，贏得聲望；但由於後來施政失誤，貧富愈見懸殊，加上他漸漸向美國靠攏，民間存在一股怨氣，兄弟會因而迅速吸納了不少中下階層的成員，並擴及知識階層。

與此同時，兄弟會年老的領導層策略開始改變，他們希望轉向較溫和的態度，甚至放棄武力，以教育和參政手段讓埃及全面伊斯蘭化。然而該會年輕成員卻傾向暴力革命，以致組織出現分裂，一些成員離開另起爐灶。這些組織一般主張激烈行動，訴諸恐怖手段，其中最大規模的「伊斯蘭集團」（Gamma Islamiya）和「埃及伊斯蘭聖戰」（Egyptian Islamic Jihad），參加者主要都是些不滿現實的青年學生、軍人、工人和知識分子等。

「我們就是絕望，從納賽爾的親蘇社會主義到沙達特的西方資本主義，都不成功，都無法帶領我們走向公平正義的社會，我們只能再喊一次：伊斯蘭才是出路！為了埃及長遠的幸福，我們不得不採取各種手段，包括武力在內，務求建立一個以伊斯蘭精神為核心的國家。」一位不願透露姓名的「埃及伊斯蘭聖戰」成員，憶述他們在沙達特時代參與聖戰的心情。

不過，沙達特最大爭議、甚至致命的事件，就是他於一九七五年參加了美國安排的大衛營會議後，決定和以色列簽定和約，結束埃及與以色列長期的戰爭狀態，踏上和平之路。

《從埃及到耶路撒冷》[7]一書中，沙達特詳述了他走向和平的心路歷程，雖然感人，雖然贏得國際社會不少掌聲，甚至諾貝爾和平獎。然而在阿拉伯世界，以及國內，不少人卻認為他是阿拉伯和伊斯蘭的叛徒，他的現代化措施只是個幌子，實則與他們深惡痛絕的西方殖民大國和猶太復國主義利益扣上密切的關係。

談到此，上述的聖戰成員便咬牙切齒。不過，伊朗在同時期（一九七九）的伊斯蘭革命成功了，埃及的聖戰者得到鼓舞，磨刀霍霍。

沙達特熟悉叢林的味道，他嗅到埋伏在其中的突擊者正伺機而動。因此簽定和約之後，他用強硬口吻指著一些組織，警告「宗教不得干預政治，政治也不得參與宗教」。

一九八一年，他宣布兄弟會為非法組織，嚴懲所有激進分子，並搜捕各界相關人士，其中有不少為社會知名人士。該會上下風聲鶴唳。最後，同年的十月六日，沙達特在慶祝十月戰爭勝利的閱兵儀式上，遭暗殺身亡。

沙達特之後，穆巴拉克統治時代正式展開[8]。

激進組織領導人的懺悔

我在二〇〇二年六月第一次到開羅採訪時，一直被視為最具威脅性的恐怖組織——「伊斯蘭集團」就快刑滿的領導人卡倫．魯迪（Karam Zuhdi）卻在獄中大呼，「我的政府，請原諒我，我犯了惡！」大家對這宗新聞都嘖嘖稱奇，當地傳媒爭相報導。

當年暗殺沙達特的便是「伊斯蘭集團」，一個從兄弟會分裂出來的伊斯蘭狂熱組織，傳聞與賓拉登（Bin Laden）的蓋達組織（Al-Qaeda）關係密切，其流亡海外的會員更曾參與位於阿富汗的蓋達訓練營，一九八〇年代協助阿富汗聖戰組織抵抗蘇聯的占領。

從沙達特到穆巴拉克，從一九七〇到九〇年，伊斯蘭集團對兩個政權都採取不妥協的態度，在較為貧窮的尼羅河下流埃及南部，他們與政府的對抗幾近內戰。一九九七年該組織在旅遊勝地路克索（Luxor）襲擊遊客，死傷數十人，使埃及的經濟命脈旅遊業陷入癱瘓。

「他們還有另一轟動國際的『傑作』，那就是一九九三年偷襲紐約的世貿大廈，精神領袖阿卡杜勒·拉曼（Sheikh Omar Abdel Rahman）在美國被判無期徒刑。」埃及的夏天濕熱難耐，我的翻譯扎亞開著他那輛陳舊的車子來接我到魯迪的記者會去。

扎亞只來遲了半小時，真讓我喜出望外。埃及人習慣遲到，遲到一小時是平常事，半

---

7 請參考麥田出版社出版的《從埃及到耶路撒冷：蓋里的中東和平之路》（*Egypt's Road to Jerusalem by Boutros Gali*），Random House Publsihing，1997。

8 穆罕默德·胡斯尼·穆巴拉克（Muhammed Hosni Mubarak），一九二八年生於尼羅河三角洲的一個農民家庭，曾三次赴蘇聯學習。一九八一年十月，當選埃及第四任總統。他在過去總統競選中以唯一候選人身分歷任總統。二〇〇五年九月，於埃及歷史上首次有多名候選人參加的總統選舉中贏得壓倒性勝利，第五次當選埃及總統。

小時已算是準時了。還有，他們的早、午、晚三餐時間也是十分混亂，午餐一般要到下午三、四時才開始，如果多吃了，有時一餐就算數，不然，晚餐也較簡單。

酒店也一樣令人洩氣。想找間像樣的很難，四星級的仍然予人破舊的感覺。最要命的就是出租車很少有冷氣，扎亞的私家車亦不例外。

埃及人對生活不太嚴謹、對信仰卻十分執著、對民族感更是十分堅持。阿拉伯兄弟有難一定會奧援，對於家破人亡的巴勒斯坦人，埃及人一直以老大哥的身分維護；一九四八年以色列建國，巴人一夜各散東西，埃及便成為巴人知識分子心靈的第二故鄉，更何況大家有共同的敵人。〈我恨以色列〉，歌者一曲走天涯，只要一入商場便會聽到這首韻律古怪難聽的歌曲，刺耳的歌聲竟成為搶手貨，由此亦可了解到埃及人的情結之深，仇恨的種籽就是這樣散播開來的。

反美、反以色列是埃及民間社會的主調，偏偏政府與以色列建立了外交關係，又同是美國的盟友，每年接受美援高達二十億美元。

與我的翻譯一同前往的《金字塔報》政治編輯卡勒德（與我認識的年輕檢察官同名），一說到這些援助便嗤之以鼻。

「這些援助大部分都是用來購買美國武器，得益人不是我們，而是美國的軍火商……」

卡勒德從事國際新聞工作多年，遊走於複雜混沌的中東政治，絕對不是一盞省油燈，加上《金字塔報》有份英文週報，不僅是阿拉伯最有權威的英文刊物，也是西方大國指定參考的阿拉伯大報。卡勒德的政治評論具有宏觀視野的國際分析，已故美籍巴勒斯坦學者薩依德（Edward W. Said）便常在該報發表文章。

卡勒德見我來自香港，就說了一件與中國有關的新聞。他說年前隨穆巴拉克訪問中國，有幸做了當時為中國國家主席江澤民的簡短專訪。當他問到中國在中東衝突的角色時，江澤民立即回應，指中國要集中發展國內經濟，未來十年也無暇照顧阿拉伯兄弟，還表示十年後再談吧！[9]

卡勒德提高嗓門，以開玩笑口吻重複江澤民的正確用詞，「We are too busy with our economy……」

我們相視而笑，他問：「是不是太欠缺外交辭令？」這讓他有點兒驚訝，欲言又止，眼神帶點寂寞。他認為中國是唯一可以在中東局勢中制衡美國的大國，希望中國領導人能打破這僵局。

美國軍援，打壓恐怖主義

我們的話題很快又回到美國對埃及的軍援問題上。

「埃及是美國在中東地區的重要棋子，起著不可忽視的制衡作用，而埃及到了穆巴拉

9 註：結果是二十年後的二〇二三年，北京終於把視線回到中東地區，積極在該地區發揮和平使者的角色。

克，已經成為中東第三軍事大國。國際工業體系的發展在某種程度上得力於美國，現在美國給予埃及的援助，在中東僅次於以色列。」

「穆巴拉克深知軍事力量的重要性，這不但提高埃及在中東的軍事地位，而且有助於穩定自己的政權，所以牢牢掌握軍隊，一點都不鬆懈。為防止穆斯林兄弟會和其他伊斯蘭組織滲透軍隊，甚至只要發現軍人是這些組織成員，一律嚴懲。」

由於埃及立國以來一直受到伊斯蘭主義運動的威脅，對此，卡勒德又指出：穆巴拉克政府對抗恐怖組織絕不手軟，早於一九九三年人民議會已通過「反恐怖法」，授予安全部門很大的權力。此後，有人稱埃及是警察國家。安全部門的行動以快狠著稱，凡證實為參加恐怖組織者，一律處以死刑。

經歷過大半世紀的鬥爭，加上強人統治，兄弟會年老一輩自知無法憑武力奪權，因此極力主張走議會道路，用和平手段爭取權力。到了現在，兄弟會已被視為屬溫和派的宗教組織。

宗教上的兄弟會繼續如常運作，以教育和慈善、福利等活動在基層上扎根；但政治上，兄弟會早於納賽爾時代已被打壓，不許存在。到了穆巴拉克時代，兄弟會仍然不能以其名義單獨參選，必須與其他政黨聯合，並以其他政黨名義來參與國會競選活動。

不過，埃及的政治只有西方民主外殼，很難有民主的實質。穆巴拉克雖然開放黨禁，但自有方法削弱反對派的影響，並限制其發展，以便鞏固他及其民族民主黨的地位屹立不倒（見附錄二）。無論如何，在大規模的掃蕩、拘捕、監禁之下，不僅兄弟會漸露疲乏、力主求和，即使曾經倡議暴力主義的伊斯蘭集團，也表示願意解除武裝，以和為貴。

走向溫和？走向激進？

我實在很急著想聽伊斯蘭集團領導人魯迪會在記者會上說些什麼。但開羅的交通就是這樣，堪與曼谷一比高下，永遠都是擁擠不堪，我的翻譯打趣說：「你可以體會到為什麼我們開羅人老是遲到了。」他乘機為埃及人沒有時間觀念開脫。

不過，他說的也對，我們遲到了，但記者會也一樣延誤。現場擠滿了本地和外國記者，埃及政府樂於看見魯迪懺悔錄成為各大報刊的頭條。

魯迪出場了，個子不高，一套橫條紋囚犯衣褲，在眾多閃光燈不停閃動下，他一開口就乞求政府原諒、乞求大眾原諒，說：「我們過去靠暴力改變政治環境是錯的，經過多年教訓，才深深體會到，以暴制暴不會將我們的生活變得美好，反而讓我們充滿仇恨，迷失了心志，最終做出愚蠢的事情。我們在暗殺沙達特時，指稱他是伊斯蘭叛徒，但事實上，他不是叛徒，他是殉道者，為國家獻出了生命……」

他臉上充滿懊悔之情，聲音柔弱，很難說他是否惶恐。

魯迪的懺悔總結了一個時代的滄海桑田。從二十世紀初到剛剛踏入的二十一世紀，差不多一整個世紀的動盪與流血，埃及的現代伊斯蘭主義運動的領導人，死的死、坐牢的坐牢，在暴力與仇恨中看不到出路。

馬克．吐溫（Mark Twain）在《頑童流浪記》裡有這樣一段對話：

「什麼是世仇？」

「世仇是這麼回事：有一個人跟別人起爭執，把對方打死了；後來那個人的兄弟又把他打死了。這下子兩家的兄弟們冤冤相報，接著堂兄弟們也加入，直到全部的人都被打死了，世仇才算完結。可是這慢得很，要很久時間哪！」

是的，要很久的時間，一個世紀夠長嗎？

記者會結束後，我們一大隊記者在附近一間咖啡店裡坐下來，較熟悉內情的當地記者七嘴八舌，認為「伊斯蘭集團」年老的領導人放下屠刀，向政府伸出和解之手，這當然與穆巴拉克一連串政績不無關係。在經濟上，穆巴拉克減輕了埃及的外債，降低通貨膨脹、失業人數，雖未盡如人意，但至少已在控制範圍內。

在外交上，穆巴拉克修補因以色列和約而與其他阿拉伯國家破裂的外交關係，致使阿拉伯聯盟組織再次將總部設在開羅。而在中東和平進程上，埃及一直扮演重要角色；但在政治上，穆巴拉克始終一點也不肯放寬，而國內的自由派知識分子和年輕一代卻要求擴大公眾參政的空間。可是，莫說擴大參政，連批評總統也會隨時入獄。

快要離開開羅時，朋友告訴我，開羅美國大學教授依布拉辛（Saad Eddine Ibrahim）

就是因為撰寫了一篇諷刺穆巴拉克的文章，並刊登在倫敦一份阿拉伯週報上，文中指稱他有心扶植兒子為繼任人，教授隨即被情報單位帶走，其後在國家安全法庭受審，被判七年徒刑，關在開羅的 Tora 監獄。這監獄專門囚禁恐怖分子和反對穆巴拉克政府的死硬派。

穆巴拉克對反對聲音還是很敏感，這是由於埃及的血腥歷史緣故嗎？還是因為基本教義派的顛覆？又或是由於他的前任沙達特給暗殺而死？

或者，他可能只相信治亂世、用重典。對埃及而言，最重要的是穩定和經濟成長。事實上，老百姓漸漸這樣相信起來——你看，最強硬的「伊斯蘭集團」領導人也得承認他們做錯了。

《開羅時報》的荷薩姆卻不這樣認為，至少「伊斯蘭集團」裡的少壯派絕不妥協。年長的過去了，年少的上場，他們對社會公義有一種幻滅的強烈感受，對政府的強硬手段要做出反彈。他們與年老的不同之處，則在於他們未曾在監獄裡受過長期的身心折磨、未曾在血腥鬥爭中完全倒下來。他們相信，一手古蘭經，一手拿劍。

「我想，他們很快便會分裂出來，一如當初穆斯林兄弟會有過的經驗：年老的要溫和，少壯的較激進。可是穆巴拉克對轉趨溫和派的兄弟會仍然虎視眈眈，對他而言，溫和不代表沒有危險性。」荷薩姆一語道破穆巴拉克政權不時追蹤緝捕穆斯林兄弟會成員的原因。

親訪兄弟會精神領袖阿荷迪比

我對兄弟會未來的發展很感興趣，碰運氣打了個電話給該會精神領袖阿荷迪比（Mamoun El-Hodeibi），約他做專訪。阿荷迪比有個手機號碼，想不到他親自接聽。當我道明來意後，他倒也爽快，一口答應，沒有問長問短，只吩咐我要穿長袖衣服、戴上頭巾、見面時不可握手等，這是伊斯蘭基本教義派的老規矩。

放下電話，我竟然有一點失望。兄弟會做為現代伊斯蘭主義的火車頭、埃及世俗政權最大的威脅力量、發動暴力革命的始作俑者，並曾培養過不少震懾國際的風雲人物，從「恐怖之父」亞辛、巴解領袖阿拉法特、賓拉登得力助手薩瓦里，到現在還受埃及當局嚴密監視的非法組織，我以為他們一定會神神祕祕的，專訪時一定要先盤問記者，誰知連精神領袖也只是冷冷一句，「好吧！你後天上午十點準時來這裡……」

這真令我有點意外。

阿荷迪比擔心自已的英語表達能力不足以應付記者的問題，特別要求我帶翻譯前來，一問一答，更明白準確。

我又找來扎亞，他是埃及最古老大學阿茲哈爾大學[10]的高材生，研習伊斯蘭律法，是一位十分虔誠的穆斯林。我看得出他心地善良，總是惦記著家裡的弟妹，他兼職做翻譯，就是希望多賺點錢，供他弟弟上大學。

埃及人喜歡大家庭，人口膨脹是政府最急需解決的問題之一，目前僅次於奈及利亞，成為非洲人口第二多的國家。我曾在扎亞面前不經意地提到大家庭會增加經濟負擔，他隨即很認真地回應說：「我有九個兄弟姊妹，但感覺很溫馨，只要其中一個有困難，其餘的兄弟姊妹就會想盡辦法幫忙，那種大家扶持的骨肉之愛，是我生命的力量，我寧可少吃一點，也要維繫這個大家庭……」

「聽說中國一胎化，香港也是以核心家庭為主，那你們有沒有感到缺少了什麼？」

我啞口無言，他說了一番再平常不過的話，卻使我墜入沉思。我們這些來自現代富裕世界的人，是否太過於以經濟效益來衡量所有事物，包括親情在內呢？我們指人家落後、有問題，總是想按自己的價值觀去評價別人，但我們對他們又了解多少？我本來是這樣想：窮，還要生養眾多，真愚昧。

就好像相約兄弟會的阿荷迪比時一樣，有了先入為主的假設，到頭來，事實總偏偏與我的假設相左。在前往兄弟會總部途中，扎亞細心為我講解了一些伊斯蘭詞彙，希望訪問

10 阿茲哈爾大學（Al-Azhar University）是開羅甚至全球最古老的大學，亦是伊斯蘭世界最重要的宗教學校，全校共有九萬名學生。

時我能更明白阿荷迪比這位伊斯蘭基本教義派領袖的談話內容。我打從心裡感激，這次可真找對了翻譯呢！

「兄弟會總部」位於開羅市中心一個優雅高尚的住宅區，區內的樓房以白色為主，每戶都建有美麗的陽台，鳥語花香，翻譯不禁自言自語地說：「埃及貧富極為懸殊，有錢的可能很有錢，你看，這裡環境不錯吧！」

不過，「兄弟會」的總部不算豪華，裝潢潔淨簡約，入內要脫鞋。當天的訪問是約好早上十點整，該會的工作人員正開始一天忙碌的工作。一位祕書領我們走進阿荷迪比的辦公室，阿荷迪比已經在那裡等待了。這是位已屆八十高齡的老人家，濃密白鬍子，一臉愁容，眼睛疲倦得差點睜不開，但卻大有來頭。

阿荷迪比出身於法律世家，父親哈辛．阿荷迪比（Hassan El-Hodeibi）原是開羅一位知名的地方法官，早於一九三〇至四〇年代已活躍於埃及上流社會，與當時的政治人物十分熟稔，其中就包括「兄弟會」創始人阿班納。阿班納於一九四九年遭暗殺後，大家即推舉他接掌領導地位，並與後來成為埃及共和國第一任總統的納賽爾並肩作戰，積極推動埃及的獨立運動。

阿荷迪比自小受父親影響至深，長大後就跟隨父親研習法律，成為法官，並加入「兄弟會」，最後成為該會的精神領袖。

訪談實錄——阿荷迪比說：「我們不是恐怖分子！」

寒暄了一會兒後，我與阿荷迪比的訪問正式展開。（記者：記；阿荷迪比：阿）

記：「兄弟會」自稱非暴力組織，並在獨立運動期間一直與納賽爾並肩作戰，但卻於一九五四年十月策劃暗殺納賽爾……

阿：（眉頭深鎖）這是一次例外，牽涉到背叛伊斯蘭的大是大非，同時「兄弟會」也感到被出賣了。有人想獨攬大權，加害「兄弟會」，皇室餘孽也想剷除我們，暗殺指控正好為有關方面提供最佳藉口，向「兄弟會」進行鎮壓和掃蕩。事實上，到現在該次暗殺背後的真相仍然不為人知，但有一點我必須向你聲明：我們不是恐怖分子！

記：不過，埃及政府以至外界仍然視「兄弟會」為激進組織，一些脫離「兄弟會」的前會員，甚至指控「兄弟會」為恐怖組織。

阿：很不幸，我們一直沒有機會與政府來一場對話，為自己進行辯護。不能因為「兄弟會」有會員轉投另外一些武裝組織，便把這一筆帳也算到我們頭上來。他們是獨立的個體，他們要做什麼，我們無法控制，我們不能對所有自稱的「伊斯蘭行動」都負上責任。

我希望你明白，「兄弟會」的宗旨乃源自《古蘭經》，我們未將任何一項宗旨推向極端。

我們只希望伊斯蘭的法律能應用在宗教生活上，同時也應用於國家範疇上。事實上，我們反對暴力、主張容忍。理想何時實現，一切由真主判斷。

記：可是，你們一直支持巴勒斯坦武裝哈瑪斯……

阿：對，我們一直支持巴勒斯坦抵抗運動。要知道，當和平談判變為無望，而我們的穆斯林兄弟生命受到威脅時，武力自衛成為必須的行動，這是一場聖戰。我希望阿拉法特可以繼續扮演鬥士的角色，與哈瑪斯站在同一陣線，只可惜他沒有這樣做，導致自我滅亡，同時更間接協助了猶太人打擊我們穆斯林兄弟的真正鬥爭。

記：哈瑪斯在以色列地區進行自殺炸彈襲擊，無辜老百姓受到傷害，這是否違背了你們所相信的《古蘭經》教誨？

阿：在埃及，我們指責一些以伊斯蘭名義進行的暴力行為，但哈瑪斯的「殉道行動」完全不同。他們為國家而戰、為穆斯林兄弟而戰，這是我們宗教所容許的，所有真正伊斯蘭學者也同意這種行為。

記：這是否有雙重標準？

阿：不是，有些情況的確不同。

記：「兄弟會」如何資助哈瑪斯？

阿：「兄弟會」是為所有穆斯林兄弟而創建的，屬下有世界各地組織會員和個別的穆斯林兄弟，他們都願意為「兄弟會」奉獻，然後我們再把資金轉交給有需要的組織，但資助數目我無法告訴你。

記：這是否包括東南亞地區的伊斯蘭組織，例如，塔利班、蓋達及喀什米爾的伊斯蘭游擊組織？

阿：我已說過，我們會援助所有遵循伊斯蘭律法的穆斯林兄弟。在喀什米爾的問題上，我們的立場很清楚，聯合國必須盡快通過決議，就喀什米爾進行全民公投。

記：你們也援助波斯尼亞和科索沃的伊斯蘭組織，但對後者的資助卻不及前者多，為什麼？

阿：波斯尼亞問題發生在前，當時我們還能在經濟上做出支援，到了一九九〇年代後期，在伊斯蘭世界中有不少世俗政府開始限制我們及我們組織成員的募捐活動，甚至採取禁止措施，使得我們財政出現困難。

記：你如何看待「兄弟會」和伊斯蘭的發展前景？

阿：我們正面臨毀滅的邊緣，要靠認真地鬥爭抵抗來自四面八方的毀滅力量。面對這樣的時刻，穆斯林兄弟更應團結一致。

記：但自從「九一一」事件發生後，大家對伊斯蘭激進組織「另眼相看」，美國也認為他們正面對這些組織的破壞力量，你個人怎麼評價「九一一」事件？

阿：這是一個大悲劇，反映出美國與伊斯蘭世界之間的關係出現嚴重問題。事實上，有人乘機利用「九一一」事件加倍打擊伊斯蘭教徒。在埃及，「兄弟會」會員已多次受到無理逮捕，但我們會忍耐，在百分之九十五人口為伊斯蘭信徒的埃及，「兄弟會」主張貫徹落實伊斯蘭理念，為何因此變成非法組織？我們不會就此解散，要知道，伊斯蘭是充滿生命力的。

談到此，祕書進來，遞上一份文件給阿荷迪比，他臉色一沉，原來剛得到消息，有五十多名兄弟會成員被捕，包括有大學教授、中學老師和其他專業人士等。政府似乎仍然致力於打擊兄弟會內的知識階層，理由是他們「密謀」掩飾兄弟會身分，來參與各種不同的政治活動。

開羅記者聞風而至，兄弟會大廳聚集了二十多位同業，電視台攝影師架好攝影機、亮起大光燈，等候阿荷迪比接受訪問。

阿荷迪比憂心如焚，一邊緊張地打了好幾個電話，一邊跟我道歉專訪要提早結束，並表示希望我有機會再來開羅時詳談。我不好意思，唯有道別，匆匆離去。

扎亞說：「他很像一個慈祥的父親，你認為呢？但他們卻很堅持，眼中只有自己……」

他試探著我對阿荷迪比的印象。的確，阿荷迪比在專訪過程中不斷叫助手為我添茶加水，又遞上當地的蜜餞，問我是否適應埃及炎熱的天氣……

我實在還有很多問題，只可惜阿荷迪比在我訪問他的第二年（二〇〇三年十月），因不知名的疾病去世。

在協議好的翻譯費用（每天二十美元）之外，我多放了二十美元在信封裡。扎亞很高興，表示會用來為弟弟買一部迷你錄音機，好讓他在課堂上把老師所講的內容錄下來。

尼羅河畔上的遊船又亮起彩燈來，舞孃繼續扭動她們的腰臀，而舊城區「伊斯蘭開羅」的頌禱聲仍然響徹雲霄。城中年輕男女穿起西式裝束，在大都會開羅的商業區昂首闊步，出了商業區則可見到一身長袍的男子和披上黑紗的婦女。

我不經意走到開羅近郊一地區叫 Al Arafa，那就是知名的「死人之死（城）」所在地，集結大量墓穴，四周還有綿延的圍牆，卻竟然有無數窮人偷偷居住於此。原來，在大開羅地區，存在著多個圍城，把窮人隔開，主要目的是用來保護少數的富人。

牆裡牆外，天堂與地獄，成為穆巴拉克時代隱藏的階級隔離政策，展示了國家極不公平的一面。埃及社會學家阿巴莎（Mona Abasa）指出，這是穆巴拉克與上層階級和外商勾結的一項政治經濟議程，就是階級分離的自由主義夢想（neoliberal dream of segregation），加上軍人的鐵腕秩序，維繫了埃及表面的穩定和繁華，讓埃及成為國際資本的寵兒。但社會底層卻逐漸積壓不滿並形成一股噪動，好些人轉到傳統信仰尋求慰藉，令穆斯林兄弟會雖在穆氏打壓下仍能經營出他們的生存空間，而知識階層早已密謀如何為自由打開一扇窗。

「阿拉伯之春」的潮起潮落

時候終於來到了！大家都沒有預料，二〇一一年的春天，竟然因為北非一個阿拉伯小國突尼西亞一名年輕小販，不滿被警察掃蕩他的地攤，憤而自焚抗議，就這樣意外在阿拉伯世界捲起一場影響深遠的革命，革命如滔天巨浪，首當其衝的是埃及這個具領導作用的阿拉伯大國。

想不到，看似牢固的三十年穆巴拉克政權，最終也被這場革命巨浪捲走了。

究竟歷史有其必然發展的軌跡，還是有它偶然性因素的詭祕之處，令到世事萬物都有著無限的可能？我匆忙背起行囊再飛往開羅。

埃及大選，孕育阿拉伯之春？

在埃及爆發的一場「阿拉伯之春」，不禁令我聯想到二〇〇五年九月七日舉行的埃及大選，難道這正好為革命埋下種籽？

當時，穆巴拉克為了應付國內積怨的聲音，表示會打開選舉大門，讓其他對手參與總統角逐，國際傳媒對焦，認為是歷史盛事。這是遲來的春天，或是這個春天仍然有寒意？埃及大選有人快樂有人愁，但至少對埃及而言，他們終於可以公開挑戰在位長達二十四年的穆巴拉克總統。

首都開羅，九位總統挑戰者齊向穆巴拉克開炮，街道上貼滿五花八門的選舉宣傳海報。

做為阿拉伯老大哥的埃及，穆巴拉克面對來自阿拉伯人民的壓力，他要減壓，首先當然要從選舉做起，至少得增加自己的忍耐性，在長跑的道路上重新出發。既然要為再連任鋪路，穆巴拉克豈能對選舉採取放任政策；改革，畢竟是有限度的。

在一片歌頌的聲音中，穆巴拉克繼續控制不成比例的資源。至於總統選舉委員會的成員，大部分為穆巴拉克所委任，而選舉條例也排除了獨立候選人參與的可能性。此外，穆巴拉克亦企圖把穆斯林兄弟會排除在體制之外，但兄弟會卻在二〇〇五年底的國會選舉中打出漂亮的一仗。

無論如何，埃及人深知大選只是一場秀，但也算是向前走了一步。穆巴拉克宣布將取消實施多年的國家緊急法令，封鎖的嘴巴終於有了可以透氣的時候。這可能還是一個透著寒意的春天，不過，大家深信仍然禿著的枝頭還可以長出青綠的樹葉來。

不過，這場大選的確令到埃及反對力量萌牙。穆巴拉克在大選後，向另一參選人、自由黨（El Glad Party）主席雅文・羅爾（Ayman Nour）秋後算帳，羅爾被囚禁，使得世俗反對派對穆巴拉克徹底失望，遂推動「受夠了」（Kefaya）運動，成為二〇一一年埃及起義行動的啟蒙種籽。

事實上，二〇一一年的革命首先由「受夠了」推動。歷史上世俗自由派與伊斯蘭主義者多次並肩作戰，他們再次攜手推翻獨裁。有不少人關心埃及革命會否變成伊朗一九七九年伊斯蘭革命的翻版，甚至影響中東和平進程。

這種擔憂並不出奇，因為過去十年以來，伊斯蘭激進主義已被描繪為世界上最大敵人，反恐是全球當務之急。然而，只要細心去看阿拉伯世界在「阿拉伯之春」的震盪，根源在於三個字：不平等。

埃及前總統穆巴拉克就是以反恐之名，肆意剝奪人民的政治與經濟權利，但西方卻認為穆巴拉克路線有助穩定中東局勢，這是怎樣的一條路線呢？就是和資本主義全球化相滙合的新自由主義。無論是獨裁或是民主，新自由主義總找得到它的位置。就這樣，埃及在穆巴拉克的軍事獨裁政體裡壓住反對力量，包括穆斯林兄弟會；另方面又致力推行西式新自由主義經濟政策，結果擴大了埃及的貧富懸殊現象，而在穩定論調下諷刺地為社會埋下不穩定的因素。

我一下機，在旅館放下行李後，便立刻飛奔到解放廣場，在萬人鑽動的廣場充斥著各種慷慨激昂的革命口號、高唱入雲的革命歌曲。當時雖正處於仍有寒意的初春，人們卻擠得汗流浹背，我穿梭在其中差點透不過氣來，人群用力揮舞著埃及國旗，孩子臉上則畫上紅黑白的國旗顏色。

就在這個爆發著百分百激情的廣場上，以及附近討論氣氛濃烈的水菸館和餐廳裡，我採訪了不同派系的代表組織和人物，從來自「四月六日運動」的一批熱情澎湃年輕人，到由諾貝爾和平獎得主巴拉迪等知識分子領導的「全國改革委員會」，更有詩人作家沃薛夫

（Abdel R. Yousif），後來又幾經辛苦下找來「受夠了」運動元老的知名商人艾薩克，和穆斯林兄弟會領袖貝爾塔古爾醫生（Dr Mohamed el-Beltagui）等進行專訪，以了解不同世代、宗教派系及各政治光譜階層對革命的看法和期盼。

我甚至跑到貧民窟，保守的郊區農村觀察老百姓的日常、聆聽他們的心聲，以及他們如何被捲入群眾運動之中，而我最感興趣的還是各方人馬所告訴我的革命內情。

埃及獨立以來，軍人長期掌權，為了穩定統治，他們對世俗民主派、伊斯蘭主義或穆斯林兄弟會都做出打壓。穆斯林兄弟會與世俗派雖互不認同，卻同病相憐。回看歷史，我們不難發現，他們在反殖和爭取獨立上曾多次並肩作戰。歷史再次重複，到了二〇一一年兩派的少壯派在解放廣場再次攜手，企圖推翻穆巴拉克的獨裁政權，即使埃及的基督教教派一樣願意共同展開一場波瀾壯濶的新世代運動。

一個大家認同的口號，便可把各派拉在一起，推倒穆巴拉克。怎知革命後埃及社會迅速分化，顯露了僅靠著口號、缺乏藍圖和願景的所謂革命，何其脆弱。人民不禁哀嘆：埃及民主哪裡出了錯？

一場觸目驚心的政變行動

事實上，民主是個好東西，但也得視乎用家怎樣利用之。

當埃及展開後穆巴拉克時代，在二〇一二年五月舉行首次民主大選之前，各派權鬥浮現，而且越鬥越激烈，解放廣場上的革命情誼逐漸煙燒雲散。

可能這也是預料之中吧。多年來在地下積極累積基層力量的穆斯林兄弟會，一人一票的民主選舉竟然助他們登上權力之位；又或者長年受打壓的伊斯蘭文化信仰，隨著民主革命被釋放出來，不僅埃及，「阿拉伯之春」革命原鄉的突尼西亞，伊斯蘭主義者一樣得益於民主選舉，長久潛藏於社會的宗教力量來了一個大爆發。

我走在埃及多個城市的大街小巷，比革命前多了一身保守宗教裝束打扮的人士，無論是男或女。還有薩拉菲派信徒（Salafist），他們留著長長的鬍子，一身白袍自由地穿梭於人群之中，為他們的候選人拉票，這個景象可說是史無前例。

薩拉菲是伊斯蘭遜尼派一種極端保守正統運動，以薩拉菲學說為基礎，屬伊斯蘭基本教義和伊斯蘭復古主義，主張效法先知穆罕默德和他早期的追隨者「虔誠的祖先」，拒絕任何宗教革新，支持實施「伊斯蘭教法」。反之穆斯林兄弟會比他們較進步，我專訪的那位兄弟會領袖貝爾塔古爾醫生，與他見面時，他一身西裝衣著，並與我握手，事前對我的衣著亦沒有什麼要求，和我於二〇〇二年第一次訪問該會領袖阿荷迪比很不一樣。

令國際社會感到意外的是，一場大選竟讓伊斯蘭主義者成為埃及政壇的主導力量，第一位民選非軍人總統穆希（Mohammed Morsi）便是來自兄弟會的領導層，西方和世俗派大感不是味兒。

自穆希上台後，他一味花精力鞏固穆斯林兄弟會的權力，從國會到最高領導層班子，盡是穆斯林兄弟會的天下。中國人有句老話，貪勝不知輸，其後穆希更把總統凌駕於司法之上，卻沒有用心強化民主體制、改善經濟情況。

他一上台不久，即推動通過一部新憲法，司法機關無權仲裁總統的決定。換言之，總統權力不受制衡，他此舉惹起各方不滿，世俗派法官首先以罷工行動發難，跟著世俗派各路人馬返回解放廣場，高呼革命繼續，爆發了第一場反穆希的抗議行動，這場行動凝聚了所有對穆斯林兄弟會執政不滿的力量，為穆希政權埋下危險的伏線。

可是，穆希竟然看不到這個重大挑戰，還硬推新憲法，並利用穆斯林兄弟會在國會的優勢，通過這部具爭議的憲法。

也許這只是笨拙的政治，但有更多反對人士，認為這是伊斯蘭主義者一個險惡的企圖，就是犧牲其他群體，來壯大自己的力量，這肯定對埃及的新生民主，不是一件好事。

最要命的是，穆希完全不知如何改革經濟，只一味沿用前朝的新自由主義政策，但國際借貸卻處處碰壁。經濟一團糟之際，又陷入政治鬥爭。

世俗派本來已心有不甘，革命成果給伊斯蘭主義者奪走了；老百姓以為民選總統上台有好日子過，怎知生活比以前更差；軍方一直蠢蠢欲動，伺機政變奪回主導權；前朝群臣謀權之心，一樣不可低估。如此這般，摩西爾豈不勢危?!

大選過後第二年的二〇一三年，埃及各大城市大批民眾上街要求穆希下台，抗議聲勢浩大，但穆希的支持者也不遑多讓，他們在街頭和反對者叫囂。未幾，當時為武裝部隊最高委員會主席的塞西（Abdel Fattah el-Sisi），迫不及待宣布解除穆希總統職位，並開始大舉拘捕兄弟會和其支持者，至少共一萬六千人，而且再次定性兄弟會為「恐怖組織」。頃刻，埃及一片腥風血雨。

就在這個時候，我再回到解放廣場，感嘆它已走了樣。二〇一一年的的春天，有多少青年在廣場上拋頭顱、灑熱血，堅持以和平手段送走獨裁政權，追求三權分立的民主政體。當穆巴拉克下台，最高軍事委員會接管過渡政權，廣場抗爭者大呼：軍人不得干政！他們爭相向我說：「軍方是壞人，他們必須滾出政治領域去！」

才過了兩年多，那些曾在廣場上呼喊軍人是壞人的同一班年輕抗爭者，如今態度來了個一百八十度轉變。在電視新聞上，看到埃及「造反」（Tamarud）運動其中一位年輕發起人，以堅定不移的口吻吐出，「軍方不是壞人，他們沒有做了什麼壞事……要知道，我們正在對抗一股法西斯勢力，只有軍方有能力對抗之，並協助我們取得想要的東西。」

然後鏡頭一轉，一排排的兄弟會死難者屍體，血淋淋停放在清真寺裡，不知當中有否曾經站在廣場上，與世俗派併肩作戰的兄弟會少壯派？不知「造反」成員支持軍人武力鎮壓兄弟會示威者時，在他們的腦海中，有否閃過昔日兄弟會年輕戰友的臉容？後者一樣追求民主，要求用民主程序處理穆希的問題。

世事多諷刺，兩年前解放廣場抗爭者高喊：軍方是壞人！現在的解放廣場，卻有不少人向軍方鼓掌，他們更把軍方首腦塞西的頭像海報貼滿在廣場上，進行個人膜拜。令人不禁疑惑，究竟解放廣場為埃及帶來新時代，還是把埃及帶回舊時代？

我所訪問過的兄弟會領袖貝爾塔古爾醫生，後來得知，他的十七歲女兒在示威中被軍警槍殺，而他和太太不久也遭軍方拘禁。

一年後，埃及法院判處上千兄弟會成員及支持者死刑或終生監禁，名單上竟包括貝爾塔古爾醫生，還有半島電視台三名記者，震驚國際社會。至於塞西，他成功奪權，在二〇一八年又獲連任，把埃及帶回軍人當政的年代。

我們不禁再問：埃及民主哪裡出了錯？

埃及民主之殤

民主即人民當家作主。可是，埃及民主虛有其表，涉及不少一如川普所指的深層政府（deep state）的利益博弈，人民難以掌握自主命運。

自穆希上台後的首年，駐埃及的美國大使帕特森（Anne Patterson）一直忙著周旋於軍方與穆斯林兄弟會之間。這由於埃及軍方企業占上四成國內經濟，軍方不容穆希過問軍事預算之餘，卻又在總統上任不久，欲安插自己人於內閣中，穆希對此不讓步。

結果帕特森出馬，告知穆希，華府對於埃及內閣閣員，大多為穆斯林兄弟會成員一事，十分不高興。要求穆希改組內閣名單。可是，穆希又要兼顧幕後金主卡塔爾王室的利益，對華府欽定的人事布局未能執行。

《紐約時報》報導，政變前夕，帕特森再議內閣改組一事，又遭穆希推搪。未幾，帕特森的首席外交顧問與美國國家安全顧問萊斯（Susan Rice）通電，大家知道軍方起事在即。

在臨時政府曾任副總統的前國際原子能總署總幹事巴拉迪，在接受《紐約時報》訪問時亦坦白承認，早在穆希給罷免之前，他在帕特森安排下，與美國國務卿克里通電話，並向他保證，軍事政變可以做得乾淨利落。一旦拘禁穆希後，軍方會迅速逮捕穆斯林兄弟會成員，並控制局面，以確保埃及「穩定」。

當軍方第一次鎮壓穆希支持者時，阿巴拉迪向傳媒表示，這是不得已的預防措施，預防穆斯林兄弟會以暴力還擊。就好像政變發生後不久，有傳媒問他，用政變手段把民選總統拉下馬，會否摧毀埃及民主？阿巴拉迪氣定神閒指正記者說，這不是政變，軍方乃是應大部分埃及人民的要求，在非常時期用非常手段，以恢復埃及的民主。他的口吻與美國時任國務卿克里完全一樣。

其後的發展，大家有目共睹，軍方鎮壓手段不僅愈見血腥，奪權之心也日益明顯，直至軍方大規模血腥鎮壓穆希支持者，阿巴拉迪無法自圓其說，更何況他頭頂有個和平獎光環，他遂不得不辭職求去，與軍方劃清界線。

網絡掀革命也帶來分裂

另方面，有不少分析已指促成解放廣場的群眾運動乃是網絡，正所謂成也網絡、敗也網絡。埃及民主的脆弱除了在於軍方的干預外，網絡造成社會撕裂也是令民主無法向前行的原因之一，讓軍方可乘虛而入，這實在亦是現今社會值得深沉反省之處。

在這網絡時代，你對網絡有多少膜拜？又如何機不離手地活躍於各大小社交媒體？你認為它無遠弗屆、力量強大；當人人都說資訊科技正改變世界的同時，你又可曾停一停，心裡出現哪怕是一絲對網絡的質疑？

踏入二十一世紀，從占領華爾街到阿拉伯之春等抗爭運動，網絡成為主要的推動媒介。這些運動開始時來勢洶洶，可是均以失望告終，究竟哪裡出了錯？這是過去幾年徘徊在我腦海的問題，特別是從埃及回來之後。

現在的開羅街頭，人民不再談論政治，軍警身影處處，裝甲車不時巡邏。回想二〇一一年初開羅的熱血沸騰，人們把市中心的解放廣場擠得水洩不通，熱烈討論國家民主轉型，如今他們往哪去了？一切似乎打回原形：鎮壓、拘禁、失蹤……往日的歡笑變成今天的沉默，埃及人不願再提起「阿拉伯之春」。

在我的採訪生涯裡，埃及的確令我一想就痛，只欲捲進被窩裡不去想。在歷史的命運面前，人是多麼渺小、如何無知、對錯難分。從悲傷到歡樂，又從歡樂落入悲傷裡——認識這個大循環便能明白：絕望之為虛妄，正與希望相同；不以物喜，不以己悲，修練得一派平常心，便是最大的力量。

但，依然痛，還是惘然。我曾分享過埃及人春天的喜樂，腦海裡仍留有他們的歡呼聲；曾抹過他們激情淚水的一雙手，怎麼餘溫到現在也不散？

革命高漲的二〇一一年初，看到一位埃及小伙子戈寧（Wael Ghonim）曾慷慨陳詞，「網絡浪潮擋不住，新時代已經來臨了！」當時大家都相信，如想要解放社會，你需要的只是網絡。因此，有過萬青年跟著戈寧拿起手機、走進臉書、投身革命。

戈寧時任谷歌中東及北非地區行銷經理，當時被視為「阿拉伯之春」的重要推手，國際媒體爭相追訪，甚至被美國《時代》雜誌評選為「全球最有影響力的一百人」之一，還被提名諾貝爾和平獎。

當時國際媒體索性宣稱，發生在北非的那場革命，就是由社交媒體所推動。事實上，社交媒體令抗爭行動更靈活，而年輕人又是最活躍於社交媒體的一群。不少知名的年輕博客（blogger）由此崛起；他們一呼百呼，鋒頭一時無兩，而戈寧更是佼佼者。

戈寧在二〇一〇年十二月突尼西亞革命發生後，在網絡上以「ElShaheed」為名開設臉書頁面，以此紀念遭受埃及政府暴力迫害的受害者 Khaled Mohamed Saeed。一夜間，有不少人蜂擁留言，大家都問可以做什麼？戈寧的臉書逐漸引發對政府的抗議聲浪，成為有影響力的革命媒介。

埃及革命期間，戈寧被政府拘留了十一天，在國際輿論壓力下獲釋後，他的身分終於曝光，並成為那年青年革命的領導人物。

埃及革命成功後不久，戈寧在開羅發表 TED 的十八分鐘演說，題為「埃及革命的內幕」。他所指的內幕，其實就是網絡的力量，他稱為「埃及革命 2.0」，也就是由網絡做引擎的革命。他在演說中表示，「這是革命 2.0，沒有任何人是英雄，因為每個人都是英雄……每個人都做出了一點貢獻……網絡扮演了一個重要的角色，幫助這些人說出了他們的心聲，團結合作，並開始一起思考。」

他其後成立了一個網頁，由人們共同參與管理。人們拍攝相片，舉發埃及國內發生的違反人權事件，提出意見，並票選這些意見，然後執行。所有的事都由人民親力親為，沒有領導者，但每個人都是領導者。戈寧認為這就是網絡的力量；大家了解到彼此擁有同樣的困境，我們可以走上街頭。

戈寧還憶述，當第一次就有數千人聚集在亞歷山大港，他感覺到相當不可思議、相當棒。因為網絡將虛擬世界裡的人們連結在一起，然後帶入真實世界，分享了同樣的夢想、同樣的焦慮、同樣的憤怒、同樣對自由的渴望。他們證明了，人民的力量遠遠勝過了當權者的力量，這是戈寧在二〇一一年 TED 演說的結論。

革命五週年前夕，戈寧在日內瓦又發表了另一場 TED 的演說，但他今次對網絡竟然來了一百八十度的轉變，他表示「我錯了！」。

他以為網絡可以改變世界，可讓他們團結在一起，推翻獨裁者；怎知道，網絡最終也將他們撕裂了。他回顧道：「二〇一一年，穆巴拉克被迫下台，是我人生中最激動的時刻。那是懷抱偉大希望的時刻。在革命的十八天裡，埃及人活在烏托邦中，我們有同樣的信仰，相信大家可以求同存異地生活在一起。相信穆巴拉克之後的埃及，將是和平包容的國度。」

可是，後革命時代的情況，就像重拳擊碎他的胸口。他發現社交媒體只是在放大言論、傳播錯誤信息、重複口號，並散播仇恨言論。軍隊支持者和伊斯蘭教主義者越來越兩極化，讓較為中立的人感到無助。兩個集團都希望你站在他們一邊，你不是夥伴、就是敵人。撕裂的埃及社會就這樣把革命推倒了，並令軍方乘勢再起。

戈寧的第二場 TED 演說，值得我們深思。他所描述的社交媒體問題，不僅存在於埃及，事實上，兩極化現象正在全世界蔓延，且不斷加劇。科技本應協助解決問題，現在卻成為麻煩的一部分。

戈寧指出兩極化的演變，其實是人性使然。然而，社交媒體卻塑造一個容易讓我們產生這些行為的環境，並放大它的影響。無論是引起鬥爭，或是忽略你討厭的人，都是人類天生的衝動。然而，在科技的幫助下，你只需要按一下滑鼠，就可以完成。

各走極端的社會，令溫和理性變得尷尬，甚至遭受恥笑。當中間派感到無力之時，社會便難取得共識，難以達到有利各方的妥協行動，唯有繼續鬥爭、不斷撕裂。

今天的社交媒體可說正面對著嚴峻的挑戰，訊息真假難分，充滿偏見的謠言不斷散播，使人信以為真。其次，我們創造了同溫層，往往只和觀點相同的人溝通，不見對異己的包容；線上的討論，亦會很快激起人們的憤怒，仇恨言論更容易讓人失去理性。

此外，由於社交媒體快速、簡短的特性，我們很快就跳到結論。在此情況下，很難表達出複雜、深刻的觀點。那麼，社交媒體只會使人變得偏狹、自以為是。

以上都是社交媒體的特性，我們不禁問一句：在這種情況下，網絡科技究竟是推動民主的工具，還是民主的摧毀者？從戈寧對社交媒體的反省，說明世事萬物既能載舟也能覆舟，不是非黑即白。這原本是個簡單道理，但人類偏偏充滿盲點。

我這樣說，不是去否定社交網絡，而是反思過後，重新出發。如何令社交媒體帶來真正轉變，以及怎樣引導大眾在社交媒體上，回到理性和有意義的討論？這是當前的要務——無論你在美國、歐洲、非洲，又或中東、亞洲，以至台灣或香港。

正如戈寧在他第二場 TED 這樣說道：「今天，世界上有三分之一的人擁有網絡。但是網絡的某一部分，被人性中不那麼高尚的一面俘虜了……因此，五年前，我說：『想要解放（liberate）社會的話，你需要的，其實只是網絡。』今天，我相信『想要解放社會的話，我們首先要做的，就是解放網絡』。」

說得真好，這絕不是戈寧的泛泛之談，而是親身經歷了一場轟天動地的革命後，卻看不到民主開花，反而目擊自己國家一步步走回獨裁統治的錐心之痛，所發出的肺腑之言。

當你真的追求社會的民主，自當明白到有質量的社交網絡，比獲取不少 like 的網絡更重要。願包容、有對話，才是民主的素質。如是者，我們為何不去創建可參與對話的平台、去進行有理有據的論辯，而非一直宣傳觀點？如果社交媒體可因張貼一篇有分量的文章，而改變人們的觀點，那麼，大家都可能會寫得更認真、更仔細、更具說服力，試圖擴大讀者群，進行思想撞擊，從而產生新的看法。

戈寧已起來行動，他與夥伴們開發了第一個的產品，一個具談話功能的媒體平台，他們舉辦對談活動，來促進溝通、理解。我們是時候需要思考，如何解放網絡，從狹隘中解放出來，讓網絡成為推動真正社會改革的工具。

帶著戈寧的省思，不期然想到埃及悠久的歷史，從帝國到殖民宰割、傳統與世俗的交戰到正義和不公的對壘，埃及編織了一幅悲喜交集、血淚相纏的圖畫。

「五埃鎊一張法老王。」一位孩童在博物館門前以顫抖的聲音向我兜售麻布畫。我買了一張，把埃及浪漫的、深邃的、悲情的、唏嘘的、激昂的歷史，一一放到我的背包裡。

如果太陽淹沒了

如果太陽淹沒在雲海裡
並將黑暗的波浪延伸到世界上
警戒的人眼中視力就會消失

道路迷失在直線和圓圈中
哦，精明的直線和圓環旅行家
除了言語之眼，你沒有任何嚮導

——艾哈邁德・福阿德・內格姆
（Ahmed Fouad Negm，一九二九—二〇一三，
埃及抗爭詩人詩作被視為革命之聲）

附錄一

共濟會與穆斯林兄弟會

有分析家把穆斯林兄弟會的迅速成長，歸功於阿班納的組織技巧和個人魅力，但約翰．高文（John Coleman）在他的《欺瞞的外交》（*Diplomacy By Deception*）和史蒂芬．多里（Stephen Dorril）《MI6：偉大的英國情治單位之內幕》（*MI6-Inside the Covert World of Her Majesty's Secret Intelligence Service*）中一針見血地指出，阿班納創會時只有二十二歲，即使有多大能力，也不可能在英國最核心的中東殖民地區發動如此龐大的運動，這明顯獲得英國殖民統治階層的默許。因為，當埃及面臨民族主義的衝擊時，穆斯林兄弟會與英國殖民者有著共同的敵人，那就是阿拉伯民族英雄兼社會主義者納賽爾，還有背後支持他的蘇聯帝國。

多里更揭露出英國情報組織與共濟會合力鼓動了穆斯林兄弟會的活動，以對抗當時民族主義的興起。

共濟會（Freemasonry）於法國中世紀時出現，最初是石匠和教堂建築工匠的行會，後來發展成為一個以吸引自由思想家、新教徒及反對教權者的組織，由於行事隱密，因此有人視之為祕密組織，其目的更被懷疑欲祕密支配世界。共濟會曾活躍於法國大革命、美國獨立、俄國革命、以色列復國等政治活動。

由於古埃及宗教文化對基督教影響甚深，加上第一次大戰後埃及是英國在中東殖民的重要領土，與英國殖民者共同肩負霸權擴張任務的共濟會，得以在埃及生存，並根植於埃及的社會中。

其實，共濟會早於拿破崙東征後便在埃及出現，在二十世紀上半葉更受埃及上層社會與知識分子的歡迎。很多有影響力的埃及人都是共濟會的成員，這當然與埃及貴族知識階層和英國殖民統治者之間的密切往來有關。

原本，穆斯林兄弟會的創辦人阿班納也是共濟會一員，現在聽起來可能匪夷所思，但當時只不過是一種建立人際網絡的手段，不算背叛伊斯蘭。更何況兄弟會建會初期，看來也獲得了共濟會的支持，才得以迅速發展。

只不過，穆斯林兄弟會與共濟會的蜜月期很快便結束，共濟會到後期企圖改造和支配伊斯蘭成員而令他們紛紛退會，加上一股反殖民、反西方的第三世界潮流撲面而來，兄弟會逐漸深受這股情緒所影響，拿著反殖民的大旗，高喊復興伊斯蘭的口號。

不說不知，被埃及政府稱為大魔頭的庫特什（Sayyid Qutb），原來也是共濟成員，但他在美國走了一圈後，不斷抨擊美國陰暗的一面，與共濟會漸行漸遠，最後被埃及政府問吊身亡。

隨著庫特什逝世後，西方力量利用穆斯林兄弟會做為他們攻擊埃及民族政府的祕密武器，也隨之告終。

附錄二

從二〇二三年大選看軍政合體

大家都會以文明古國形容埃及，但其實這個古國早已遠去，取而代之是一頁又一頁的殖民歷史，繼而是世俗與宗教、獨裁與民主之間的劇烈鬥爭。特別是自二〇一四年後軍人政府回歸，民生經濟不僅沒有起色，反之大幅下滑，繼而要面對疫情肆虐、俄烏和以哈兩大戰爭衝擊，本已脆弱的埃及經濟被徹底打跨了。

二〇二三年的十二月，當外界正關注埃及大選連任的塞西如何處理加薩危機之際，國內人民卻關注塞西怎樣解決經濟問題。他們把經濟罪責歸咎於軍人總統助漲了軍隊企業的勢力，擴大了經濟的不正義。

軍隊在埃及獨立歷史裡有其特殊的位置，發生在二〇一一年的「阿拉伯之春」，欲推動軍政分家，最後功敗垂成。塞西其後發動政變，推翻革命後首任民選文人總統，把埃及又拉回到軍政合體的年代。

事實上，「自由軍官」在埃及當代歷史舉足輕重的角色，從而令軍隊在埃及社會中發展出根深柢固的主導地位。自埃及第二任總統沙達特上台，實行「經濟開放」政策後，軍隊可以經營企業，並在經濟發展中所占的份額不斷提升，令到民眾猜疑埃及軍隊在國民經濟中勢力龐大，存在著一個平行的「經濟王國」。最重要的是，軍政合體下，軍隊擁有絕對優勢，取得埃及的基礎設施和公共用品的建設項目，如公路、港口、管道和大橋等，這逐漸成為埃及社會難解的貪污溫床。

究竟埃及軍隊占經濟總量的真實比重有多少？由於數據欠透明，官方雖說所占比例甚少，但民間就是不相信。自從二〇一四年塞西奪權以來，埃及軍方開始承接更多大型公共基礎設施的建設項目，這包括二〇一五年八月完工的蘇伊士第二運河。不久，塞西又宣布在開羅東部沙漠地區建設新行政首都，這項涉及數百億美元的極龐大工程，再加上在新首都要蓋百萬住宅的項目等，軍企在其中又有多少參與？

二〇一五年底塞西頒布第四六六號總統令，允許軍隊通過其所擁有的「武裝部隊土地項目組織」（armed forces land projects organization）名義下合法經商，並且可以和國內外私人資本合作，成立商業機構，令政府宣布所謂國退民進的經濟政策，人們擔心這只不過是一場障眼法的虛招而已。

埃及人擔心軍隊日後可進一步利用其土地儲備，參與大型住房和基建項目，並從中謀取暴利，削弱庶民經濟，進一步擴大貧富懸殊，而且無法解決埃及經濟結構性問題。在埃及好大喜功的大白象工程下，加上埃及外債龐大，為求貸款，不得不聽從國際貨幣基金會的建議，實行緊縮政策。埃及老百姓在大選過後，恐怕迎來更艱難的日子，而埃及則再次跌進惡性的經濟循環中。

以色列 巴勒斯坦

Israel Palestine

風暴 在這裡開始

猶太復國主義者強調以色列
是個猶太教國家惹爭議。

以色列全民皆兵。

巴人生活受隔離牆干擾。

巴人在二〇〇五年一月舉行了阿拉伯地區第一次民主選舉。

從約旦到耶路撒冷

暴力手段，即使用於爭取正義，也難為正當。

——卡萊爾（Thomas Carly）

二〇二三年的十月、十一月，以至往後數月，對以巴地區而言彌漫著一片紅色，這絕對不是代表革命的顏色，而是人民的鮮血，並且滴進世人的心坎裡。這肯定是人類當代史上無法迴避的一章，在世界多個角落，人們高喊「我們永遠記住這個十一月」（For this November we will remember）。

我們首先被哈瑪斯以史無前例的殘暴方式突襲以色列南部所震驚，但沒有最殘暴，只有更殘暴。以色列還以不只十倍的顏色，我們看到的是近乎納粹式的「關門打狗」，整個加薩走廊受到摧毀之餘，兩百多萬巴人居民亦被置於死亡刀鋒上。

這會否是以色列對巴人的終極一戰，還是雙方要打到世界末日為止？可是，由於巴人仍生活在以色列的占領下，兩者強弱極為懸殊。當以色列已擁有祕而不宣的核武之際，在巴人之中武裝力量最強的哈瑪斯組織，手中也只不過持著火箭砲，又或有其他激進巴人用上自己的身體成人肉炸彈，和敵人玉石俱焚，西方等外界稱之為「恐怖主義」。

這種自殺式炸彈襲擊的手段，竟如傳染病病菌般擴散至其他國家，相繼仿效的個別人士或團體，他們相信這極端暴力行徑乃是他們心中仇恨的最佳出口，要讓世人聆聽他們政治訴求的最有效方式，同時亦是對恃強凌弱的西方霸權一種最悲壯的控訴。

他們認為他們是保家、衛國、護教的殉道者，我們認為他們是邪惡、異端、誤入歧途的恐怖分子。

我在埃及採訪過穆斯林兄弟會，從他們身上見證了一次現代伊斯蘭教主義運動如何興衰、如何從激進走向溫和。可是，在另一方面，兄弟會的「高徒」卻在巴勒斯坦燃燒出一種暴力的激進精神，而且還起了示範作用。走進以巴地區，就好像走進恐懼的陰影裡。

以巴地區，孕育出哈瑪斯、阿克薩烈士旅（Al Aqsa Martyrs Brigades）、伊斯蘭聖戰組織，還有其他零星的武裝力量……它究竟是一個怎樣的地區？

我從開羅出發，經過摩西曾苦苦思量的西奈半島，再從那裡穿越紅海、前往約旦。每一步都是《聖經》中所描述的聖地，但又是邁向新聞中的腥風血路。

遠望是曠野，低頭是清澈如明鏡的海峽，別人的聖地之旅，我卻在盤算如何解開這個地區的衝突疑團，橄欖樹下永無休止的鬥爭。頭上漸漸出現半彎的明月，或許和平就掛在這個半月彎上，像頑童一樣，不肯下來。

約旦位於以色列和阿拉伯世界之間，剛好可讓人稍作喘息的地方。她雖然也是阿拉伯的一部分，但嚴守中立，人口中有六成為巴勒斯坦裔，當中不乏一九四八年以色列立國時從巴勒斯坦逃出來的難民及其後代。不過，政府規定他們不能公開議論政治，違者一律以刑法處置。

一邊為以色列，另一邊為伊拉克，約旦則極力在夾縫裡保持平衡，猶如鋼索上的特技人。由於該國和以色列建有邦交，因而成為中東的緩衝區，人們可從這個阿拉伯國家，經由陸路直接進入以色列，這逐漸成為受旅客歡迎的中轉站。在緊張的中東地區，我們可在約旦首都安曼躺於柔和的月色下，歇息一會兒。約旦人愛在路邊喝咖啡，我一經過，他們即展現笑容，熱情地說：「歡迎到約旦來！」首都安曼，四面環山，紅瓦黃磚的房子依山而建，從市中心最貧窮的地區開始，一環一環地環繞到頂峰最富裕的區域。

山坡與房子的那一抹黃，同屬淡淡的黃。晚上微風吹拂，大街上懸掛的那面約旦旗，還有胡笙國王父子倆的肖像海報，在風中隱隱顫動，寧靜裡卻總帶點詭譎。

事實上，在一九四八至六七年期間，約旦出於政治理由，曾讓穆斯林兄弟會在此地迅速發展，巴人領袖阿拉法特也曾在約旦揮舞其民族旗幟，發動抵抗運動。

約旦河西岸的約旦，約旦河東岸的巴勒斯坦，前者大喊中立，後者繼續做困獸鬥。可是，約旦始終是巴人可喘口氣的緩衝之地，亦是我探討巴人激進主義的重要驛站。

他們都是這樣生存下來的

從約旦安曼經由陸路前往耶路撒冷，如果沒有重重關卡和冗長的邊防問話，一個多小時便可抵達。

中東地區就是這樣，大家原本很近，但卻可以變得很遠。一個小小以色列的存在，使得鄰近阿拉伯國家長期處於備戰狀態；而以色列人與巴勒斯坦人更是互相折磨超過半世紀，其中所爆發出來的原始暴力，連世界也跟著瘋狂起來。

> 因為他們誘惑我的百姓，說平安，其實沒有平安；就像有人立起牆壁，他們倒用未泡透的灰抹上。所以你要對那些抹上未泡透灰的人說，牆要倒塌，必有暴雨漫過。大冰雹啊！你們要降下，狂風也要吹裂這牆。這牆倒塌之後，人豈不問你們說，你們抹上未泡透的灰在哪裡呢？
>
> ——《聖經》〈以西結書，第十三章：十至十二節〉

占領、圍困、封鎖，還有你給我一枚導彈，我送你一個人肉炸彈，每天都在上演，而且越演越烈。原本在埃及西奈半島有兩個邊境，一個通往巴勒斯坦加薩的拉法，另一個通往以色列艾勒蒂（Eilat）及塔巴（Taba），當時都已因局勢緊張而關閉，何時重開？就像和平一樣，大家無法說出來臨的日子。

計程車經過約旦河，來到胡笙國王橋（King Hussein Bridge），這是與以色列接壤的邊境所在，亦是目前唯一一個阿拉伯國家與以色列往來的陸路窗口。

但，小心！風暴在這裡開始。

在計程車裡遇見一位巴勒斯坦中年婦人，中學教師，一身洋式打扮，她用流利的英語談文學、談哲學，顯露出自信和傲氣。可是，一到邊境，她什麼都不是，只是一名巴人，與其他巴人一樣，需要轉往另一條為他們而設的通道。

我永遠不能忘記她那帶有屈辱和尷尬的眼神，以及心有不甘的一聲再見。然後，我們踏上不同的通道。我遠望他們那一邊，擠得水洩不通，一大包、一大箱的行李堆得零亂非常。小孩們在哭喊，或嬉戲，大人們一副煩躁模樣，不少呆坐在行李上，準備做一整天的「抗爭」。

談到巴勒斯坦人要前往外界，又或是返回家鄉的旅程，可以令你聽得「滿天星斗」。可是，他們很樂意告訴你，甚至可以花上很多時間，仔細描述他們如何寸步難行、插翼難飛。

「我住在拉姆安拉（Ramallah），這比其他西岸城鎮還方便一點，可以直接坐車經耶律哥（Jericho），到達這個邊境，再坐車去安曼的機場。我得在搭機日期的前兩天出發。如碰上緊張局勢加劇，我們一是不能外出、二是要提前一星期上路，有人曾在這關卡一等就是三、四天，通宵達旦，無人能說得準，有太多的不確定。回來時的情況也差不多，要看運氣，家鄉可能正在宵禁，那便得滯留在關卡……」

我記起與我同車的中學老師曾這樣跟我說：出門是人生大事，可能一輩子回不來，又或一輩子也出不去。

檢查站：占領者與被占領者的角力賽

除了國與國的關卡外，在這一片以前叫做巴勒斯坦的土地上，現在分為以色列與巴人自治區。自治區，故名思義，以色列仍然掌握最後的生殺大權。

屬於巴人自治區的約旦河西岸和加薩走廊，以軍設置重重的檢查站，荷槍實彈嚴陣把守。巴人每走一步，都要出示證件、交代行程，接受鉅細靡遺的檢查。

你不會了解這種在檢查站下生活的精神傷痛，如果你沒有親身去經歷一次。

一天，與一名以色列女兵聊天，她也談及她駐守在檢查站時的精神傷痛，這倒令我多了一分思考。

1 耶律哥（Jericho）就是新約聖經的耶利哥城，香港譯為傑里科，現屬巴勒斯坦自治政府管治的一個重要西岸城鎮，也是巴人最先實現自治的城市之一。

「我們用槍指嚇天真無助的孩童、手腳顫抖的老人家，盡情羞辱堂堂的巴人男子漢，我們有時也會射殺手無寸鐵的老百姓……」

我不太清楚她為什麼如此坦率，可能是贖罪吧！她說，她心裡有個空虛的黑洞，她的祖父輩把六十年前集中營的浩劫故事全都掉到這個黑洞裡。

「我們感到孤立、恐懼，唯有拿著槍，看看身邊的同僚也拿著槍，然後從折磨他人找回存在的快感……」

「這種快感也許倒過來是對自己的折磨。我們只感到，一放下槍，我們就會立刻消失，國家也立刻消失。敵人永遠在面前，我們必須要這樣做，每一天都要這樣做。我們再也沒有憐憫，只留下偌大的心理傷痕。」

她繼續說，她見過一個同僚，回到家一不順意就對他兒子拳打腳踢。她猛然明白到，精神創傷正在起作用。

究竟誰是受害者？我突然有點分不清。

女軍人後來加入了拒絕於占領區服兵役、拒絕參與鎮壓行動的「軍人和平」組織（Yesh Gvul）[2]，但我再也找不到她了。

不過，檢查站的「精神創傷」仍然繼續著。

二〇〇二年六月，我第一次到以巴地區、第一次目擊檢查站的景象，就是從耶路撒冷坐車到附近一處的巴人農莊。當時還與兩名挪威人結伴，挪威友人言明只談旅遊、不談政治。但我們在旅途中認識了一名巴勒斯坦大學生，我們想了解一下農莊生活。

僅僅二十分鐘的車程，我們經過了四個檢查站。快要到達第一個檢查站之際，我們一行三人被窗外的景觀震懾住了：三名健壯的巴人男子，幾乎全身赤裸，只穿了一條白色三角內褲，雙手放在腦後，半蹲半跪，眼神慌張地望著兩位把槍口對準他們的以軍，靜候發落。

其中一位挪威友人禁不住低頭叫了一聲，「噢！我的天！」

這顯然超出我們的經驗範圍外。突然，我們的車也被截停了。

自此，我對檢查點的法則開始有所認識，也可以不假思索地講出發生在檢查站的故事。說得簡單一點，這是占領者與被占領者之間的角力賽。

被占領下的巴人生活

自一九四八年猶太人透過戰爭重返屬於祖先的應許之地、建立以色列國後，他們便牢

2 Yesh Gvual 是一個由以色列良心軍人組成的反戰組織，於一九八二年以色列入侵黎巴嫩時成立，抗議以色列屠殺貝魯特巴人難民營，以及入侵黎國的行為，其後該組織把他們的抗議聲音擴展至以色列在巴人自治地區上所進行的一切軍事占領，成員拒絕在占領區服役。他們的良心行動鼓舞了另一批年輕軍人，成立相類似的組織「勇於拒絕」。

以巴地區檢查站時有衝突。

檢查站外巴人正排隊等候通關。

牢抓著這一塊土地。

到了一九六七年中東六日戰爭後[3]，以色列更從埃及手中奪取加薩地帶、從約旦王國取得約旦河西岸。

巴勒斯坦人是最大的輸家。他們眼巴巴地看著自己的家園分崩離析，而他們的阿拉伯兄弟又各懷私心，在建立統一的阿拉伯國這一至高利益名義下，兼併了巴人的立國事業。埃及管理加薩走廊，約旦占據西岸。可是，最終以色列在六日內將所有巴勒斯坦土地歸於其名下，開始以人對巴人的漫長占領，過程中，巴人完全失去發聲的機會。

他們無法表述自己；他們必須被別人來表述。

——馬克思

在通往納布盧斯（Nablus）的檢查站上，我和巴人一起在長長的隊伍中等候檢查。在我前面的一位婦人，轉過頭來用阿拉伯語不停向我說，那張扭曲痛苦的臉孔，似乎想告知我一些事情。我聽不懂，在企圖尋找翻譯時，她已被以軍拒絕通關，但她繼續喃喃自語、不知所措。

最後，她不得不離開隊伍，身影越走越小。

她可能以為我這個外國人能幫上忙，但我無法不向前行，後面的人如波浪般湧過來，在我後面的青年人搖搖頭告訴我，「她只是運氣不好而已。」

回家真難。即使可以回家了，以軍也可在任何時候闖進來。

「有一晚，我回到家，家人都很高興。我回來晚了，因為在檢查站遭到留難，他們懷疑我曾參與學校裡的政治活動，把我扣留。他們懂阿拉伯語，卻硬要我說希伯來語，我根本不懂，他們就把我踢到牆角裡，半天後竟然讓我離開。」一位就讀於東耶路撒冷阿爾庫茲大學（Al-Quds）的政治系學生加薩尼捏一把冷汗地說，但好戲還在後頭。

「以為回家就好了。我記得，當晚九點左右，我正在洗澡，弟妹圍在一起看電視，而爸媽剛換好衣服準備睡覺。突然，兩名以軍闖入，他們循著我在檢查站報上的地址上門突

3 一九六七年，阿拉伯和以色列間發生第三次戰爭，在短短六天內結束，因此又名「六日戰爭」。以色列能以極速時間獲勝，皆由於美國全力撐腰，利用以色列對付逐漸向蘇聯靠攏的埃及和敘利亞。但一些猶太人卻視之為上帝幫助的神蹟。請參考杭士基（Noam Chomsky）的《*Fatal Triangle: The United States, Israel and the Palestinians*》。

襲，表示要搜查房子。弟妹哭了，媽媽很尷尬，她已除下頭巾、穿上睡袍，而我趕快用毛巾包裹身體便衝出來。我很難過，眼看家人受侵犯和羞辱……」

「我真的沒有做過什麼，就只因為我是政治系學生？當以軍在檢查站問我念什麼時，我吐出『政治』這個字，便知會有麻煩了，這真要看看當天個人的運氣如何。」

加薩尼坦然說：「任何時候，我都感到沒有自由，包括在家裡。我似乎每天都在俄羅斯輪盤下生活，他們讓我覺得，身為巴勒斯坦人，就是恥辱，我不該入大學、不該念政治、不該回家……」

我是透過耶路撒冷酒店一名小伙子伊布利翰認識加薩尼的，他們是校友。

伊布利翰回校的方式，讓我很好奇，我決定跟他走一趟，看看是怎麼回事。

學校距離酒店只有三十分鐘路程，但每天伊布利翰都會比開課時間早兩小時出發，不是由於他希望早點回校溫習，而是實際上他的確需要在路上花上這麼多時間。

原來，以色列根據巴人居住的不同地區簽發不同顏色的證件，巴人的行動因此一再受到阻礙。伊布利翰雖然在耶路撒冷出生，卻未能獲得該區的證件。他家鄉生活困難，遂來到耶路撒冷打黑市工，以半工半讀來維持學業。

在耶路撒冷，他左閃右避，上學時也左閃右避，不能直接經過檢查站，唯有在下車後，偷偷摸摸地跑山路。我跟著他跑，發覺有不少人都這樣繞道而行，避過以軍的檢查。

其後，他弟弟也來到耶路撒冷，進入同一所大學就讀，兄弟倆都在酒店兼差，每天一起跑山路。

在山路上，隨時會被以軍攔截、拘留，甚至挨槍砲。對他們而言，知識是在重重危險中尋覓的。

一天，伊布利翰如常回校上課，數小時後，很沮喪地返回酒店。他解釋說：「辛辛苦苦跑過山路，到達後才知道學校因以軍檢查而停課。」

以軍不時指控阿爾庫茲大學有哈瑪斯學生成員，要求大學停課，甚至關閉一段時期，不然，就是戒嚴。在這種情況下，一個學期的課程，得要花上兩個學期完成，教師和學生都不勝其擾。

「我們無法掌握一切，小小的教室也受到以軍的粗暴干預。當我看到他們踢門而入，真希望手中有枚炸彈，可以狠狠地向他們扔過去。」一生得敦厚的伊布利翰平時對所有人都彬彬有禮，一副書生模樣，心中卻有一股壓不住的憤怒。

原因很簡單，他們站在自己的土地上，以色列卻要把他們變成外來人。

奪回神的應許之地

「他們不該住在這裡！」

在以色列國內，存在一群基本教義派的猶太教信徒，認定巴勒斯坦這塊聖地是神應許他們的土地，只有猶太人完完全全地擁抱聖地，才能獲得徹底的救贖。他們拿著《聖經》、拿著最古老的東歐宗教觀，來證明他們口中的真理[4]。

一九四八年的戰爭讓猶太人得以立國，但對猶太教基本教義派而言，當時所獲得的土地並不算是猶太人的中心地帶。他們所渴望的，是猶太祖先成長的地方，這包括約旦河西岸城鎮希伯倫（Hebron）、納布盧斯、耶律哥、加薩走廊等，而首都應該是耶路撒冷，不是特拉維夫。

結果，一九六七年第二次的中東戰爭，竟然為他們完成了心中的夢想。他們經常驕傲地表示，「小小的以色列力抗阿拉伯的千軍萬馬，只在六天之內便神蹟似地戰勝了敵人，這明顯是上帝旨意，祂要我們在這猶太人的中心地帶定居和建設，完成救贖的過程。」即使當時執政的工黨也變得飄飄然起來，指揮六日戰爭的參謀長拉賓，以及總理梅亞夫人，被捧為執行上帝旨意的中介人。以色列的存在被抹上了救世主理論色彩，成為西方媒體的焦點。

他們如何保住這個戰利品？事實上，以色列立國之父本・古里安（Ben Gurion）[5]在一九四八年立國之初，已不顧聯合國的決議，拒絕讓巴勒斯坦難民返回家鄉；其後的戰爭又造成更多的難民，巴人難民營遍布鄰國、西岸及加薩[6]。以色列政府用相同的手段，使得巴人的歸鄉夢想變得遙遙無期。

屯墾區的由來

另一方面，以色列鼓勵散居世界各地的猶太人「回歸國土」，在西岸城鎮和加薩走廊、東耶路撒冷等大量興建屯墾區（settlement）。

屯墾區的概念乃是效法一九二〇到三〇年代，猶太復國主義者[7]在巴勒斯坦一點一滴地興建起他們的家園和社區，製造地權的既成事實。

4 救世主理論自以色列復國後日漸流行起來，即指以色列乃按照《聖經》預言重返聖地、重奪聖殿山，並為彌賽亞（救世主）來臨的日子鋪路。

5 大衛・本・古里安（David Ben Gurion）被視為以色列國父，生於波蘭，一九〇六年移居巴勒斯坦後，號召猶太人為生存而鬥爭，並成為以色列工黨領袖兼以色列建國第一任總理。一九四八年他宣讀建國宣言，主張以武力迫使阿拉伯人接受和平，又推動屯墾區計畫，受以色列人尊稱為「朱利亞的獅子」。

6 巴勒斯坦自治區出現巴勒斯坦難民營，乃由於一九四八年以色列建國後，巴人慌忙逃出以色列國界，而被聯合國接管及安置在西岸、加薩、約旦、敘利亞和黎巴嫩等五十九個難民營內。根據聯合國定義，他們和子孫都是符合資格的難民。

7 猶太復國主義又名錫安主義（Zionism），猶太人自經歷歐洲反猶浪潮後，深信只有回到聖地錫安山才有意義。首先推動猶太復國政治運動的先驅為西奧多・赫茨爾（Theodor Herzel，一八六〇—一九〇四），他為此建立猶太復國組織，按計畫在巴勒斯坦購買土地，為猶太人重返家園及重建以色列國鋪路。其後，猶太復國運動分裂成數個派系，有追求文化、宗教和世俗務實主義等。

可是，興建屯墾區完全違反聯合國在一九六七年十一月二十二日通過的二四二號決議案[8]，至於屯墾區如何成為和平進程的其中一個障礙，下一節將有詳細論述。不過，在此我想記述一件頗有意思的遭遇。當以色列人權組織「拉比為人權」（Rabbi for Human Rights）的成員杰若米（Jeremy）帶我參觀屯墾區 Ma'ale Adummim，後來在區內迷了路，他先把車停在路邊，一旁的建築工地工人自告奮勇上前來幫忙，有位三十出頭、操流利英語的工人問我們碰上什麼問題？他挨近汽車窗門，我好奇問他來自哪裡，他竟然表示自己是巴勒斯坦人，原本是一名中學英語教師，學校因長期戒嚴停課、不發工資，沒辦法才到這裡興建屯墾區。

他看來文質彬彬，但一位巴人參與擴建他們認為是敵人掠奪了自己土地的猶太屯墾區，那是多麼困惑的事情啊！而且他還名叫「穆罕默德」。

穆罕默德顯得尷尬，眼光橫掃了四周的環境，然後巴巴結結地說：「對！每天在這裡蓋房子，每一塊磚頭，都是一種背叛、矛盾、掙扎。可是，有什麼辦法？我要負擔一家人的生活……」[9]

他望著杰若米，開始想轉移話題，遂與杰若米展開以下一段對話。

穆：你祖籍哪裡呢？

杰：美國。

穆：你來這裡旅遊嗎？

杰：不，我住在這裡。

穆：工作？

杰：是來定居。

穆：（有些驚訝神情）多少年了？

杰：三十七年。

穆：（恍然大悟）你是以色列人？

杰：對。

穆：噢！你是以色列人！（瞪大眼睛）不要緊，我們其實原屬於同一個祖先亞伯拉罕，我們是兄弟，擁有共同的感情和需要，應該互相友愛。貪婪的政治把我們分開了，我願意與你做朋友。

---

8 聯合國二四二號決議案在一九六七年十一月二十二日於聯合國通過，成為日後以巴談判的基礎。決議案要求以色列放棄「六日戰爭」時所占領的土地，返回建國時的領土，並以此來釐定以巴之間的正式疆界，稱之為「綠線」（green line）。

9 生活在以色列統治下的巴人情況，湯馬斯・弗里曼（Thomas Friedman）在其《從貝魯特到耶路撒冷》（*From Beirut to Jerusalem*）有詳細描述。

穆罕默德伸出他的友誼之手，杰若米也緊握他的手。猶太人與巴勒斯坦人是否真能一笑泯恩仇？

下山時，杰若米不斷重複剛才的「奇遇」。他顯然很回味這個發生在他身上的故事，他訴說自己的感受，也問我的感受。

杰若米一頭長長的金色鬈髮、一臉耶誕老人的慈祥，他是拉比（猶太教教士），傳統的宗教背景，卻有著開明的思想。他追求巴人的平等權利、兩個民族的和睦相處，他經常向其他以色列同胞說：「請設身處地感受別人的痛苦，人民的福祉比土地的救贖更為重要！」結果，他被同僚和同胞歸類為「左派」。

無論如何，杰若米等和平組織人士不足以和勢力更為龐大的鷹派抗衡。鷹派總有其銳不可擋的支持者，因以色列這個國家是在恐懼和悲情中誕生出來的，他們自喻為阿拉伯汪洋中的一條孤獨的小船，經過千年流離失所，回到祖先土地，四周竟是充滿敵意的阿拉伯國家。

自殺炸彈襲擊下的以色列人生活

一九七〇年代，以色列前軍情局負責人約和撒法特．哈卡比（Yehoshafat Harkabi）撰寫過一本知名的書《阿拉伯戰略和以色列的對策》（*Arab Strategies and Israel's Response*），顧名思義，以色列只是一直在回應阿拉伯摧毀以色列的策略。

該書出版距今已三十多年，但到現在這種受害心態依然陰魂不散。在希伯來語詞彙裡，除了出現「屠殺」、「滅絕」、「反猶」外，我還留意到，一些更新的詞彙隨著巴人激進活動而興起。

一天，我坐在特拉維夫市中心的一個露天茶座，在旁的幾名以色列年輕人侃侃而談，他們經常提到 Pigua（自殺式炸彈）、Balagan（一團糟）和 Bu'ah（免受無目標暴力傷害的方法）。

在以色列待了一段時間之後，我也受到影響，跟著他們的口頭禪說：Balagan！Oyá balagan（天啊！真是一團糟）。

不過，在以色列境內，從表面上看，並不會給人一團糟的感覺，而是井井有條的秩序。以色列人雖然活在巴人自殺式炸彈襲擊的恐懼中，可是，他們極力維持正常的生活，這是民族尊嚴的一種表達。他們知道不應到商業街的超級市場，但那裡依然人聲鼎沸；他們知道不應該在巴士站等候太久，但在繁忙時間依然大排長龍；他們知道不應去泡咖啡館，但他們依然樂意在城裡展開社交活動。

當然，有些較富裕的以色列居民還是擬出了一套免受暴力傷害的方法。他們的房子遠離市區，大部分時間以私人車代步，到市中心的外圍購物，招待朋友到家裡喝咖啡、開派對。他們建立了一個小小的自我封閉世界，最好在附近有一堵高高的隔離牆，毋須去理會牆外巴人正面對轟炸、戒嚴、暗殺、無家可歸、喪失工作。

與他們談話，他們會一邊喝著 Espresso、一邊告訴你他們的旅行計畫，或是如何裝飾房子，甚至談當晚即將轉播的英超聯大賽的預測等。

猶太人揮之不去的大屠殺陰影

以色列人的非政治化生活，令你感到一切再正常不過了，但當你一打開當地報紙，例如右翼的《耶路撒冷郵報》（*Jerusalem Post*），你便會明白他們的潛藏恐懼。

以色列報章上對反猶太主義事件的討論，比國際傳媒更為深入、全面，這還包括無數的疑似個案。聯合國的每一個決議案、國際社會的抨擊、學術上的抵制，以及阿拉伯人在他國的遊行示威、巴人的訴求等等，都會讓他們感到不被諒解、深受傷害。他們雖已建國，但仍受排擠，一樣孤單，一樣不安全。

他們對大屠殺的集體記憶又回來了。

一次，我在公車上，與旁邊一位頭戴猶太小帽子的中年男子聊天，沒多久他便問我：有沒有到過亞德·瓦謝姆（Yad Vashem）紀念館？他的眼神告訴了我：即使做為一位外來者，也應該要記住猶太人在人類歷史上這個最悲慘的遭遇。

該紀念館建於耶路撒冷山頭，占地甚廣，外貌龐大，紀念遭屠殺的六百萬猶太人。

我回答說早已參觀過，他又問：那麼，你也有去過波蘭的馬伊達內克（Majdanek）和特雷布林卡（Treblinka）的集中營嗎？

那位男士又想告訴我，從死亡集中營到以色列建國、以色列和阿拉伯世界的多場戰爭；從一九四八、一九五六、一九六七、一九七三、一九八二年等以阿戰爭，到一九八七年的巴人石頭革命，以色列人的生存權利都一一受到否定，他們是真正的受害者。

他們自覺的受害經驗，一切從大屠殺開始，因此得要步步為營，否則便會再度防不勝防，給推到大屠殺的陷阱裡去。

他們也必須攜手團結，不但是以色列人，還有海外的猶太人，得要高舉這幅悲痛的大屠殺帷幕，以阻擋外界帶有敵視的質疑閃爍目光。

杰若米嘆了一口氣說：「在這種深層的大屠殺恐懼下，以色列人對鄰居的處境視而不見，他們只知道對方有人肉炸彈、有武裝恐怖分子、有巴人小孩野蠻地向他們擲石頭……

「總之，鄰居是納粹黨、是匈奴，要消滅以色列人。他們很少回頭看自己，手上擁有鄰居所沒有的強大先進武器，手中握有世界霸主美國給予的大支票，還有用來折磨平民的檢查站、防礙巴人日常生活的隔離牆……

「他們不願意就目前雙方的困境進行一點思考，寧可去研究球賽、到外旅行、閒來泡泡咖啡館。說是逃避也好，反正他們已掌握簡單而具說服力的答案：神讓他們奇蹟般回到祖先的土地，對鄰居的一切行為都是出於自衛。正如以色列人常用的箴言：如果有人威脅要殺了你，那絕對不能給他思考的機會！」

凡是敵人的東西，都是邪惡的。杰若米拿出一個可樂罐給我看，罐上有阿拉伯文，他說：「一天，我在大街上飲用這罐可樂時，被一名軍警攔截，他指控我飲用敵人的產品，要盤查我。」

我和杰若米相視而笑，感到實在荒謬。

不過，等我在以色列住上兩個星期後，也開始變得神經兮兮。當我坐上公車或走進餐廳進餐、經過繁忙的市集，身邊的人群越來越多時，我都會不斷地打量看看哪個可能是潛藏的襲擊者，然後，晚上回到酒店，摸摸自己，再向上天感恩，幸好我還完整無缺！

以色列人的歷史恐懼記憶，被自殺式炸彈襲擊炸出了有形的恐懼，這種恐懼不再單單只屬於歷史，它代表了現狀，每個以色列人每天都必須要面對的恐懼，每個人都可能在一瞬間消逝。

雖然巴人的死亡數字比以色列人高出至少三倍以上[10]，但以色列人總覺得他們是最大的受害者，他們討厭國際傳媒的鏡頭聚焦在以軍如何摧毀巴人難民營，可是，他們卻希望傳媒把每一個死於人肉炸彈襲擊下的以色列亡靈用放大鏡來報導。

由於以色列人感到孤立，因此渴望國際傳媒的寵幸；由於他們感到焦慮，因此渴求外界的關懷與同情。

上述情緒最易受到以色列右翼政黨挑撥，他們的口號「我們知道你恐懼什麼，不要怕，我們會保護你，和我們在一起，你是堅強的」。

最脆弱的人，最容易受哄騙。他們完全相信強硬的夏隆政府所說：「要不違反人道主義而對散落在平民中的敵人發動自衛戰，是不可能的任務。」政府為自己的行為找到了合理的註解。

來自民間的和平渴望

相反地，以色列的民間和平力量則希望國際傳媒能多報導以色列人如何抗議夏隆、後備軍人如何拒絕在占領區服役、和平運動何以波瀾壯闊。他們要向世界表明，以色列人是有勇氣向所有暴力說不、有決心走出受害人的陰影、有渴望追求正義與和平、有良知面對兩個民族的痛楚，然後厭倦地表示：夠了，血已經流夠了，從現在開始，讓大家承認各自的存在，了解雙方的經歷，從中尋求解決的方案。

「以土地換和平，退回一九六七年前的版圖，協助巴人建立他們的國家……」

---

10 以巴衝突導致雙方無辜者犧牲，但巴勒斯坦自治區在以色列占領下死亡數字，一直高出以色列人死在自殺炸彈襲擊下的三倍。可參考 Greg Philo and Mike Berry（Glasgow University Media Group）合著的《*Bad News from Israel*》（Pluto Press, 2004）。

以色列「現在就和平」（Peace Now）的發言人兼希伯來大學政治系教授奈歐密・哈姍（Naomui Hazan）這樣向我說，她希望以巴兩個民族中的溫和派能發揮主導作用。

因此，「現在就和平」堅持每星期六晚進行和平集會，「黑衣婦女」（Women in Black）每星期五舉行燭光集會，還有杰若米的「拉比為人權」、和平種子（Seeds of Peace）等以色列和平組織，如雨後春筍般出現。

還有以色列知名女記者艾米拉・哈絲（Amira Hass），不畏恐嚇跑到加薩和西岸，以良心報導被占領下的巴人處境。

巴人社區方面，溫和派也做出了回應，他們與以色列人攜手主辦獨立傳媒、主持研究會、共同創立和解中心。

可是，他們的力量有多大？他們一直面對連天的巨浪，巨浪衝過來，又暫時退下，再衝過來，決心要吞噬他們。

我好奇地問，如果不願犧牲一寸土地的以色列和巴人激進組織占上風的話，結果會怎樣？以巴雙方的溫和派搖搖頭回答說，那麼，和平便沒有希望了。

即使越來越多巴人明白承認以色列的生存權、承認獨立的猶太國家，才可換來獨立的巴勒斯坦國，但有些問題始終難以解決。例如，被迫流放海外的四百萬巴人難民、耶路撒冷的地位問題、土地劃分等……

因此，到最後，聯合國決議案觸礁，奧斯陸協議變成一張廢紙，和平路線圖未能指出和平的路標。

以巴雙方的激進分子互不信任，共同認為土地既不能共享也不能分割。他們最終希望實現的，是一個國家方案：一個單一的穆斯林國家，或是單一的猶太國家。在這個情況下，雙方不斷播下仇恨的種籽，並且折磨對方。可是，一個單一的穆斯林或猶太國家不是理想，而是種族滅殺啊！[11]

以色列人披上受害者的外衣，巴勒斯坦人也披上受害者的外衣，他們各自努力吸引國際傳媒的注意，大聲呼喊：來，來，請看看我們這一邊，看看我們正在淌血的傷口，指控他們，不要指控我們，是他們的錯，不是我們的錯。

在以巴地區採訪，最舉步維艱的工作、最沮喪的經驗，不是要面對不可預測的險境，而是看不到和平的曙光，又或甚至意識到那裡根本就沒有解決的方案！

埃斯特拉貢：我不能這樣下去。

佛拉迪米：這是你的看法。

埃斯特拉貢：如果我們分開呢？那或許對我們兩人都好。

11 除兩國論、巴人與以色列激進組織所提出的猶太或伊斯蘭單一國家論之外，亦有人建議由兩個民族共同建設一個聯邦國家。

佛拉迪米：我們明天上吊。（停頓）除非果陀出現。
埃斯特拉貢：如果他出現了呢？
佛拉迪米：我們將得救。

——貝克特《等待果陀》

走訪猶太屯墾區現場

在暴力不斷高漲下，二〇〇三年底，以色列總理夏隆在國會提出大膽的方案，於二〇〇五年單方面撤出加薩，終止軍事占領，並拆除當地具爭議的猶太屯墾區。二〇〇三年伊拉克戰爭結束後不久，美國拋出中東和平路線圖，其中一項提議就是屯墾區的問題。

什麼叫做猶太屯墾區？為什麼屯墾區成為以巴和平談判最具爭議的議題之一？筆者從親訪西岸殖民區的觀察中，得出一些思考和分析，在此與讀者分享。

土地與人心的藩籬

耶路撒冷是我採訪以巴問題的大本營，從這個聖城地區開始，我已目擊一種分割，一種由猶太屯墾區帶來的分割。

應該從哪裡說起呢？由於以巴兩個民族觀，耶路撒冷同為兩個宗教的聖城，因此聖城難免被撕裂為二：東面的阿拉伯人區，西面的猶太人區。在兩國的構思中，巴勒斯坦自治政府建議東耶路撒冷為未來巴勒斯坦國的首都，可是，問題還未解決之前，以色列人先行沿著東耶路撒冷周邊興建屯墾區，一直延伸至巴人自治政府所在地區的拉姆安拉。就這樣，東耶路撒冷的二十萬巴勒斯坦人便與只有二十分鐘車程的另一個巴人核心城鎮拉姆安拉隔離了，中間有以軍荷槍實彈的檢查站。

從一九六七年「六日戰爭」後，無論是左翼工黨或右翼利庫德集團，他們一律支援興建猶太屯墾區。多年以來，以色列已成功地利用屯墾區圍堵巴勒斯坦城鎮，並把城鎮彼此分隔，甚至可說是支離破碎，為巴人建國增添困難。

當我一踏入東耶路撒冷其中一屯墾區時，即想起《聖經》〈創世紀〉十三章七至九節經文，「亞伯蘭就對羅德說，你我不可相爭，因為我們是骨肉。遍地不都在你眼前嗎？請你離開我，你向左、我就向右；你向右、我就向左。」

以色列人和巴勒斯坦人雖然同屬一個祖先亞伯拉罕，同為閃族，可是，他們不但相爭，更沒有因為你去左、我就去右，而是大家站在同一塊土地上，交纏不休，極力要把對方變成外來人。

「他們本不該住在這裡！」

除了巴人激進組織這樣說外，我碰到一位猶太教教徒也是這樣說。

一九七七年以前，以色列工黨興建屯墾區時自辯是出於安全防衛理由，並且可藉機設立永久軍事基地，以監視巴人聚集地區的一舉一動。但一九九七年當以比金（Menachem Begin）為首的右翼聯合政府上台，他們即大肆推動屯墾區的擴建，而比金當時的一位部長，正是現任的總理夏隆，對此更不遺餘力。

左翼當初出於安全理由，右翼則是出於意識形態的目的，他們要構建心中的大以色列美夢。對於極端的猶太復國主義者而言，在一九四八年立國時所奪取的土地，不算是猶太人中心的地帶，他們所渴望的是猶太祖先成長的地方，這包括約旦河西岸城鎮的希伯倫、納布盧斯、耶律哥、加薩走廊，以及整個耶路撒冷，而不是特拉維夫。只有猶太人完完全全擁抱巴勒斯坦土地，才能獲得徹底的救贖。

以色列政客擴展屯墾區的政治手段，巧妙地利用猶太人的心理，為定居點抹上一層救世主理論的外衣，鼓勵大量移民遷移到屯墾區。

一九八二年，比金政府已有藍圖，準備擴增屯墾區至一百六十五個，並計畫在二〇一〇年以前，在西岸和加薩的屯墾區中容納猶太移民一百萬人。不過，直至二〇二三年，屯墾區的數目已多至兩百多個，遠遠超過比金的計畫。

如前面所述，屯墾區的概念乃是效法一九二〇到三〇年代，猶太復國主義者在巴勒斯坦一點一滴地擴建起他們的土地和社區（當時已有巴人居住了幾百年），製造地權的既成事實，但這舉動乃完全違反聯合國一九六七年通過的二四二號決議案。而巴人吸取歷史教訓，屯墾區是以色列蠶食其土地的作法，他們大呼抗議，並對屯墾區採取非常敵視的態度，巴人激進組織更不時偷襲屯墾區居民，以致引發雙方劇烈的衝突。

越過綠線的紅線

屯墾區的保安極為嚴密，巴人絕不能踏足半步，而屯墾區居民也不歡迎記者，特別是歐洲記者。他們指稱歐洲記者反猶，但當我要求探訪時，其中一位來自英國的屯墾區居民葦雲尼（Vivienne）卻立刻答應：你是中國人嗎？好，我們不會忘記中國在二次世界大戰時拯救猶太人的恩典，因此，你要來訪，絕對歡迎！

當時任以色列總理夏隆執行撤出計畫前夕，我造訪葦雲尼一家。我認識葦雲尼，是從她兒子二〇〇五年在以色列國會門外的一場抗議夏隆示威開始。

當時國會外聚集了數百位示威者，他們來自不同的屯墾區，準備做長期抗爭。他們在附近搭建帳棚，還設立茶水部，小孩子拿著橙色的氣球到處走動，乍看下以為是嘉年華，但只要見到有部分成年男子手持長槍把守，連在場的警察也退避三舍，便了解來自屯墾區的示威者來勢洶洶。

一位十三歲的男孩亞希友善地與我交談，就這樣，我要求採訪他的家。他的家位於具爭議性的希伯倫地區，這是世界上最荒謬絕倫的地方。由於一個亞伯拉罕墓，傳統的猶太人便千山萬水來到這裡，認定是祖先的土地，堅決與當地的巴勒斯坦人一較高下。希伯倫是西岸的重要城鎮，超出了聯合國所認同的綠線，但亞希的媽媽葦雲尼卻幽默地反問我，「哪裡是綠線？我們是色盲的，根本看不見那一條綠線（以巴合法疆界）。」

葦雲尼家在亞隆什維特（Alow Shvut），是希伯倫外圍一個龐大的屯墾區域，這個區域裡又分出多個屯墾區村莊，分布在希伯倫區的山丘上。當我從耶路撒冷往南下走向希伯倫，在高速公路上，遠望公路兩旁黃沙萬里的山頭，出現排列得整整齊齊的別墅式洋房，紅瓦頂、黃磚屋，其中又夾雜些全白的混凝土樓房，理直氣壯地矗立著。

巴人小孩向屯墾區丟擲石頭。

這等屯墾區現象不只在希伯倫出現，單在屬於巴勒斯坦人土地的西岸（West Bank），便有百分之三十處於這種另類占領，而在以軍撤出前的加薩走廊更高達百分之四十。根據官方統計數字顯示，屯墾區居民共約二十四萬人；但非官方的統計，卻在四十至四十五萬之間。

在國際社會壓力下，夏隆選擇首先撤出讓他最頭痛的加薩走廊，其後有西岸四個無關重要的屯墾區。但其他屯墾區呢？

希伯倫肯定不會包括在撤出計畫之內，有不少分析家認為，夏隆政府將繼續支持位於西岸核心地帶的屯墾區，不但支持，甚至擴建。沿途我便看過不少山頭正在大興土木，巴人激進組織對此不時發動襲擊，令屯墾區居民亦活在惶恐之中。

葦雲尼囑咐我坐專線巴士到她家去，這輛專為屯墾區而設的巴士，設有防彈功能，成本昂貴，但車資卻出奇地便宜。政府大量津貼車資之外，也向屯墾區居民提供其他的津貼和福利，單在津貼上，政府已花費了共五億五千六百萬美元之多。

誰是主人？誰是客人？

巴士疾馳駛往亞隆什維特屯墾區，最後踏上屯墾區專用的公路上，而巴人汽車則要往另一個方向去。遠望那一個方向，有軍事哨崗、手持 M16 步槍的以軍。由於屯墾區存在的關係，當然也包括其他保安與政治原因，西岸到處設有檢查站。據估計，在小小的西岸地區，便有七百個檢查站和永久的路障，嚴重打擊了巴人的生活和經濟。

抵達亞隆什維特，葦雲尼已在她的四驅車等候，準備接載我到她居住的另一個屯墾區村莊 Gush Tezron。四驅車沿著公路轉了一圈又一圈，一座座山丘種滿橄欖樹，葦雲尼說：「這全都是我們一手種植的，是屬於我們的。」我望過去，山腳有零散的巴人房屋，有不少人為了討生活，無奈地為屯墾區工作，有些做園丁，有些蓋房子、修馬路。

當我問到土地的問題，葦雲尼以堅定的口吻表示，「我們是主人，他們是客人。既然是客人，便應該安分作客，這樣大家還可以相處下去。他們不應跑來指控我們霸占土地，襲擊我們。」

其後，她帶我參觀了區內設施，從學校、猶太會堂、博物館到居民的活動中心。我驚訝於其設備之完善，葦雲尼認同地點頭，說：「這就是我們的家園。加薩那一邊，與我們一樣。我們用雙手開墾了自己的土地，這裡有我們猶太人的根；撤出？談何容易？」葦雲尼的丈夫拿著配槍說，這裡每一個家庭都有槍，用來保衛家園。

博物館裡的管理員對一群美國遊客聲嘶力竭地講述當年猶太復國主義者，如何被巴人殘害、打死。仇恨，迴盪於空氣之中。

來訪的那一群美國遊客，男女老幼都聽得入神，他們來自美國傳統猶太社區，是推動猶太屯墾區的幕後支持者。葦雲尼帶領我走訪的每一項設施，總看到門外掛有一塊金銅色

猶太屯墾區外的鐵絲網。

的答謝牌坊，記錄了美國某某基金會的慷慨捐助。

美國遊客們滿意地視察屯墾區的環境，活像欣賞自己的得意傑作，至少這些來自世界各地的猶太弟兄姊妹，能夠生根在祖先的土地上，他們也出了一分力。

人對宗教的狂熱，在以巴地區顯示了驚人的一面。不獨是巴人，屯墾區的居民一樣生養眾多，對土地一樣執著；在加薩的猶太居民，有些連希伯來語都不懂，只會猶太最古老的語言——意第緒語（Yiddish）。

在屯墾區之內，他們要建構自己的宗教世界，這裡，沒有線線，只有血腥的紅線。

葦雲尼極力表現開明，我在其他

屯墾區所碰上的居民，卻無法掩飾他們內心的情感。

葛洛娜，二十歲出頭，隨父母從俄羅斯移民到屯墾區不久。她頭裹著猶太女士的黑白碎花頭巾，開始說話時有點害羞，但說到巴人與他們的關係時，她便以肯定的口吻表示，「坦白說，巴人無法與我們擁有平等的權利。某些個人權利，我想，他們可以獲得，但當要和我們比較時，那就是另一回事了。」

另一位叫查印的男士，也是新來的移民，他亦認為巴人應該承認屯墾區的合法地位，那麼巴人和猶太人便不會引起不必要的衝突。他太太葛芮塔在旁忙加附和，表示巴人經常藉機會襲擊屯墾區，他們不得已持槍自衛。根據目前的法制，以色列政府容許屯墾區居民持有槍械。去年當以巴雙方就和平路線圖進行會談之際，以方不理國際社會的反對，於屯墾區附近加建隔離牆（見下一節有關隔離牆的評析），理由是制止恐怖襲擊，但這同時卻為巴人生活上製造更多的不便，巴人地區的經濟命脈亦受到打擊，引發更多潛在危機。

潛伏的定時炸彈

值得關注的是，對以色列而言，這些屯墾區除了以奪回土地為目的外，也可用來控制水源。在中東這個以沙漠為主的地區，水源可能比石油更是生存的命脈。因此，屯墾區大多沿著水源不斷開拓，西岸如是，加薩走廊也是如此。屯墾區縱橫交錯，甚至操控了重要的交通要道。

當我身處屯墾區，眼看區內游泳池水量充沛；一跑到巴人地區，特別是乾枯的夏天，巴人便得忙著用水車來回載水，他們的用水量只有以色列人的五分之一，而屯墾區居民則可享受更高的用水量。這即是杰若米口中所指的特權。

我留意到屯墾區與屯墾區之間接壤以色列的高速公路，為居民帶來絕對的行動方便，他們的車牌都有不同顏色以資識別，經過檢查站時也可通行無阻。

不過，由於屯墾區的存在，巴人失去水源及其他天然資源的控制權之餘，巴人地區也一如島嶼般給打散了，各地區之間無法彼此聯繫，通往經濟中心東耶路撒冷的路線也被切割，那又如何談論建國所需的國家凝聚力。因此，在過去多次和平談判中，巴人代表企圖爭取領土完整，抗議猶太屯墾區的擴建，以色列不肯在屯墾區上讓步，巴人便無法實現建國的夢想。

太陽漸漸西沉，我採訪的屯墾區完全浸淫在落日的一片淡黃色中，讓我感到有些蒼涼和孤寂。

當地居民也表示，當他們放眼眺望，四周無人，只有一個又一個的山丘，也有說不出的空虛，唯有看見以色列國土正一步步與《聖經》中的猶太心臟地帶合併，眼下的荒蕪山丘才變得有意義起來，他們亦變得堅強與踏實。

猶太屯墾區的小孩抗議加薩走廊的撤軍計畫。

從屯墾區的政治用途，到其中聖化的土地主權，以色列國會勢難通過完全百分百摧毀屯墾區的議案，夏隆卻提出拆除加薩走廊的屯墾區。在巴人自治政府眼中，這位以色列右翼領導人只是聲東擊西，以加薩來掩飾正在西岸擴建的屯墾區。

與此同時，屯墾區大多建在一片荒蕪的山丘上，卻儼如自成一角的世外桃源，巴人激進組織則表示不會停止襲擊猶太屯墾區。一個又一個屯墾區，猶如一個又一個潛伏的定時炸彈，埋藏了說不出的危機。

當我離開屯墾區，身為香港來的記者，我比西方記者多了一分擔憂，那就是參與屯墾區和隔離牆興建的中國勞工。根據非官方的統計，非法與合法的中國勞工加總起來約有四萬人以上。

痛失家園——撤軍背後的故事

夏隆的撤出計畫，成為二○○五年八、九月國際新聞的焦點，大家不禁問：這是邁向以巴地區和平的重要一步嗎？

根據聯合國的二四二決議案，猶太殖民區早被視為一種不合法占領巴人土地的手段，而美國總統布希於二○○三年提出和平路線圖時，亦不得不要求夏隆政府停止興建屯墾區。

以色列右派指責夏隆撤出加薩的作法是向恐怖主義低頭，但熟知內情人士早知道：夏隆的作法只是回應布希和國際社會要求的一種權宜之計，不在其撤出計畫之內的其他地區。例如，巴勒斯坦人聚居的東耶路撒冷屯墾區，不斷向西岸伸展，企圖打造大耶路撒冷地區（Greater Jerusalem）。在擴建的過程中，不少巴人原住民首當其衝，幾乎每天都有巴人房屋被拆毀，但這些卻在國際傳媒視線之外。

以色列反房屋摧毀委員會（The Israeli Committee Against House Demolitions），簡稱ICAHD，為以色列民間組織，他們對上述現象做出了詳細報告。

這個現象亦曾遭到國際特赦協會的批評，他們在二○○四年五月的一份報告中指出，「摧毀巴人房屋是占領者在占領區的一種長期政策，這包括以色列範圍裡的阿拉伯社區。過去四年半以來，這樣的摧毀行動規模不斷擴大。有關方面在占領區內不僅摧毀巴人房屋，還有他們的農地，以及財產，這種行動顯然與長期奪地政策有關，而興建違反國際法的屯墾區便是一個明顯的例子。在這情況下，以籍巴人的家園自然難逃摧毀的命運。」

另一由後備軍人成立的以色列民間組織「勇於拒絕」（Courage to Refuse），也加入聲討以色列政府奪地政策的行列，他們高呼「我們這批每年必須抽時間為國家服役的軍官和士兵，無論怎樣付出我們寶貴的生命，也要在所有的占領區內執行後備命令。我們發出軍令，但不是所有軍令都與國家安全有關，其唯一目的只是要鞏固我們對巴人的控制……既然占領與壓迫的工作不是為了防衛國家，我們將拒絕參與」。

我來到以色列，才知道有這麼一群為和平拒絕服役的軍人。

為了進一步接近真相，一天，我也跟隨 ICAHD 跑到東耶路撒冷的阿布迪斯，以了解一些家園已遭摧毀的巴人家庭。

一大清早，上百位軍警如臨大敵，一聲令下，多間房屋就倒塌了，留在家中的婦孺來不及收拾細軟，面對一片瓦礫和殘破家具，他們張開雙臂，無語問蒼天，淚，滾滾流下。

被拆毀的房屋之中，不乏具有百多年歷史的巴人祖屋，以方指他們無法出示地權證明文件，便將他們趕離家園。

看著他們徬徨痛苦的樣子，與不斷在電視畫面上呼天搶地的加薩屯墾區居民，何其相似！但兩者所獲的傳媒待遇卻有天淵之別。

ICAHD 發言人傑夫．哈柏（Jeff Halper）教授一語道破奪地政策無助和平，要達至永久的和平，就必須完完全全結束占領行動，不是夏隆現在這種聲東擊西所謂的撤出計畫。

「我們歸還巴人土地，必須按照國際法，是完整、可行、有經濟前景的，而不是支離破碎、無法運作、缺乏資源、儼如監獄的土地。不然，和平之路仍然遙遠。」

大家都很同意哈柏教授的見解。距離阿布迪斯（Abu Dis）不遠處，有一個最早期又廣大的屯墾區Ma'ale Adummim，就是用這手法奪取來的土地。不過，久而久之，這個屯墾區看起來已不那麼像一個屯墾區，它在古老的聖地上變成一個新開發的市鎮。遷來的以色列人大多是經濟移民，他們所關心的是在這個屯墾區內如何付出最廉價的租金，卻能獲得最多福利設施、最好的生活條件。

我隔著鳥語花香的屯墾區，向路過的猶太居民問：「你知道你所居住的地方是不合乎國際法的嗎？你願意遷出嗎？」該居民有點愕然，其後答道，如果政府有足夠的賠償，可以保證他們的新居繼續享有目前的水平，他們不會爭辯。

可是，沒有人提及東耶路撒冷的屯墾區，除了因為有關方面建構大耶路撒冷的宏圖大計之外，那些由美國資助的屯墾區專有公路網路也已融入，成為以色列國土的一部分，再加上蜿蜒曲折的隔離牆。走出綠線，深入巴人西岸土地，每天都可見到巴人房屋遭拆毀，平常得不到國際傳媒注目。和平，也就在不知不覺中逐步受到蠶食。

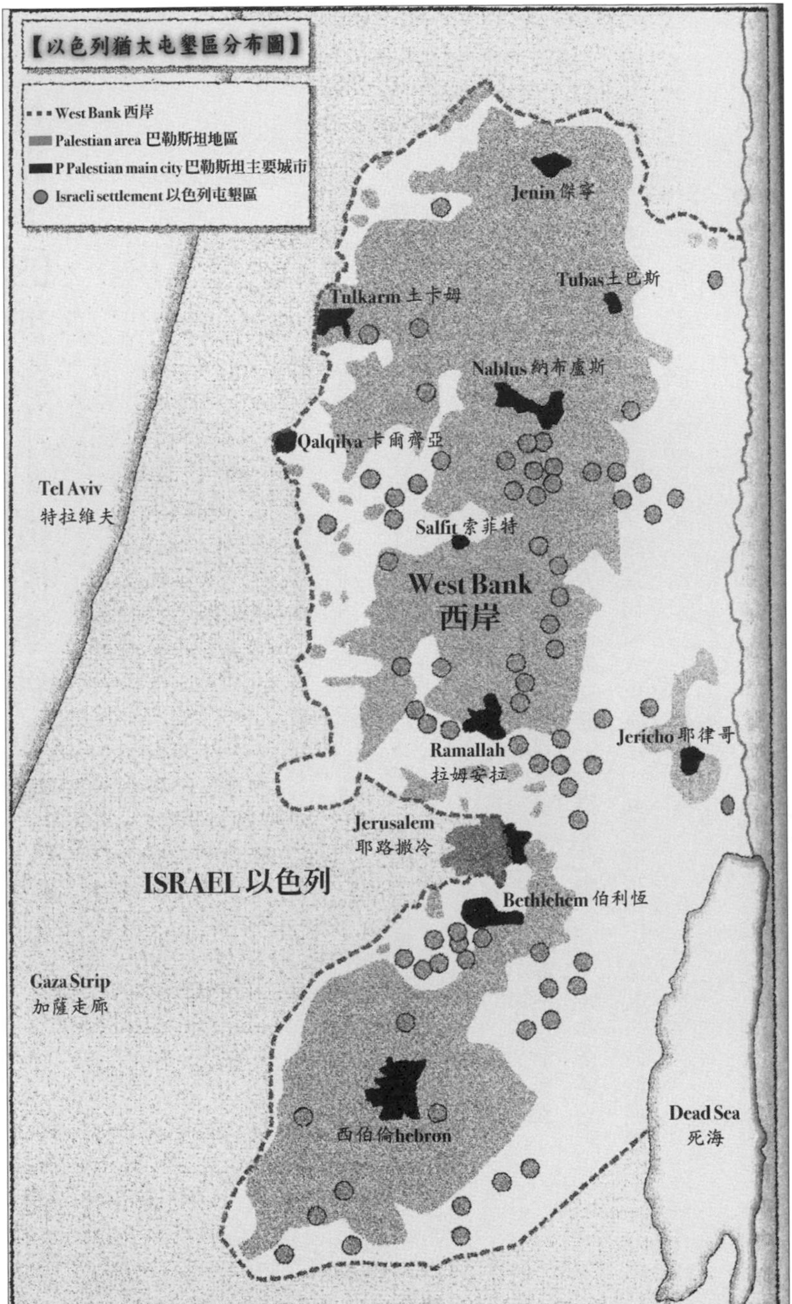

以色列猶太屯墾區分布圖

月光下的孤影——從傑寧到加薩

在以巴地區，從土地的爭奪導致循環不息的暴力衝突，已經超過半個世紀，特別在二〇〇〇年底，當夏隆帶領軍隊巡視阿克薩清真寺，激起巴人第二次起義（intafada）行動，暴力更如脫韁之馬，以色列重新占領巴人自治地區，巴人的自殺炸彈襲擊現象亦由此走上高峰。

這是以暴易暴的典型悲劇。

以色列要消滅巴人恐怖組織，打擊重點落在西岸北部的傑寧和東南沿岸的加薩走廊，這兩個地方被視為激進主義的溫床，但以方的狂轟猛炸，令當地社會陷入失序與貧窮的困境，反而使激進思想在當地大受歡迎。激進組織大行其道，甚至催生出一個又一個的自殺炸彈襲擊者。誰來打破這個黑暗循環？

傑寧受以軍圍困真相

終於來到了傑寧（Jenin），這是我第一次探訪這麼一個具爭議的西岸北部城鎮。

二〇〇二年四月，當時國際媒體報導，以軍圍堵傑寧[12]，指該地區難民營有武裝分子匿藏，基於安全理由，記者、救援組織、聯合國工作人員全都不得進入。

我看到某大媒體的報導者以慣常的面容、慣常的聲音，讀出此段新聞，畫面不是俯視，就是一個遠景，觀眾根本看不到難民營，連一個居民也難以看得清楚。

不消一分鐘，已是下一則毫無相干的新聞，傑寧在觀眾心中留不下一絲痕跡。

不過，在國際媒體和網路上，倒有多一點的討論。畢竟，以色列在不斷襲擊中卻拒國際組織於門外，實在令人起疑，並且違反國際法。

以色列的作法，讓傑寧變得特別起來，因此，大屠殺的傳聞不脛而走。

事實上，傑寧被視為西岸的加薩，這是巴人在西岸發動抵抗運動最激烈之地，以色列也以最狠的手段鎮壓之，引致這個城鎮多次出現人道大危機。在傑寧，占領下衝突的故事每天都在上演，重複又重複。

12 有關以軍二〇〇二年攻擊傑寧時的真相詳情，國際人道組織陸續發表報告，請參考《*Israel/Palestine: The Black Book*》ed. By Reporters Without Borders, Pluto Press , 2004。

我每次到訪耶路撒冷，必會前往傑寧一探最新狀況。一次在傑寧，我有機會訪問當地的哈瑪斯領袖，他本身是名商人，一身黑色西裝裝束，完全感受不到一點激進思想。訪問中，他的電話鈴聲響起，收線後，他和我的翻譯交頭接耳一番，隨即翻譯告訴我，被訪者剛獲通知，以軍正入城展開拘捕大行動，他在名單上，遂請我快些完成給他的問題。

我突然慌張起來，立刻縮短問題，當我低頭寫完他回答最後一個問題內容，再抬頭已不見他，怎麼他可以不動聲色頃刻消失？我和翻譯是否也應立刻找安全之地暫避？一出大街，多名小孩已拿起石頭保衛他們的家園，遠處有隆隆的坦克聲，這就是傑寧居民的日常。

哈瑪斯，不僅在加薩，也在西岸。對巴人來說，「哈瑪斯」更是一種抵抗的精神。即使加薩消失了，哈瑪斯這個組織亦被連根拔起，但只要壓迫仍在，這種抵抗精神便如種籽到處飄蕩，終會散落在可讓它發芽的土壤。不過，巴人知識分子對此有爭論，他們始終期望巴人的抗爭行動有其正當性，以非暴力為原則，不要跌進以暴易暴的惡性循環裡。

二〇二二年五月，在一次以軍的瘋狂圍剿中，傑寧又上演擬似的大屠殺，一名半島電視台駐當地女記者夏琳・阿克利赫（Shireen Abu Akleh）在採訪過程中更被槍殺，可是，這已不再是新聞。

早於二〇〇二年傑寧被以軍「關門打狗」，一如加薩。以色列越是不想記者進入，越是有更多記者蜂擁而至。「就是因為傳聞中的大屠殺！」一位日本《讀賣新聞》駐耶路撒冷記者這樣對我說。

不僅記者，救援組織、聯合國工作人員都想盡法要進入傑寧，他們向以色列大政府交涉、訴諸於國際輿論，還有一連串的抗議。

大家對大屠殺可都很敏感。該日本記者卻表現得有點意興闌珊，說：「在這裡兩年多，其實屠殺是什麼新聞？我都快要爆炸了，忍無可忍，只希望早點調回東京。現在，我就在數日子，只要滿三年，我便可以離開了。」

有人辭官歸故里，有人漏夜趕科場。

在襲擊過後，傑寧的大門虛掩，大家都搶著要看個究竟。在這個時候，傑寧突然比加薩還要熱門，曾有幾天上了國際頭條新聞。

聯合國工作人員和記者人人手中都有一本記事簿、一枝筆，他們在傑寧難民營走訪各家各戶，好像盤點什麼似的。

我感到有說不出的味兒。幫我翻譯的是一位祖籍阿爾及利亞的女士法蒂瑪（Fatima），她說得一口流利的法語，英語也不錯，看起來像位大姊，在傑寧難民營長大，為營中少數的天主教徒。

她走在我身旁，知道我的不安，慨嘆說：「只有在我們面對屠殺時，別人才當一回事記錄下來；只有在我們還以顏色時，別人才聽到我們的聲音。」

結果，聯合國「盤點」完成，發表報告，難民營的死亡人數在一百五十至兩百人之間，不是阿拉法特所聲稱的五百人，因此，傑寧沒有大屠殺。

難民營的巴人故事

我不太清楚怎樣才稱得上大屠殺，但擺在我眼前的，一如其他巴人城鎮，除了是慘不忍睹的有形損毀外，還有停頓的經濟、被破壞的生活、尊嚴和意志的打擊。

有些記者認為沒有「新鮮感」，轉了一圈便離開，但沿途巴人難民極力拉著我們，要訴說他們的故事。

我選擇留下來，法蒂瑪邀請我到她家中作客。她家裡原來已有一群客人，十五人全都來自西歐，大部分是和平組織人士，也有三、四位記者。老實說，城中旅館已關，法蒂瑪的家在難民營中是少數完整的。瑪法蒂好心地把廚房所有東西拿出來給我們吃，一吃就是三餐：當天的午餐、晚餐和第二天早餐，我們要付錢，都被法蒂瑪家人一一拒絕。

他們一口氣免費接待十六位客人，這在香港是不可思議的事。巴勒斯坦人習慣大家庭、社群生活、守望相助，自然培養出好客的文化。

晚上，我們每人分配一張床褥，拿到天台上，與星星共眠。我往壞處想，難民營是襲擊的重點，萬一掉下一個導彈，我們便會灰飛煙滅。生命無常，多少是天意，多少是人為，不覺有一陣悲從中來的感覺。

人類一思索，上帝就發笑。

在難民營裡，我聽到有巴人在談論人肉炸彈，談得竟是如此的理所當然。法蒂瑪指向一戶人家，說：「那是我朋友的家，她弟弟當了人肉炸彈犧牲了，以軍一直找她麻煩，她快發瘋了！」

我好奇問：她弟弟受哪個組織指示？

法蒂瑪搖搖頭，表示沒有，純粹是他個人行動，是例外的一個。

一場疑幻疑真的「屠殺」，死亡文化到處流竄。大街上，可看到各主要武裝組織的旗幟飄揚，孩子躲在背後向我展示勝利的手勢，我與在旁的記者無奈相望。

由於傑寧在第二天繼續戒嚴，我們不得不折返難民營多留宿一個晚上。「戒嚴！戒嚴！不准外出，否則格殺勿論！」在「隆隆」坦克車聲中，以軍用擴音器大聲廣播，然後是一連串的機關槍響。

在難民營附近玩耍的孩子做鳥獸散，趕快返家。

我看到有一名十多歲大的孩子蹣跚地走了兩步，隨即俯身撿拾一塊石頭，向坦克車聲的方向擲了過去，在朦朧的月光下，他的身影如此渺小、如此孤獨。

我不知道他的名字，但那一個月光下的孤影，在我腦海裡揮之不去。

在加薩，我又看到了他。

走進哈瑪斯世界

以色列在擴張土地與勢力的同時，巴人也孕育著一個令人聞風喪膽的暴力世界。一切從加薩走廊說起。

從耶路撒冷開車到加薩，只需一小時四十五分鐘，如果從特拉維夫出發，只在四十五分鐘之內。想想，就像香港中環與上水之間的距離，又或是由台北市坐捷運到淡水的時間。對，加薩絕不遙遠，但這個地中海城市，一點也不浪漫，而且一直是以巴衝突的最前線，為以色列眼中最刺痛的釘子。以色列曾轟炸加薩，必然以最狠的手段，格殺勿論。對他們而言，加薩是巴人武裝組織的大本營、伊斯蘭極端主義的溫床、人肉炸彈的製造廠，因此，有人稱加薩為黃蜂窩、蛇洞、毒瘤。以色列已故前總理拉賓曾表示，希望加薩消失於地中海的水平線中。

夏隆首先在加薩執行單方面撤軍計畫，看來，也不無理由的。而我則在夏隆撤軍前兩年間，兩次造訪在以色列圍困下的加薩，以了解這個哈瑪斯基地和巴人激進主義的發源地。

經過一輪嚴密的邊界檢查和跨越又高又寬的混凝土保安圍牆後，我所租用的汽車沿著海岸線直奔北部，美麗的海灘人跡杳杳，波濤洶湧中見重重殺機。以色列封鎖了海岸線，漁民無法出海作業，長長的海灘任由海浪拍打，更見寂寞蒼涼。

當抵達加薩北部一處最大的難民營——賈巴利亞（Jabaliya Camp），眼前一片頹垣敗瓦的景象，與南部的拉法難民營面對相同的命運，但不同的是，北部還可以得到片刻的喘息，南部卻遭到不斷地狂轟猛炸。以色列當局指稱，武裝組織利用拉法與埃及接壤的邊境偷運武器，必須除之而後快。

無論是北部或南部，一到晚上，就鬼影幢幢。居民組織自衛隊，保護殘缺的家園，這些自衛隊蒙著面、拿著破舊的AK47，防範以軍突擊搜捕難民營。

我不知道這裡的居民如何入睡。接待我的一對夫婦，安排我與他們的女兒汪達同房，汪達安慰我說：「不要怕，這些蒙面的，不是哈瑪斯，也不是法塔赫，他們完全是來自這個難民營的普通家庭，自願參加自衛隊。你可知道，這裡的情況糟透了。人權組織和聯合國代表視察過後，搖搖頭，可以做什麼？我們厭倦了國際社會只會譴責，最後還是眼巴巴地看著以色列的導彈掉到我們頭上，因此，我們不得不武裝自己。自衛隊雖然不能擋住天上掉下來的導彈，但可以阻嚇以軍對我們肆意的突擊搜查破壞。」

深夜，一連串嘈雜之聲把我從睡夢中吵醒。夢裡不知身是客，我衝口而出說了幾句廣東話，驚魂甫定後，才以英語問汪達，發生了什麼事？汪達拉著我到陽台邊，躲在窗簾背後指著對面說：「看，那裡是猶太屯墾區，幾乎每天晚上都會發出槍聲，不是由於看守的以軍神經過敏，先發制人向天開槍，就是真的有武裝分子偷襲。你現在可以了解到我們的生活吧，我們不得不在槍聲中抱頭睡覺。」

槍聲過後，突然一片寂靜，白天亂舞的烏鴉，此時動也不動。自衛隊持槍，屏息戒備，我突然感到連呼吸都會恐懼。

終於，太陽慢慢升起，新的一天，仇恨依舊，只要人在加薩市，便會感到那一股揮之不去的怨氣。無論走在大街或陋巷，都會看到貼在牆上的「聖戰者」、「殉道者」海報，還有大幅的壁畫，血染一片，上面寫著：復仇！

此時，一位看來九歲大的小孩踢了我一下，他怒目而視，用力強搶我的背包，他可能不是想拿走我的背包，只是想宣洩心中的憤怒。

這裡的小孩與西岸相較，來得特別暴戾。我的翻譯賈巴爾（Zaber）為他開脫說，他的家園被毀、哥哥「殉道」、爸爸失業，而天上不時盤旋的 F-16 戰機，把他僅餘的童真都拿走了。不要以為他九歲，他已經十三歲了，因以軍的封鎖政策而造成長期物資短缺，加薩的小孩嚴重營養不良。他拿起一塊石頭，跟在他後面的小孩也拿起一塊石頭。在這塊石頭上，刻劃著他們心靈創傷所帶來的全部痛苦。

事實上，第一塊石頭是從加薩扔出來的，然後引發了一場「石頭革命」。一九八七年，從加薩到西岸城鎮，巴人都緊握著石頭，要爆出心中積壓的怒火。自一九六七年以色列占領了加薩走廊和約旦河西岸起，自他們痛失家園和民族尊嚴開始，怒火燃燒到今天，而且越燒越烈。

激進主義的試煉場

巴勒斯坦人稱為 Intifada（起義），以不合作的方式來進行抗爭。與此同時，一批在埃及學成歸來、自儆為現代伊斯蘭主義先鋒的加薩菁英，摩拳擦掌，藉著人們燒紅的火焰，把原本只集中在宗教教育和慈善福利活動上的「伊斯蘭穆加馬」（意為伊斯蘭團體），一夕間轉變為以武力否定以色列生存權和終止占領。哈瑪斯（意為伊斯蘭抵抗運動）精神領袖亞辛（S. Yassin）[13]克服身體殘障，用驚人的意志、廉潔的形象、動人的演講和不屈的精神，感染了坐困愁城的加薩人。

亞辛的出現，帶著一套激進民族思想的主張，迎合了看不到方向的年輕人，他們正好為毫無進展的巴解組織而納悶，遂把民族出路的希望投射到亞辛身上。加薩成為激進主義的試煉場，其他激進組織也紛紛潛入加薩，把自己武裝起來。

亞辛儼如加薩的教父，地位超越阿拉法特，儘管外界視他為恐怖的大魔頭，但在我所到之處，看到卻是人們很喜歡把他的肖像放在顯眼的地方來膜拜。我和賈巴爾走在加薩市

13 哈瑪斯精神領袖亞辛在二〇〇四年三月被以色列暗殺身亡，他生前受穆斯林兄弟會思想家賽義德和庫特卜暴力學說影響，主張以暴力奪回巴勒斯坦土地，詳情可參考陳嘉厚主編的《現代伊斯蘭主義》（北京經濟日報出版社，一九九八年三月）。

民居住的小巷裡，婦女們披著一身黑長袍，與西岸非常世俗打扮的婦女明顯不同。賈巴爾說，這些婦女不一定是基本教義主義信徒，她們披上黑頭紗、黑長袍，不為宗教信仰，而是為了表示支持哈瑪斯的政治理念。飄動的黑袍使得以色列十分不安，他們不停追捕在風中發出猙獰笑聲的黑影。

除了封鎖海域，他們更炸毀機場、堵塞陸路，徹徹底底把加薩變成一個大囚室，自絕世界之外。當地經濟迅速下滑，失業率高達百分之六十。

加薩人插翼難飛，無法與外面的親友見面，即使近在咫尺的西岸，也如陰陽相隔。由於酒店服務不足，賈巴爾又安排我在加薩市一個民宿住了一晚。

又是一個夢裡不知身是客的晚上。前一晚聽見槍聲，這一晚更來了一噸重的導彈，掉在與我有兩條街相隔的另一個住宅區，地震般的震盪，還有火山裂開時般的澎湃聲，我們全屋人都立刻從床上跳起來。老夫婦畢竟是加薩人，不像我，一片迷惘，他們立刻知道怎麼一回事，身為太太的憤怒地告訴我，「又是以軍要向我們集體懲罰的時候，又是什麼定點清剿的詭計，不惜讓無辜居民陪葬。」

我留意到以軍處理加薩與西岸有別。在這裡，他們會利用空中優勢，不敢近身搏擊。加薩始終與西岸不同，雖然同樣被占領，但加薩的巴人自治市政府仍在運作，仍可保有自己的警察，與橫行的哈瑪斯武裝分子經常發生衝突。儘管如此，當他們面對共同敵人時，卻槍口一致、奮勇抗敵。

巴人的最後堡壘

加薩是激進民族主義火車頭，又是巴人最後堡壘。老太太表示，加薩不可以「淪陷」，不然，所有巴人都會發瘋。

「一個女人被強暴，本能反應是哭及用力打走施暴者，但你們卻指稱那女人使用暴力，是恐怖分子。」老太太繼續忿忿不平地說。

西岸有較多人反對哈瑪斯，加薩則大部分人支持哈瑪斯，因為後者同在一個「黃蜂窩」，他們很清楚大囚室的滋味。我立刻跑到被導彈摧毀的現場，哈瑪斯軍事組織「卡桑派」最高領袖謝哈德一家三口遇害，陪葬的還有十七人，另一百五十人受傷，死者中最小為十八個月大的嬰兒。

我從沒有聽過如此淒厲的哭聲。我不清楚哪一個是嬰兒的母親，在場所有母親都在哭，壯健的青年們把嬰兒屍體抬高示眾，紫藍的瘦小屍體上還有很多泥土灰，慢慢滑下。

下午，哈瑪斯很快組織動員了一場大示威。

每次空襲，每次有哈瑪斯領導或其他同胞遇害，他們都會在嚎哭過後上街抗議，似乎已經形成了一個方程式。如果有能力的話，他們會很快採取報復行動。

「我們這裡每個人都是哈瑪斯，人人心中都有個炸彈，隨時準備做烈士；但我們沒有導彈、沒有戰機、沒有坦克，這是一場不平等的鬥爭啊！」

熱血沸騰的奧馬爾（Omar）在遊行隊伍中，手中高舉一枝俄製步槍，大呼有仇報仇。走在他前面的，是一大群蒙面武裝分子，做著相同的動作，喊著相同的口號，加薩經常處於這種聲嘶力竭的狀態中。若加薩武裝組織殺一個人，以方就會還以一個導彈，大家都稱是報復。

以軍的坦克或推土機不敢長驅直入加薩市，對於加薩市，他們只會空襲；但對於邊境南北兩面，他們看來得透過地面攻擊來撫平心中的仇恨。而南面的拉法，如今更是難見一棟完整的房子。

我跟一個國際人權組織來到了拉法，從北到南，車程不到一小時，加薩真小，但在只有三百六十方公里的狹長土地上，我首次來訪時已擠滿了一百三十多萬巴人，再訪時已增至兩百萬，如今更升到兩百三十萬。不過，在夏隆拆除屯墾區之前，這兩百多萬巴人居民原來只占加薩六成土地，其餘四成則由二十一個猶太屯墾區共七千多名猶太人瓜分掉。

這些屯墾區全部興建在富爭議的水源地帶，區內設備完善，有超級市場、學校、康樂中心、公園等。駐守的以軍和屯墾區人口比例幾乎是一比一，以保障當地的猶太人安全。

從屯墾區通往加薩以外世界的高速公路，巴人絕不能走近一步，但巴人偏要偷襲這些屯墾區和高速公路。最殘忍的一次，則是一對年輕猶太夫婦及兩名稚子一家四口，遭巴人激進組織突襲遇害，令夏隆對這個地方大感頭痛。

「他們搶奪我們的土地，也搶奪我們的水源，他們更要炫耀一種占領者的特權，我們則如動物般生存。」一位負責拉法水務的巴人工程師這樣向我說，言下之意，他默許了巴人的暴力報復行為。在這裡，他們不說奮鬥，只說奮戰。

拉法在加薩算是人口最稠密的城鎮，由於與埃及接壤而異常敏感。以軍在地面邊境嚴密駐守，但據聞武裝分子則在地下活動頻繁，以軍更指稱他們建有軍火運輸的祕密通道，直往埃及的西奈半島。但在證實前，以軍已把拉法炸個稀巴爛。

在我首次來訪時，根據國際特赦協會的調查報告，單在二〇〇〇至二〇〇四年上半，近三年裡，以軍在加薩共毀掉兩千一百五十間房屋，局部摧毀則在一萬六千間，且數目每天都在上升中，到今天可謂是已成一片廢墟。

我站在拉法難民營的瓦礫上，在旁的居民則彎著腰，努力尋找他們的物件。不遠處有個血漬斑斑的布玩偶，蒼蠅在上面嗡嗡作響。

在一間半傾斜的房屋及牆壁上，有人用紅色的油漆寫上：我們是人，做了什麼遭到如此報應。在這裡，和平還有可能嗎？

無論如何，以方占領加薩主要土地的日子終於暫告結束，二〇〇五年八月，夏隆在國內的爭議聲中履行了撤出加薩的計畫。但以色列仍然操控加薩的海陸空要道，衝突繼續，而加薩社會內部卻因以色列的撤出掀起最嚴峻的權力鬥爭。巴人自治政府與哈瑪斯展開爭奪戰。加薩走廊，名副其實的火藥庫。

加薩拉法邊城市受到以色列摧毀。

專訪哈瑪斯

要探討哈瑪斯，不得不先從埃及的穆斯林兄弟會說起。由於兄弟會乃以照顧全球穆斯林福祉為宗旨，面對近在咫尺的巴勒斯坦穆斯林兄弟，自然不會袖手旁觀。一九四八年第一次中東戰爭中，兄弟會便曾協助巴人英勇抗敵，加上加薩與埃及接壤，而一九四八年後加薩又由埃及接管，直至一九六七年第二次中東戰爭為止，期間兄弟會在加薩迅速建立網絡，支援巴人抗爭，這無疑為日後的哈瑪斯奠定基礎。

不過，當兄弟會與埃及總統納賽爾鬧翻而遭到鎮壓後，他們在加薩活動也就轉為地下活動。

哈瑪斯首領扎哈爾。

曾留學開羅的哈瑪斯創始人亞辛，當時為埃及穆斯林兄弟會加薩地區的主要人物，與兄弟會創始人阿班納一樣具有領袖魅力。一九六七年後，以色列全面禁止兄弟會活動，亞辛暗中將成員組織起來，為了掩飾，他只以一個非政治化的伊斯蘭團體「伊斯蘭穆加馬」註冊，透過教育慈善凝聚巴人。

到了一九八七年十二月第一次起義發生後，「伊斯蘭穆加馬」能迅速轉化為以暴力抵抗的「哈瑪斯」（阿拉伯文的哈瑪斯意為伊斯蘭抵抗運動），原來裡面大有文章。

一九六〇、七〇年代巴人的抵抗力量主要來自巴解組織，以色列利用一派打一派的策略，以為透過扶助亞辛，可對巴解造成打擊[14]，誰知亞辛到最後還是倒戈相向，並在加薩暗播伊斯蘭激進思想的種籽，使加薩成為抵抗以色列最頑強的地區。

哈瑪斯帶著一連串的歷史，掌握「起義」的機會，在一九八七年十二月正式與世人見面。

身在哈瑪斯世界，我當然不會放過訪問哈瑪斯的機會。那一年，二〇〇二年的七月，

14 以色列在一九五〇、六〇年代扶助哈瑪斯，對抗阿拉法特的巴勒斯坦解放組織，結果「養虎為患」，哈瑪斯反成為以色列的心腹大患，可參考 Said K. Aburish, *The West and the Arab Elite*, 1998。

一名愛爾蘭記者把哈瑪斯發言人扎哈爾醫生（Dr. Mahmoud Zahar）[15]的手機號碼給我，還笑說：「你訪問時得戴上頭盔，以防頭上有導彈掉下來！」

我致電扎哈爾，他爽快答應，吩咐我包頭巾與穿長袖衣服。

「你是來會見扎哈爾醫生嗎？」一位彪形大漢走過來低聲問我。他的身材與聲音極不搭配，但也把我嚇了一跳。我在街角上等了好一會兒，努力尋找著哈瑪斯的一段歷史，準備當面對扎哈爾這位被西方視為十惡不赦的「恐怖分子」時，如何理解「恐怖」的意義。

那位彪形大漢明顯是扎哈爾的保鏢，他帶我轉過好幾條陋巷，期間不忘問我旅途可辛苦，他指的是，從香港到加薩。他以為英國在香港的殖民一如巴勒斯坦。我不敢刺激他，與他一起責罵帝國殖民主義。

但，我為什麼會害怕他？他一直表現得彬彬有禮，言談間更讓我感受到他是一位讀書人。

他打開大門，禮貌地說：「就在這裡，請進，扎哈爾醫生正在等候你。」

不曾以為這是個什麼祕密基地，它只不過是一個二十平方米的房間。「扎哈爾診所」，灰沉沉、破落、簡陋。其實，整個加薩，不也正是這一主調嗎？

扎哈爾坐在他的辦公桌旁，一臉人到中年的倦意，深陷的眼睛，灰白的鬍子，其後的牆上掛了一幅亞辛的大頭照片。

我完全依他的吩咐：披頭巾、長袖上衣、見面時不要握手。我向他點了一下頭，用阿拉伯語送上問候語，他報以一個很勉強的微笑，仍然心事重重，我有一種沉重的感受。

突然，一隻蚊子在我們頭頂嗡嗡地飛過。就這樣，我們開始了以下的談話。

訪談實錄——哈瑪斯領袖扎哈爾，「沒有無辜的受害者。」

（扎：扎哈爾；記：記者）

扎：這隻蚊子比我們幸運，因為牠可以飛越以色列軍事占領區，自由往來。但我們卻困在一個大囚室裡，動彈不得。你明白嗎？以色列所採取的策略和手段，就是透過一系列的生活控制，來打擊我們的士氣和意志。例如，把西岸和加薩的巴人分隔，導致彼此間的隔閡。那些檢查站、隔離牆，乃至戒嚴行動，已嚴重影響到我們的日常生活，剝削我們的人權。

因此，哈瑪斯運動是屬於巴勒斯坦人追求人權的運動。哈瑪斯不只局限於政治運

15 扎哈爾在哈瑪斯內原本是第三號政治人物，後來亞辛和第二號人物蘭提西（M. Rattansi）分別在二〇〇四年三月及十月被暗殺後，扎哈爾代替亞辛成為頭號政治領袖。

動，並且同時向巴人提供教育、醫療、衛生、體育、文化、社區、家教服務……

記：對，我留意到，加薩到處都可以看到哈瑪斯的活動場所，可說是社會中的社會，其鋒頭絕對蓋過這裡的巴人自治政府。單單由哈瑪斯資助的加薩伊斯蘭大學，據我所知，它是巴人心中最高的伊斯蘭學府。你也在該校任教？

扎：沒錯，我是該校醫學院的教授，有很多哈瑪斯領導人也是該校的教授。

記：聽聞加薩伊斯蘭大學早年由穆斯林兄弟會一手扶植，並從阿拉伯其他國家請來一批現代伊斯蘭主義老師……

扎：這沒有不妥的地方，伊斯蘭大學就是要培養正統的伊斯蘭信徒。除了大學外，我們還會透過清真寺來擴大現代伊斯蘭主義的影響力，以抵抗外來勢力的污染。他們要淡化我們的信仰，我們則越要堅守我們的信仰。

記：有人說，群眾信仰是透過你們的福利提供而鞏固的，這也是哈瑪斯收買人心的手段之一……

扎：我們穆斯林兄弟之間不存在交易。哈瑪斯大辦福利慈善事業，這包括對處於困境、缺乏收入的家庭，每月派發麵粉和零用錢，乃是要發揮互助友愛的精神，以紓緩在被占領下的生活苦境。我們還會辦幼兒園、工廠、藥房、醫院。做為醫生，我也樂意設義診日，讓病人免費求診。

記：對，你是醫生，是拯救生命的，為什麼鼓吹流血革命？又為什麼把穆斯林弟兄送上自殺炸彈的道路？

扎：請你小心你的用語，那不是自殺炸彈的道路，而是殉道之路。他們都是殉道者，為民族、信仰而戰。如果你熟知歷史，便會了解到，我們的抗爭一開始是非暴力的，只是一次石頭革命，卻發揮不了效用，反之我們被推到牆角，無法不還擊。敵人手拿導彈，開著戰機、坦克，但我們沒有對等的武器，只有血肉之軀，殉道者自願犧牲自己來維護信仰和對抗民族的壓迫，是值得所有穆斯林尊敬的。

記：自願？有人指稱他們受到洗腦？最近連女性也加入行列，巴人社會被描繪為自殺社會。

扎：他們自覺有責任保家護教才報上名來，絕沒有受到強迫。至於女性，我們哈瑪斯絕不會讓女性扮演殉道的角色，這是屬於男性的聖戰。

記：但，那是一種同歸於盡的手段，無辜的老百姓也受到傷害，難道這不算是罪惡嗎？

扎：以色列那邊沒有無辜者，他們全民皆兵，很多家庭都藏有槍械，用來打擊我們。

記：不過，近年受害者當中亦有外勞，我認識一些中國勞工。他們對這裡的衝突全不知情，只希望多賺一些錢改善貧困的生活，可是，有好幾位卻成為自殺炸彈下的亡魂，這是否很無辜、很殘忍呢？

扎：我並不覺得他們是無辜的。誰叫他們來以色列工作、來幫助殖民者占領我們的土地？你應該勸勸他們不要來，不要成為以色列的同謀者，不然，便是與我們為敵。

記：我覺得這實在太無限上綱了，只會製造暴力循環，有違宗教上強調尊重生命的信念。

扎：我們在壓迫下還擊是否違反信仰，只有真神才可做判斷。

記：但另一方面如果你們無法承認以色列的生存權，在土地問題上寸步不讓，那麼你們的鬥爭看來便是一場永無休止的鬥爭。

扎：不要緊，我們打算做百年抗爭，世界上有不少抵抗運動也是花掉上百年時間，才能看到成果。

記：我實在不明白……

扎：（插口）我們不需要你明白，就好像我們不需要去明白你們的中國文化一樣。

我望著扎哈爾，突然覺得眼前這位哈瑪斯領袖，是一座移不動的磚石。他說話時總是充滿自信、直接了當，總認為真理就在他手中。

扎哈爾也望著我，皺一皺眉頭，好像要說：你還不了解我們？

哈瑪斯強硬的態度，使得以色列不得不除之而後快。可是，以色列越加強鎮壓，巴人的反彈越大，激進思想越受歡迎。

繼哈瑪斯公然聲稱暴力革命外，其後起之秀如阿克薩烈士旅、法塔赫武裝力量也變得好勇鬥狠，訓練出一批批年輕的人肉炸彈，令以法塔赫為主的巴解組織亦無法控制。以巴和平進程，凶險重重。

扎哈爾很想打發我走，早已表現得極不耐煩，站起來準備送客，但我又提出最後一個問題，「你這個診所會成為以軍襲擊目標嗎？」

他聳聳肩，回答說：「我會經常換診所，但當然還是會有危險的。因此，我建議你，最好不要在這裡停留太久，現在，我也得離開了。」

我一推開大門，那個彪形大漢又出現了，原來他一直站在門外。

無時無刻生活在恐懼之中，會是怎樣的？看來，他們已為自己建好一套生存的法則。但，暴力招來暴力。永無止境的暴力，似乎是以巴地區的宿命。

女性踏上「殉道」路

在訪問中，哈瑪斯領袖扎哈爾醫生強調不會僱用女性做武器。言猶在耳，巴人女性已粉墨登場，讓人對該地區更感絕望。

人肉炸彈，非常規的襲擊手段，來無影，去無蹤，襲擊者與受襲者同歸於盡，叫人毛骨悚然、膽顫心驚。

當人們一談到巴勒斯坦，很自然就會想到他們這種特有的自殺性炸彈攻擊現象，那種在絕望中的仇恨，把自己生命也豁出去，不惜傷及無辜，激烈中帶恐怖的悲情。

一個以製造人肉炸彈為主要目的的組織——阿克薩烈士派，不僅活躍於傑寧等西岸城鎮，在伯利恆這塊聖地竟然也受到歡迎。該組織突破傳統，不但徵召男性，也徵召女性做為「殉道者」。二〇〇二年三月所出現的第二位女性人肉炸彈，便是來自伯利恆的地希撒難民營（Dehesha Camp）。

二〇〇二年中，伯利恆受圍困，巴人抵抗組織衝入主誕堂與以軍對峙後不久，我造訪了伯利恆。在當地居民引介下，我特地走訪了第二位女性自殺襲擊者雅嘉斯（Ayyat al-Akras）的家人。一踏入他們的家，第一印象就是清貧，家徒四壁，但雅嘉斯的父母卻矢口否認女兒是為了金錢而去當「烈士」，沒有任何組織表示要給他們錢，他們亦不願意收下一分錢。

全身披著黑衣的媽媽坐在沙發上，滿臉愁容，不過當她解釋女兒的行為時，卻中氣十足，嗓門不斷提高地說：「我女兒不是恐怖分子，她是為解放民族和自由而殉道，成為我們巴勒斯坦人鬥爭的一部分，而鬥爭的目的就是要終止以色列人的占領和凌辱……」

媽媽越說越激動，爸爸忍不住插嘴表示，「對，是他們把我們推到牆角裡的，我們不得不做出反抗。但我們相信，最終我們是可以拾回自由和尊嚴的。」

可是他們已經失去了一位摯愛的女兒，同時也使得以色列那方的受害家庭陷入無窮盡的悲傷中。

他們指出巴勒斯坦人的死傷數字遠遠超過以色列人，但雙方的死亡真的只是一個數字的較量嗎？

媽媽開始眼泛淚光，垂下頭說：「如果那天早上我知道她會一去不返，我一定會把她抓回來，擁在懷裡。不該讓她離去的，她始終是我親愛的女兒啊！」

她又說：「前一天她放學後，還向每位同學親吻一下，然後道別。回到家中，我們還跟她談到她的婚事，她那俊俏的未婚夫與其他戀人一樣，也想趕快結婚，他們喜上眉梢……」

「我們在取笑他們，要他們婚後多生孩子，讓我做一個快樂的外婆。可是第二天一大清早，她凝望著我，溫柔地喊著媽媽，要求我為她祝福。我為她送上一些好話，當時卻萬萬想不到這是快要永別的一刻！」媽媽強忍著淚，強露出笑容，翻譯員在旁低聲告訴我說：「她的心在淌血呢！」

我感到十分難過。以色列和巴勒斯坦互相折磨了半個世紀，雙方把多少無辜生命送上黃泉路，如要追究，那是一段糾纏不清的歷史；一方是納粹屠殺下的倖存者，另一方是被逐出家園的苦難民族，仇恨把他們全都圍困住了。

雅嘉斯的爸爸最後不忘補充說：「我們為女兒的殉道行為感到驕傲，這是我們全家的光榮！」

就這樣，二〇〇二年三月二十九日，雅嘉斯跑到耶路撒冷一個超級市場，與在場的猶太人同歸於盡。她一早在學校自己的座位上寫下：我愛我的民族。

未幾，以軍向這個人肉炸彈的家庭做出懲罰，把他們的家毀掉，並把他們逐出家門。以色列人和巴勒斯坦人互相仇恨到極點，完全失去理性。巴人激進組織表示，「他們殺我們的平民，我們殺他們的平民！」

之後，有不少文章分析人肉炸彈現象，特別是參加了這一行列的兩位女性。有人指稱他們受到激進組織洗腦。男性以為可以上天堂、有美女相伴，但女性又如何呢？

大家憂心忡忡，一直只有男性參與的恐怖行為，現在竟然向女性打開大門，那麼這種行為就更難打壓了。

有些評論只集中在意識形態和信仰上的分析，但當我走過西岸占領區和當地難民營後，我想，以美國紐約為總部的「人權觀察」駐港辦事處總幹事，在接受香港有線電視訪問時，已一針見血指出癥結所在，道出產生人肉炸彈的主因：他們缺乏生存的支點。該總幹事表示，要解決人肉炸彈的問題，首先要給他們生存的期望，不然，連死亡也不懼怕了，那麼毀滅又如何能嚇倒他們？

當我走出雅嘉斯家門，在難民營的陋巷穿梭之際，發現到處張貼著雅嘉斯的照片。孩子們經過時都向照片歡呼，豎起大拇指。我好奇地與他們交談，雖然他們表示沒有想過要當人肉炸彈，但卻很佩服雅嘉斯的勇氣。

難民營裡一位社工艾爾瑪告訴我，雅嘉斯生前曾目睹過不少血腥衝突，亦有親友遇害，加上占領下的生活舉步維艱，造成心理創傷，思想較易走向偏激，也容易受到煽動。

在絕望的環境下，死亡受到歌頌。解決的辦法不是以色列夏隆政府以暴制暴的集體懲罰，也不是巴人自治政府不斷推卸責任的態度，而是透過共同努力為黑暗的占領區打開一扇窗口，讓陽光透進來，帶出生命的訊息，令激進思想無法生根、激進組織失去群眾。

探訪阿拉法特總部

國際社會一直期待以巴雙方共同合作，推動和平進程，但以方指稱巴人已故領袖阿拉法特不是好夥伴，甚至是激進組織的同謀者，遂於二〇〇二年三月開始圍困阿拉法特的總部，令他動彈不得、與世隔絕，直至走到生命的盡頭。而藏身在總部的阿拉法特保鏢和特種部隊，一律被視為恐怖分子，二〇〇二年期間受到猛烈攻擊。

為了一探總部的情況，二〇〇二年七月底的一個星期五，我一大清早跑到耶路撒冷阿拉伯區前往拉姆安拉的公車站，但司機滿臉疑惑地反問：「今天不是全天候戒嚴嗎？你可先到檢查站，再問那裡的以軍吧！」

沒有戒嚴時，檢查站前都會出現長長的人龍，在熾熱的太陽底下，在沙塵滾滾之中，在以軍的呼喝聲裡，人們難免隱藏一股躁動。

不過，那一天我抵達檢查站時，卻冷冷清清，心中知道戒嚴已經開始了。我偷偷地繞

巴人自治政府總部。

過一個小山丘，山丘的另一邊停了好幾部小型公車，司機乘機向我這個外來客漫天叫價，表示他們也只能把我送到拉姆安拉市周邊的一間醫院，建議我在那裡叫一部救傷車到市中心去。

原來，在戒嚴期間，巴勒斯坦人一律不能在市中心行走，這包括車輛在內（救護車除外），不然，以軍將格殺勿論。我從醫院走路到巴勒斯坦自治政府總部的旅途上，一片死寂，店鋪深鎖，地上的垃圾隨風飛舞，給人一種落寞無奈的強烈感。其實，這個巴人政治中心是一個美麗的山城，紅瓦黃磚的房屋依山而建，婆娑樹影下有不少別致的咖啡店，詩人墨客喜愛流連於此，文化氣息甚濃。據聞聖母瑪利亞帶著小耶穌前往埃及途中，曾先到拉姆安拉稍作歇息。如此一個神話般的地方，難怪阿拉法特選擇了該地為自治政府的基地。

只可惜當時卻殺氣騰騰，不時會有坦克在城中走動，坦克裡的一名以色列士兵拿著擴音器高聲說：「戒嚴已開始，所有人不得外出！」然後在隆隆聲中離開，地上留下兩行很深的坦克車輛痕跡，同時還捲起滾滾的沙塵，我不得不躲在一角，之後再上路。

我往遠處望，真奇怪，竟然看到一間香港開設的匯豐銀行，心想，拉姆安拉過去也曾擁有過吸引外資的經濟條件吧！

終於到了阿拉法特政府的總部，早先在總部外集結的以色列坦克和軍隊大部分已撤走，但還有小部分隱藏在大樹底下，以監察周圍的環境。

我在巴人自治政府總部的一天

「Sa lam alaykum」（願平安與你一起之意），記者向總部門外的守衛打了個招呼，他竟懶洋洋地向我揮一揮手，沒有檢查，沒有盤問，倒是我主動走到他面前，詢問如何走到主樓去。

由於在耶路撒冷期間，我曾聽聞有外國和平組織代表暫居於總部，以保護阿拉法特，因此，我向守衛說：「我是從香港來的記者，約了你們的主席先生，但之前想先找一找那些法國朋友，你可以告訴我，他們在哪裡？」

該守衛立刻表示友善而天真的笑容，找來另一位守衛引領我到主樓去。沿路瓦礫處處，經過以軍多次襲擊後，總部已變成大半個廢墟，有不少建築物嚴重損毀或倒塌，那一面由紅、綠、黑三種顏色組成的巴勒斯坦國旗也穿了幾個洞，無力地在殘破的屋頂上飄揚。

我戰戰兢兢地踏過一些瓦礫後，來到了主樓，雖然主樓在總部內算是一棟比較完整的建築物，但亦滿布彈孔，不堪一擊。

主樓大門附近走廊的隱蔽處擺放了一排排睡床，宿舍給炸毀了，年輕的巴人警察只好借走廊暫作棲身之所，一位警察向我聳聳肩地表示，「何處是吾家？」

我在守衛帶領下走到主樓的二樓，很明顯的，這一層樓曾是以軍的攻擊目標，天花板大幅度剝落，垂下來的電線亂成一團，地上有一個大洞，還可清楚看見縱橫交錯的鋼筋。守衛指出，這是我來之前兩個月以軍發射的導彈造成的。

該守衛還說：「你看，這裡轉個彎便是我們主席的睡房。因為以軍有心傷害他，他唯有搬到另一個房間去……」

我恍然大悟，阿拉法特曾居住在這一層樓。守衛連聲點頭，把我帶到同一層樓的一個大廳裡去，偷偷在我耳邊說：「這裡原來是主席的客房，有時用來會見客人，現在已讓給其他工作人員做棲身之地。」

事實的確如此，地上放滿一堆又一堆的被褥和被鋪，即使僅有的幾張名貴義大利米黃色沙發，晚間也變成臨時睡床了。

我一踏入大廳，就碰上一大群來自法國的和平組織人士，其中有一位在總部內已住上好幾個月，目的就是要保護阿拉法特。他們相信，只要有外國人在，以軍便會有所顧忌。

他們見了我這位遠自香港來的記者，並在戒嚴中成功來到總部，都感到十分意外。而我自己也感到意外，糊里糊塗地來到了總部，沒有受到以軍的阻撓，這可算是一種運氣吧！我還表示要訪問阿拉法特，在客房裡無所事事的阿拉法特頭號顧問薩維夫博士（Dr. A.

Sharif）聽到我這個要求，不禁大笑，記起曾與我通過電話，好奇問：「你就是那位香港記者嗎？佩服，佩服，你真的來到這裡？好，好，但我們主席正在禱告，接著要午睡，午睡完畢後還要接待一個外國代表團，一直到晚上八時才可能有點時間。你願意等候嗎？」

就這樣，我在阿拉法特總部過了一整天，一次難忘的人生體驗。

圍困中的巴人特種部隊

以色列方面聲稱阿拉法特總部藏有恐怖分子，還有不少不可告人的事情在進行中，但我竟可一個人自由出入，到處視察、拍照，沒有受到制止，那些巴人警察和特種部隊還滿臉稚氣地向我講解總部的結構，和以軍對峙的細節。

一位坐輪椅的特種部隊成員，按著輪椅上的自動按鈕在總部到處走動，表示這樣可排解一點寂寞，他看見我這個外來人，很高興地跟我聊天，並從口袋裡拿出一張剪報。剪報上報導了他在戰火中英勇救出一位小女孩，也因此被以軍的M-16步槍打中腰部而半身不遂。

說完後，他在不遠處碰上一位剛到來的法國作家。他又把故事重說一遍，再次小心地從口袋裡拿出那張剪報。原來，他每見到一位新客人，都會這樣做，似乎為自己的故事感到很驕傲，又或者，除此之外，他已經沒有別的事情可以做了，英勇的記憶可使他暫時忘卻自己已變成殘廢的事實。

在他身旁的另一位特種部隊成員驕傲地告訴我，他們同屬特種部隊第十七隊，屬最精銳的一隊，保家衛國，功勞至大。只可惜，當他們一環顧總部四周的頹垣敗瓦，那些成堆的碎石，被壓扁的汽車，還有盤繞的鐵絲網，便不禁悲從中來。再精銳的部隊，在重重的圍困和敵方的高科技武器下，插翼也難飛。

無論如何，他們還是精神抖擻，進行巡邏守衛的工作。

我在總部外圍到處視察，拍下荒涼的景象。靠近大門有一座建築物，殘破不堪，原來它曾是監獄，在以軍襲擊之前，這裡的囚犯恐怕成為砲灰而大舉逃走，聽來真是不可思議。

夕陽西下，我返回主樓二樓，那些和平組織人士和總部工作人員正準備晚餐，不過，巧婦難為無米之炊，他們只有罐頭和少量的青瓜紅柿。他們全部拿出來，招呼客人，使得我們十分不好意思。

進餐期間，警衛們也來湊熱鬧，他們問我香港在哪裡，以為是日本的一部分，我大笑，他們也跟著大笑，知道我是中國人，不是日本人，又邀請我與他們打乒乓球。這是他們主要的娛樂，大夥兒爭先恐後要與我搭檔，不脫天真的本色。

事實上，生活在總部的大部分警衛，都十分年輕，平均年齡在十八歲至二十四歲之間，其中一位眼睛特別大，臉紅紅的，對世界特別好奇，問了我不少有關亞洲的風土民情。

他左手的中指已戴上一只金戒指，我問他多大，是否已結婚？他回答只有十九歲，有意中人，訂了婚，未婚妻現居於加薩，他也來自加薩，但由於近年形勢惡劣，他已有好幾年沒有機會回家鄉見父母和未婚妻。

不過，他得意地拿出兩支手機，一支是公事用途，另一支就是每晚跟未婚妻談心用的。他說：「這裡的電話線全被破壞了，我們都得靠手機和外界聯絡，我也靠著手機來維繫與未婚妻的感情。我有一個最大的夢想，就是渴望明年結婚，然後養兒育女，還有就是能照顧父母，讓他們安享晚年……」

年輕的大眼睛警衛喜孜孜地訴說他心中的夢想，一個在和平世界再普通不過的夢想，只不過是一個結婚生子的基本人權，但對於這個年輕人來說，卻不知何時才能實現。

他說得越高興，我聽得心也往下沉。在總部，大家都朝不保夕，不知哪一天，可能一個導彈掉下來，他的生命便灰飛煙滅了。

不眠的夜晚與驚魂的早晨

我與阿拉法特的訪問時間一改再改，終於在晚上十一點半，可以會見這位傳奇領袖，也是我留在總部一天的高潮時刻。他的保鏢帶我到了一間房間，隨即把長槍放在我身旁，說他先出去打點一下，並吩咐我不可在房間拍照。我望著那枝長槍，大惑不解，真不知他是否太大意呢？還是對我沒有防備之心？

訪問過阿拉法特後（見下節的訪問內容），已是深夜十二點多，我返回主樓二樓大廳，那裡已變成一個難民營，有十多位總部工作人員已在地上抱頭大睡。我先到洗手間，但洗手間環境惡劣，水管爆裂，滿是污水，根本不能洗澡，甚至洗臉刷牙也有困難，我乾脆什麼清潔也不做，拖著骯髒的身體回到大廳裡。我被派給一張床褥，找一個角落睡覺去了。

當天晚上，我與蚊子、跳蚤為伍，不能入睡，苦等到第二天一大清早，急急離開總部。走出大門不遠處，便被以軍攔截要檢查證件，其中一名以軍慌慌張張地問我為什麼從總部走出來，又要到哪裡去。我留意到這名以軍一樣年輕，臉紅紅，但眼睛卻睜不開似的，想他也與我同樣度過了一個不眠的晚上吧。

由於我是記者身分，加上是來自中國香港的女記者，他們也不太敢為難我，只指責我在戒嚴期間不應走近巴人自治政府總部，之後，便讓我離開了。

不久，我聽到一連串的槍聲。我的雙腳無力再往前走，只好倚在一牆角，這時我想到那位巴勒斯坦大眼睛警衛，還有那位睜不開眼睛的以軍，同樣是年輕生命，卻要互相殘殺，可能隨時在太陽底下蒸發了。

生命，在這一塊聖地上，是如此的脆弱與荒謬。

阿拉法特與巴解組織

人民一旦要求生存，命運就必須滿足他的要求，黑夜必將逝去，鍊銬一定粉碎。

——敘利亞民族詩人沙比

頭部經常纏著阿拉伯格子頭巾的阿拉法特，即使不太熟悉中東政治的亞洲讀者，也會一眼認出來。

他身上帶著半個世紀的傳奇，以不同的形象在國際舞台出現，讓我們一下子很難說得準，他是一個怎樣的人。

是民族英雄？還是恐怖分子？

當以色列於一九四八年第一次中東戰爭中奪取了巴勒斯坦而立國時，阿拉法特只有十九歲，他一如其他巴人難民，與家人慌忙避難到埃及。

不過，在此之前，他已顯露出強烈的民族覺醒，戰爭期間，更是拿起武器奮勇抗敵。逃到埃及後，他仍然念念不忘，積極參與大學裡的巴勒斯坦學生組織，並於一九四九年成為「巴勒斯坦學生總會」主席，逐漸散發領袖的魅力。

一九五六年，他加入埃及陸軍，參加了第二次中東戰爭。他以為依靠阿拉伯兄弟可助巴人奪回國土。

可是，戰爭的失敗讓他對埃及的信任大打折扣，同時慢慢察覺到，埃及等阿拉伯國家乃利用巴人事業，實現他們的另一政治議程，那就是阿拉伯統一的美夢。因此，他毅然擺脫埃及當時的總統納塞爾對巴人的操控，跑到科威特擔任工程師。與此同時，他卻暗地裡組織武裝民族解放組織「法塔赫」（Fatah）。在阿拉伯文中，「法塔赫」意指勝利，阿拉法特以無比的意志，帶領「法塔赫」走上自主自決、武裝鬥爭的道路，他要讓其他阿拉伯國家知道，巴勒斯坦解放是阿拉伯統一的先決條件。

在此，阿拉法特勾劃出一個獨立的巴勒斯坦國的輪廓，也成為民族解放的象徵。他這個象徵在他完全接管巴勒斯坦解放組織（Palestinian Liberation Organization）[16]兼任主席而達到高峰。

但，他又是恐怖分子？

在一九五〇、六〇年代，巴人的抵抗聲音一直被當時的泛阿拉伯民族運動掩蓋，而以色列亦經由多次中東戰爭的勝利以強勢姿態出現，美國對以色列的一面倒支持，也主導了主流媒體偏向以色列，還使得巴人處境無法獲得國際社會的關注。

直到一九六八年，由阿拉法特領導的巴解組織終於獲得世界的「關注」。當年一架以色列航空公司的航班，遭到隸屬巴解的「暴風」突擊隊襲擊，舉世譁然，國際媒體更廣泛報導，指稱這是國際恐怖主義另一種新形式的誕生。

接著一九七二年，巴解組織激進派「黑色九月」，在慕尼黑奧運會殺害了十一名以色列運動員，震驚整個國際社會。其後發生的大大小小恐怖襲擊，一時讓西方將阿拉法特視為大恐怖分子，巴解則變成了恐怖主義組織的同義詞。

是諾貝爾和平獎得主？還是最貪污腐敗的領導人？

「黑色九月」的恐怖襲擊也衝擊了巴解內部的意見和看法，阿拉法特則極力主張務實政策，擺脫恐怖分子的形象，並選擇妥協戰略。可是，這引來巴解一些激進派對溫和派的

16 巴勒斯坦解放組織（PLO）的歷史可參考《中東危機》（*Crisis in the Middle East*），李陽譯，Francois Massoulie 著（香港三聯出版社，二〇〇四年）。

不滿，甚至向他們進行暗殺，但阿拉法特卻能多次化解挫敗政敵的暗殺陰謀，讓他添增了神話色彩。

不過，最讓人意外的，就是他在一九七四年經聯合國大會宣布，巴解的目標是在整個巴勒斯坦上，建立一個猶太人與巴勒斯坦人共存的世俗民主國家。

到了一九九三年九月，他更進一步承認以色列的生存權，並與當時以色列總理拉賓共同簽署具歷史意義的奧斯陸和平協議（Oslo Peace Accord）[17]。大家同意以土地換和平，阿拉法特接受以色列先交還西岸部分土地和加薩走廊，讓巴人進行自治管理，此為有名的「巴勒斯坦自治原則宣言」。

次年，阿拉法特正式回到巴勒斯坦自治區，並成為巴勒斯坦自治政府主席，同年獲諾貝爾和平獎。

另一方面，阿拉法特又被視為最貪污腐敗的巴勒斯坦領導人？

阿拉法特管理巴解組織政府，都一直倚靠他的個人色彩，同時掌控所有的權力，遂招來專橫獨裁的非議。

二〇〇三年，美國《財富》雜誌報導他為世上最富有的人之一。國際貨幣基金會（IMF）揭露，他一個未公開的帳戶中有高達九億美元的存款，而巴勒斯坦立法機構Rawya Shawa，更宣稱阿拉法特共擁有十億美元財產。

二〇〇三年十一月九日，六十分鐘時事雜誌電視節目就有關方面製作了一個特輯，稱阿拉法特為「億萬阿拉法特」，並揭開他在拉姆安拉可口可樂的投資，同時還有非洲突尼西亞的行動電話公司，以及美國和開曼群島（The Cayman Island）的創投基金。

事實上，阿拉法特早年接管巴解組織，皆獲得阿拉伯國家、海灣國家等的重金資助，成為世界上最富有的民族解放運動組織。此外，巴人自治區一直獲得聯合國、紅十字會、美國、歐盟和其他世界組織的援助。不過，當巴解政府依然不斷抱怨無法支付政府工作人員的薪資、自治區經濟瀕臨崩潰時，阿拉法特卻累積了不少個人財富，英國ＢＢＣ電視台記者更發現，他太太和女兒在巴黎享受財富。

夜訪阿拉法特

阿拉法特生前一直是一位頗富爭議性的人物，從諾貝爾和平獎得主到被指控為恐怖分子，而他在巴人心中的受歡迎程度到後期亦有所下滑。但無論如何，他在阿拉伯世界始終是一個重要的象徵，我特意在二〇〇二年七月親自採訪了他。

訪問安排在晚上十一點半，阿拉法特看起來仍然精神抖擻、沒有倦容。他坐在總部唯

17 奧斯陸協議是以巴衝突以來第一份詳細的和平協議，草案最後在挪威首都奧斯陸完成，一九九三年九月在美國總統柯林頓見證下由以巴雙方簽署。該協議確認巴人成立自治政府和自治區域，以及其他共存原則。

一有空調的會客室裡，依舊是那個坐姿、一樣的神態、不變的裝束，還有他身後的步槍，數十年如一日。

可是，只要走近一點，便知道他臉上的皺紋出賣了他，白蒼蒼的鬍子，訴不盡歲月的滄海桑田。

他明顯老了，我留意到他的雙手完全蒼白，一點血色也沒有，而且不斷顫抖，但他似乎很高興看到我這位遠自香港來的記者。一見到面，他便咧嘴而笑，熱情地握著我的右手親吻一下，之後又抓著我的左手親吻，不停地說歡迎、歡迎。

訪問實錄──「我們不是阿富汗！」

採訪阿拉法特內容如下：（阿拉法特：阿；記者：記）

阿：你是第一位造訪這裡的香港客人。香港不錯啊！我探訪過香港好幾次，最早一次是在一九五八年。

記：（感到很意外）一九五八年你是以什麼身分到香港？當年你不正在籌建武裝抗爭組織「法塔赫」嗎？

阿：無論如何，我是以訪客身分（tourist），不是恐怖分子（terrorist）！哈哈哈……

我路經香港到北京會見中國領導人，從毛澤東主席開始，我與中國一直保持良好的關係。

記：不過，以色列指稱你為自殺性炸彈襲擊的背後黑手，是恐怖分子……

阿：（插話）誰才是恐怖分子？夏隆，還是阿拉法特？你曾到訪過多個西岸城鎮，我想你心中有數吧！他們堂而皇之以高科技武器摧毀我們巴勒斯坦人的房屋和其他基礎建設，殺害孩子和婦女，並把我圍困在此，這是一場不平等的衝突！

記：可是，自殺式炸彈襲擊行動卻使巴勒斯坦抗爭運動形象大受損害，雙方以無辜平民做為籌碼，各自失去不少同情分，你有計畫阻止這類行動嗎？

阿：我本人十分反對以人肉炸彈做為報復的手段，但問題根源在於以色列占領了我們的土地，只要占領的問題不獲解決，衝突還是會繼續。當然，我會盡一切努力去阻止這種報復行為，但我現在卻被變相囚禁啊！

記：但有消息指出你對其他的巴人組織已失去控制？

阿：（避而不談）唔……從今年（二〇〇二年）三月開始，我一直呼籲聯合國考慮派出國際維護和平部隊。中國角色在當中至為重要，她在安理會有一票呢！可是，卻未能如願，我很失望國際社會眼巴巴地看著這地區發生的暴力不斷升高。

記：美國總統小布希在今年六月底所發表有關中東的演說中，暗指主席先生你是和平進程的障礙，除非你退出領導層，同時於大選中選出一位願意合作的新領導人，否則以色列和巴勒斯坦的衝突難有解決的方案。

阿：（略思考，聲音轉慢而堅定）我們不是阿富汗！要知道，巴勒斯坦不是阿富汗！我們的領導層不會隨著美國的需要而更改，我們為自己的民主感到驕傲！

記：可是，美國和以色列，甚至巴勒斯坦人，卻認為巴勒斯坦自治政府出現貪污和獨裁的現象，你又有什麼回應？

阿：我是透過民主選舉選出來的，自治政府也是根據人民的意願來運作，任何的問題可以透過民主機制來解決，但先讓我們立國，立國的條件不僅要基於和平的原則，也應基於公平的原則，而我們一直爭取的，就是和平與正義並存……我一直支持聯合國二四二決議案，也尊重奧斯陸和平協定，但誰先違反這些決議案和協定？

記：正是由於你支持上述的協定，有部分巴人感到被你出賣了；加上近年與以色列的衝突不斷升高，使得巴勒斯坦自治地區民不聊生，人們的怨氣開始算到你的頭上來，直指你是過時的人物。那麼，你還有信心贏得明年一月舉行的大選嗎？

阿：你叫我怎樣回答你呢？就讓人民來做個決定吧！目前最重要的，就是確保大選順利進行，而國際社會有義務協助這一次大選成為事實，以邁向和平的第一步。可是，如果以色列方面繼續占領巴人自治區，選民出來投票也有困難吧！

說到此，阿拉法特聲音變得沙啞，大選即將來臨，但他們仍然被變相「囚禁」。總部的工作人員表示，阿拉法特每天睡在地板上，只吃一頓飯，而且是罐頭食物。此外，由於儲存過量的垃圾而無法處理，總部也越來越臭氣熏天。

雖然如此，在訪問結束之際，阿拉法特告訴我，以前沒有午睡的習慣，但現在他堅持每天午睡兩小時，以保持良好的精神；同時，他還可在禱告中獲得力量，來面對「監獄式」的生活。

阿拉法特年輕時曾說過，他一手拿著槍、一手拿著橄欖樹，請不要讓他的橄欖樹從手裡滑落。多麼豪氣呀！但最後他竟然如籠中鳥般度過他七十三歲的生日，前面則是一片永無止境的黑暗。在困苦的日子裡，他的聲望也跟著下降，原本追隨的人與他漸行漸遠，有一批國會成員更是集體請辭，給了他一個沉重打擊。在內外交困的情況下，其管治日子不但已走到盡頭，生命也在圍困中結束，一個時代終於正式落幕。

阿拉法特的歷史功過

阿拉法特的死訊於二〇〇四年十一月一日宣布，立刻牽動整個世界。美國、歐洲、拉丁美洲、澳洲、非洲，乃至亞洲每一個角落，都紛紛以此做為頭條新聞報導；加上來自四面八方的評價、分析，從各國元首到普通老百姓之間的討論，一時間，如江河決堤，澎湃洶湧。

阿拉法特若地下有知，必定又會展示他那大嘴巴的笑容。他一生所做的，就是要吸引世人的目光，把巴勒斯坦民族的訴求帶到國際舞台的中央。他的死亡竟然再次讓世界重溫他的一生、重溫以巴衝突的每一個細節，還有巴勒斯坦人的苦難與其出路的可能性。

換言之，無論阿拉法特是生、是死，人們對他是毀、是譽，都令人不得不因他而感受到巴勒斯坦人的存在，無法迴避他們的聲音。一個阿拉法特，就這樣象徵著一個民族的鬥爭、盛載著一個民族的血淚，並成為一個民族全部夢想的寄託與化身。他倚仗著什麼手段？擁有怎樣的魅力？甚至懷有何種的演戲絕技？

阿拉法特一如一個萬花筒，你站在不同的角度，就會有不同的看法，即使美國總統之間。現任的布希指稱他是和平障礙，前任的卡特卻認為他是偉大的自由戰士；以色列痛罵他是恐怖分子，已故教宗若望保祿二世卻稱讚他帶領巴人走向獨立，而且是具有超凡魅力的政治領袖。

阿拉法特真是一位具爭議性的人物。即使在巴人之間，亦無法擺脫其爭議性，特別在一九九三年他簽署了奧斯陸協議後，雖然贏得國際社會的稱頌，但巴人知識界中則指責他出賣民族利益，連帶他的專橫、獨裁、貪污等問題也一同浮現出來。年輕一代的巴人開始對他竊竊私語，甚至對他失去容忍力，企圖擺脫他的管治，走向極端。

晚年的阿拉法特漸失管治威信，但他仍是無可取代的民族象徵，一種民族的凝聚力量。

當我跑到屬於巴勒斯坦自治區的西岸和加薩採訪時，即感受到阿拉法如何占據了巴人靈魂的深處。我所到的每一處，最無可逃避的，就是他的照片。他的照片被懸掛在公眾場合或擺在私人房間，皆出於自發性。當人們親吻他的照片時，淚水也不禁一同流下來。

在那個地區停留了一段時間，與他們接觸多了，才明白他們與其領袖之間的密切關係，其中多少歸功於阿拉法特的自我塑造能力，以及無助的巴人在苦無出路下對他的希望投射。

過去，巴人在巴勒斯坦土地上生活了數百年，已視該地為家園，直至以色列於一九四八年立國，巴人到處逃難，尋覓棲身之所。同屬阿拉伯民族的鄰國，如敘利亞、埃及、伊拉克，不但未能善待巴人兄弟，甚至有心加以利用，來實現他們的泛阿拉伯盟主美夢，

上｜阿拉法特死後仍在小孩心中具有英雄形象。

下｜作者訪問阿拉法特。

白白喪失了聯合國提出與以色列均分土地的立國機會。儘管這不是一個平等的建議，但拒絕後，巴人立即成為無主孤魂，失落於茫茫的中東沙漠裡。

一九五〇年代，世界各國自顧不暇，沒有人會想起巴人的處境，直至踏入一九六〇年代，世界掀起一片革命浪潮，阿拉法特乘勢而起，振臂一呼，以堅毅的革命戰士形象，帶出一場驚心動魄的巴人民族解放運動，使巴人從無名無姓的角落走出來。他們不再是孤魂野鬼，而是追求獨立自主國家的民族，屬於一九六〇、七〇年代最神聖的革命事業。阿拉法特成功地創出這樣一個偉大的名堂。

阿拉法特擺脫了阿拉伯國家的操控，成立自主的巴勒斯坦解放組織，並高調穿梭於世界的政治舞台，為巴人帶來立國的無限想像。正所謂集萬千希望在一身，老百姓便很自然地把他們的命運與阿拉法特連在一起。因此，當看到巴人深吻其領袖的肖像時，我明白他們是在深吻他們的建國夢想；當他們高喊阿拉法特的名字時，他們是在高喊回歸故土的渴望；當他們爭相觸摸阿拉法特時，他們只不過是企圖觸摸自己的過去、現在與未來。

親吻過後、呼喊過後、觸摸過後，他們心裡便踏實了。很多巴人都這樣告訴我；從無根到有根，只要阿拉法特存在，即使對他有多少怨言，終究都會原諒他。

阿拉法特與巴解組織在一九六〇、七〇年代肆無忌憚地進行恐怖襲擊，以求成為頭條新聞，巴人老百姓原諒他；阿拉法特縱容下屬奢華、斂財，老百姓也原諒他；阿拉法特弄權、獨裁，老百姓亦容忍著繼續擁戴他，老一輩對他的感情，更是不言而喻。

阿拉法特很自覺他這個形象、這種本錢，因此，當我訪問他時，他在內外交困的情況下，仍然不忘整理他的軍裝，並把那一枝具有象徵意義的軍槍放在身旁。我要求拍照，他則下意識地走到巴勒斯坦國旗前。他要向我顯示，一切沒有變，這包括他的夢想、信念和立國決心。

歲月催人，壯志未酬，阿拉法特已老態畢現，一位走進黃昏的老人，對客人極力表現一臉慈祥，很難想像他過去的所作所為，不但曾經勇猛地向敵人襲擊，也曾為了宣洩政治訴求而把無辜平民擺上祭台。不過，在訪問中，他不斷強調反對恐怖主義手段、反對殺害蒼生、反對哈瑪斯的自殺式炸彈襲擊，大有此一時、彼一時也的感覺。或者，他不想有損他諾貝爾和平獎得主的身分，向我大談他對和平進程的誠意。

他很容易長篇大論，不自覺地重複他希望記者報導的觀點。如果你不願狠心地打斷他的話，你便得無奈地跟隨他漫談。

談了一個小時，最後才發覺可以寫的新東西沒有多少。這就是阿拉法特，即使不斷重複，巴人老百姓也不會生厭，只有知識分子和年輕一代為他皺上眉頭，但他仍然是巴人解放運動的象徵，他緊握所有大權，一直沒有刻意培養接班人繼承權力。可能，他真的以為自己是一隻「不死鳥」、「九命怪貓」，而老百姓亦這樣相信。

但，阿拉法特終於離巴人而去，所有巴人呼天搶地。與領袖連在一起的立國之夢的臍帶，已經超越半個世紀，一旦斷了，他們的心靈無法安頓。最要命的，就是阿拉法特之死讓巴人一覺夢醒，怎麼一直都原地踏步，難民的身分沒有變，被占領下的生活更是艱苦。以巴兩個民族的激進主義交鋒，巴人仍然沒有尊嚴、沒有生存的盼望，死亡在流竄。走到盡頭，阿拉法這個悲劇英雄凸顯了一個悲情的民族。

人散曲未終，巴國獨立路遙

當然，人散曲未終，五十多個國家參加了阿拉法特的喪禮，有大國不忘為巴人指點江山，巴人領導層個個為接班問題摩拳擦掌、激進組織蠢蠢欲動、美國與以色列暗自盤算……中東再起風雲，是新的機遇，還是另一個幻象？如果要摸著水晶球預測未來，倒不如回顧過去：問題發生在哪裡？

首先，美國和以色列指稱阿拉法特是和平障礙，不但助長激進主義、縱容自殺襲擊，並且破壞和平協議，扼殺了多次立國機會。最為人詬病的，就是他在第一次波斯灣戰爭中，認同當時的伊拉克總統海珊入侵科威特，由此失去了不少阿拉伯國家的支持，同時亦有損巴人獨立運動精神。在這方面，他的確做了一次重大的錯誤決策，但如果就這樣不斷將他妖魔化，把所有問題都推到他一個人身上，似乎有欠公允，而且混淆視聽。

從奧斯陸協議到二〇〇〇年，以色列總理巴拉克提出和平方案、最後流產收場，最主要的原因在於多次的協議方案都未能正視以巴衝突的核心問題，那就是耶路撒冷的定位、土地分配和難民回歸權。

阿拉法特在奧斯陸協議做出讓步，同意將上述問題暫且擱置一旁，但立即招致巴人的不滿，指責之聲四起，戰友們紛紛與他漸行漸遠，其中包括已故知名學者薩依德和被視為代表巴人真摯聲音的詩人達維希（M. Darwish）。

以色列一直不願與巴人分享耶路撒冷，不讓巴人在其聚居的東耶路撒冷建都，即便是讓巴人立國的西岸領土也不完整，以色列仍然掌握水源地方，而不少猶太屯墾區亦重重阻隔了巴人的土地，使巴勒斯坦在地理上根本無法成立一個完整可行的國家，這是巴人抗議的理由。

至於巴人難民的問題，則同樣棘手。目前流散在阿拉伯地區的難民共有四百萬之多，以色列堅拒他們的回歸權，甚至否定他們的難民身分。美國《中東論壇》（*Middle East Forum*）的猶太裔主任丹尼爾・派普斯（Daniel Pipes），在美國接受筆者的訪問時，指稱當年逃離家園的第一代巴人還算難民，其後在外出生的第二、三代已經不能再視為難民了。如果讓他們都回歸，只會威脅以色列的生存權利。

這個問題真是說來話長，一方面以色列向他們關上大門，另一方面阿拉伯收容國一直拒絕給予他們公民的身分和權利，甚至被迫一代又一代居住在難民營內，過著非人生活。但在聯合國憲章裡，他們又的確擁有回歸故土的合法人權。

有分析家指出阿拉法特死後，溫和派阿巴斯（Mahmoud Abbas）上場，可望帶來和平的曙光。我不敢苟同，因為上述核心問題不會因阿拉法特之死而消失，亦不會因溫和派上場而獲得解決。其實，要達到和平不是單方面的，過去的方案一直由美國和以色列主導，大有「強權就是真理，我給你吃什麼你就得吃什麼」的高姿態；在這種缺乏對等、公平基礎的環境下，和平進程又如何會有進展？

在後阿拉法特時代，以巴雙方固然要把握機會，美國更應拿出誠意，調整過去的傾斜政策（見附錄），正視核心問題，為以巴雙方創造公平談判的條件，同時為巴人民主之路鋪出先決的條件與環境。首先，落實包括哈瑪斯在內的停火協議、解除以色列在巴人自治區的占領、重建該地區受到嚴重破壞的基本建設。不然，即使舉行大選[18]，但在受到占領的不自由環境下，巴人如何去投票？民主基礎又如何運作？

如果上述種種未能落實，無論是阿拉法特時代，還是後阿拉法特時代，以巴衝突都無解決辦法；而無論哪個美國總統上台，只要不調整一面倒向以色列的政策，即使不時表示協助巴人立國，那亦不過是空談和偽善的姿態罷了。

看，川普二〇一七年在位時，違反聯合國協議，承認耶路撒冷為以色列首都，到拜登上台後亦無意撥動反正，顯示民主共和兩黨根本無意為以巴和平做出努力，只會為該地區增添不穩定因素。

或者，正如我在華盛頓採訪的中東政策顧問表示，以巴衝突在白宮議程根本不是主要的問題，現在美國的焦點在於如何把整個中東地區，轉變成一個合乎美國利益的「民主」

地區，又或促成阿拉伯主要國家和以色列和解，以巴衝突屆時便會自然解決。目前就讓以色列繼續在西岸和加薩展示他們的實力，直至巴人認清現實、投降為止。

如果真的是這樣的話，從阿拉法特到接任的阿巴斯，又有什麼分別？

因此，自二〇〇〇年底起，以色列在加薩走廊和西岸城鎮展開的軍事行動，以色列自稱為反恐，美國則再進一步指出是自衛，而二〇二三年的加薩危機，一再凸顯以巴兩個民族走向極端的死結。

從右翼的納塔雅胡（Benjamn Netanyahu）東山再起，跟著組成沒有最右、只有更右的統治班底，其中以委任有以色列希特勒之稱的本・格維爾（Itamar Ben Gvir）為國安部長最令人側目，他上任後便做了一連串挑釁巴人底線行動，包括干擾阿克薩清真寺，繼而再有外交部長聲稱沒有巴勒斯坦人，也沒有巴勒斯坦文化，到國防部長指巴人是人形動物。這個對巴人充滿種族歧視的極右錫安主義內閣，自二〇二三年初一上台，即對巴人展開連串凶狠的鎮壓行動，儼如種族清洗，結果引發哈瑪斯在同年十月七日的極端行動「阿克薩洪水行動」，千名哈瑪斯死士突破以色列防線，在加薩鄰近以色列南部村，屠殺四千人，並

18 巴勒斯坦人在二〇〇五年舉行第一次民主大選，選出阿拉法特的老戰友阿巴斯為巴人自治政府主席，以代替逝世的阿拉法特。

俘虜了兩百多名人質。

雙方再不理會國際化，平民百姓成為最大的犧牲品。

哪裡來的嘆息、哀悼，以及響亮的嚎啕，在暗無星光的空氣中迴盪著，從一開始，我已泣不成聲。

——但丁〈地獄篇〉

加薩成以巴一頁最殘酷歷史

以色列對巴人從來採取違反國際法的集體性懲罰，二〇二三年對哈瑪斯的所謂報復性軍事行動，其實背後的真正企圖，從種種跡象看來，可能包括文化以至種族滅絕的嫌疑。與此同時，以色列在西岸也上演相同的劇目，活像終極殲滅。如是者，這肯定是二十一世紀一頁殘酷的歷史。

二〇二三年十二月七日，被喻為「加薩一把聲音」的知名詩人、四十四歲的作家及學者雷法特．阿拉雷爾（Refaat Alareer），他和妻兒共同死於以色列的空襲下，這不僅令所有巴人震驚悲憤，海外文壇學界一樣惋惜哀嘆。由於阿拉雷爾生前一直堅持用英語寫作，好讓巴人故事能散播更廣，因此他的作品得以經常見於西方媒體，從而為西方文化圈所熟悉。

大家都認為，以色列那一枚導彈，極有可能故意落在阿拉雷爾身上，因為以色列今次除了在加薩進行種族清洗外，這同時也是一場文化滅絕。還記得以色列財長曾公開說過什麼？他說：「沒有巴勒斯坦歷史或文化，也沒有所謂巴勒斯坦人民。」其實他想強化錫安主義者的論述，整個巴勒斯坦土地本該全部屬於猶太人。

毀滅一個民族，必須從毀滅他們的文化開始。不要忘記，以色列情報的厲害，手上早已有著巴人自治區西岸以至加薩全部文化人的資料和文化據點地圖。今次以色列在加薩從北到南無差別的空襲，當中也有其精心的計畫。不要輕信他們僅想剷除哈瑪斯，只要細看以色列在加薩各層面所造成的破壞，從居民到民宅、歷史建築、醫院、樹木和水源，都是要令加薩居民無法再生存下去。

在這場種族滅絕行動中，摧毀加薩的文化層面，自然是以方最重要的目的。以色列要否定巴人的存在，首先要否定他們的知識、歷史和文明寶藏，例如，一九四七年巴人災難日（Nakba）開始時，當時的猶太復國主義民兵驅趕巴人、清洗他們村莊之餘，也不忘襲擊巴人的博物館和文化場所，包括位於雅法（Jaffa）的紅色電影院（Red Cinema），現在他們的子弟兵在加薩重複祖輩的行為。

巴人自治政府文化部近日發布最新報告，報告裡按已知的列出了加薩作家、詩人、學者、藝術家和舞蹈家的死亡名單，還有各出版社和檔案館被毀壞的狀況，以及歷史建築的損失。該報告讓人看得痛心疾首，而且全世界都在眼巴巴地看著以色列每天的「演出」，卻無能為力，又或袖手旁觀、沉默是金，更甚者助紂為弱。

據統計，自二〇二三年十月以色列向加薩開打至同年十月止，共摧毀當地二十一個文化中心、九家出版社和圖書館，包括薩米爾．曼蘇爾圖書館，該圖書館此前曾於二〇二一年成為以色列軍隊的襲擊目標；二十個歷史古蹟（教堂、清真寺、博物館和考古遺址），這包括拉法博物館，裡面藏有數百件與古代巴勒斯坦遺產相關的文物；聖波菲里烏斯教堂，世界上第三古老的教堂；賽義德哈希姆清真寺，先知穆罕默德祖父的埋葬地；位於加薩城老城區中心的大奧馬里清真寺，加薩最古老和最大的清真寺；以及被列為世界遺產的安泰頓港遺產和伊斯蘭遺產。

此外，還有加薩最具代表的文化活動場地拉沙德．肖瓦文化中心（Rashad Al-Shawwa Center），和位於加薩南部汗尤尼斯（Khan Yunis）的阿卡拉拉文化博物館（Al Qarara Cultural Museum），早已在以方空襲中變成廢墟。這會否令我們想起恐怖組織「伊斯蘭國」，在敘利亞內戰中肆意炸毀敘利亞不少歷史文化古蹟，猶如向人類文明開戰。那麼，以色列呢？

好了，現在讓我點算一下至今已知犧牲掉的加薩文化菁英：自十月七日以來，在以色列空襲中喪生的有二十八名知名創意專業人士（包括四名兒童）——來自七十三歲的詩人沙赫達（〔Shahdah〕Al-Buhbahan）與他六歲的孫女一起被殺，舞蹈冠軍 Sham Abu Obeid

和 Leila Abdel Fattah Al-Atarsh 去世時年僅八歲；來自愛德華・賽義德國家音樂學院十五歲小提琴神童盧布納・馬哈茂德・阿利安（Lubna Mahmoud Alian）與她的五十名家人一起被殺；到「巴勒斯坦新聞教父」比拉勒・賈達拉（Bilal Jadallah），他在前往尤汗尼斯與家人團聚時被殺；再從聯合國教科文組織巴勒斯坦物理、天文物理學和太空科學教授、伊斯蘭大學校長蘇菲安・泰赫博士（他與全家一起遇難），到獲獎詩人兼小說家赫巴・阿布・納達與她的兒子一起遇難。

詩人學者阿拉雷爾在遇害前寫了一首詩〈如果我必須死〉，現已被翻譯成二十多種語言，在社交媒體瘋傳：

如果我必須死，那你一定要活著
去講我的故事，也賣我留下的物件，和一些繩子（要白色的，拖著一條長尾巴）；
這樣有個小孩，在加薩的什麼地方，
當他眼睛望著天空，等待他已經在火焰中遠走的爸爸——那不曾告別的爸爸時，
他會看見這個風箏，你替我做的這個風箏，在天上飛那一刻，
他會以為有個天使，把愛帶回；
如果我必須死，那樣它帶回希望，讓他變成一個傳奇。

附錄一

國際主流論述背後的以巴真相：浩劫日再臨？

二〇二三年以色列以報復及自衛之名，向加薩發動最猛烈的襲擊，並下令北加薩居民南移，未幾又下令南加薩居民撤離家園。此刻令人聯想到一個阿拉伯字Nakba，中文翻譯稱浩劫日，他們以此來形容一九四八年年當以色列立國之際，七十五萬巴人被逐出家園的情境。

巴人自治政府主席阿巴斯向國際社會喊話：不要讓巴人面臨「第二個浩劫日」（second Nakba），而「浩劫日」在巴人七十五年來的爭取下，聯合國大會終於在二〇二二年十一月授權紀念巴人這個苦難的日子，並於隔年的二三年五月首次在聯合國進行紀念活動。

就在二〇一八年以色列立國七十年，我正好在耶路撒冷，西邊狂歡跳舞，東邊默哀禱告。以色列 F16 戰機在上空飛過，發出巨大隆隆之聲，展示國力的肌肉，以色列人往上空望，興奮拍掌，另一邊巴人走在街頭上示威抗議，高呼「解放巴勒斯坦」，小孩則拿起石頭擺出拋向天空的姿態。

當時我遊走東西兩邊的耶路撒冷，兩個完全不同的世界，你的快樂我的痛苦，不是很多人可以理解，特別在國際主流論述下，至今仍有不少人認為猶太人建國合情合理，主要是阿拉伯人不承認以色列的生存權、激進伊斯蘭組織又不接受兩國論，這是巴人首先破壞和平，是耶非耶？

我們先不要追溯千年歷史，但可從二十世紀初談起。在十九世紀末二十世紀初前後，歐洲的確出現一股反猶勢力，企圖把猶太人從歐洲基督徒分別出來，加以排斥，流散於各地的猶太人當中遂起立國之心，猶太復國主義（錫安主義）抬頭，但當時不為所有猶太人支持，但一戰把中東情況扭轉。一戰後奧圖曼帝國瓦解，勝利的法德兩國把巴勒斯坦土地交給盟友英國託管，等於殖民。

有評論指巴勒斯坦原是英國託管地，英政府便有權決定如何分配這個地方，這論調非常荒謬，英國只是殖民者，當代歷史中所有殖民者都有義務把土地歸還原來的居民。換言之，英國應交回土地給託管前的居民才對，當時巴人人口在巴勒斯坦占上百分之九十八、猶太人只占百分之二，但一九一七年，英國在錫安主義者遊說下，宣布「貝爾福宣言」（Belfour Declaration），支持猶太人在巴勒斯坦建猶太家園。自此，猶太人高呼「無人的土地給無地的人」，令原本兩個能和平共處的民族開始起紛爭。

在二戰前猶太人已在巴勒斯坦向巴人施襲，不時有爆炸，英國視該地為火藥庫。

當德國納粹興起，猶太人到處求助卻給歐美多國拒於門外，到了希特勒下令大屠殺，不少猶太人無路可逃，唯有爭相進入巴勒斯坦。二戰結束後英國破產，加上出現猶太地下武裝組織到處破壞，連英殖辦公室「大衛王酒店」（King David Hotel）也炸掉，死九十一人，英國為免麻煩放棄巴勒斯坦，交由聯合國處理。

不少西方國家對大屠殺歉疚，加上美國時任總統杜魯門極力遊說下，聯合國接納兩國方案，解決當時巴勒斯坦問題。在投票時，英國棄權，這與一些評論指英國全力支持以色列建國，與史實不符，它只是消極及不妥善地處理其託管地。即使「巴爾福宣言」，也只講猶太人可建立其民族國家，不是以色列國。

可是，當時聯合國所提出的「兩國方案」極不公平，屬於少數人口的猶太人給分配百分之五十六土地，而且是資源最豐富的地區，有牛奶與蜜之地的稱謂，而屬多數的巴人卻只有百分之四十四土地，並且多為荒漠之地，況且那牛奶與蜜之地已住滿了巴人家庭，這樣叫他們離開祖家自然不願意，那猶太民兵便即時實行他們的D計畫，放火炸燬巴人村莊，製造恐怖氣氛，迫巴人放棄家園。

在猶太武裝分子的清場行動中，有五百座巴人村莊被毀，甚至屠殺當地居民。七十五萬巴人變成難民，巴人視之為「浩劫日」。

中東大戰就是在這樣的情況下展開，但主流論述卻不說一九四八年的「兩國方案」猶如不平等條約，卻反指巴人拒絕與猶太人分享土地，才導致今天的悲劇。自浩劫日後，以色列經歷五場中東大戰後奪取更多土地，並且透過猶太殖民區的興建，不停奪取土地，擠壓巴人生存空間，滋養出巴人激進主義。

早期的確有不少巴人，特別是巴人伊斯蘭主義者不承認以色列，甚至消滅該國，令到一九九三年的奧斯陸和平協議受到以巴兩邊激進人士的攻擊，協議中重新釐定的「兩國方案」胎死腹中，但到了二〇〇六年巴勒斯坦大選，哈瑪斯勝出，為了走上執政之路，他們罕有地伸出橄欖枝。

據英國《衛報》二〇一七年五月一日一篇題為「哈瑪斯揭開新一章，接受以一九六七年疆界建巴勒斯坦國」（Hamas presents new chapter accepting a Palestine based on 1967 borders），變相承認以色列，當時國際媒體大感意外，認為是重大突破。

哈瑪斯政治部領袖 Khaled Meshal 強調他們不反猶太人，只在對抗猶太復國主義者，而且要求以方正式宣布巴人有權建國，他們才會正式宣布接受聯合國所訂的一九六七年綠線。

可是愈見右翼的以色列政府寸土不讓，並且因哈瑪斯勝出大選而加強打壓和制裁該組織。事實上，阿巴斯也不願放權，遂和哈瑪斯展開激烈的權鬥，結果雙方分而治之，哈瑪斯退回加薩，正式管治該地。但以巴衝突繼續，巴人的生存環境愈益非人化，結果釀成二〇二三年十月、七十多年來的最大衝突，震驚世界。

以色列與美國軍援

眾所周知，以色列背後最大的支持者為美國，美國和以色列的特殊關係，以及美國的泛中東藍圖，可參考〈從文明衝突到東方主義〉一章。在此，我想探討的，是美國軍援以色列與以色列的軍事擴張對中東地區的影響。

根據美國國會圖書館一份有關美國海外援助的研究報告「IB 85066」，二〇〇三年七月十日更新版指出，自一九八五年以來，美國每年向以色列提供三十億美元援助，而自一九七六年開始，以色列成為美國海外援助的最大收益者，亦是二次大戰後最大累積收益者。

該報告又指出，在經濟援助上，以色列雖提出遞減對美國的依賴，但在軍事上，卻有增無減。自二〇〇〇年起，美國對以色列軍援每年增加六千萬美元，單單在二〇〇一年以色列接受美軍援近二十億美元。報告透露，以色列在美國身上所獲得的，還有其他與眾不同的優惠，例如，軍事科研的協助和軍購的津貼等。美國國防部在二〇〇一年三月向國會提交的報告書中表示，資助以色列維持一個軍事強國力量，符合美國的利益。

以色列在美國大量援助下，成為世界第四大軍事強國。以色列國防部長阿龍將軍在二〇〇四年七月初公開指出，他們每年武器出口達二十五億至三十五億美元之間，占全球武器交易總額的十分之一。除了其先進武器外，近年更不斷有消息觸及以色列最敏感的一個議題——核武。

以色列知名人權分子沙哈克（Israel Shahak）在其著作《公開的祕密》（*Open Secret*）中，講述以色列核武發展和外交政策。他對所有希伯來文的報章雜誌進行內容研究分析，在其中發現不少重要消息，卻在國際傳媒中缺席，這包括核武。他透視以色列政策背後的真正目的，乃是在中東地區建立霸權，發展核武便是配合此目的。他發現，在一九九二年四月十七日，以色列最有權威的《國土報》（*Haaretz*），刊登了一篇由核武政治專家歐迪德．布洛胥（Oded Brosh）撰寫的評論文章，首先討論以色列在戰爭時期可採取核武的選擇。

沙哈克特別強調，以色列的策略乃地區性，巴勒斯坦的問題只是次要。無論是工黨或利庫德集團，他們的「理想」都一樣，就是帶領以色列將其勢力伸展至全球。

他分析說，關於巴勒斯坦人，最好把他們的問題圍起來，用隔離牆圍著。阿拉法特越貪污越好、越獨裁越好，巴人越窮困越好，那麼，他們便不會強大、便會喪失建國能力。因此，以色列空襲加薩、清洗傑寧、轟炸拉姆安拉，還有其他大規模的破壞性行動，名義是自衛，實則是要摧毀巴人的意志，然後，就把和平路線圖束之高閣。

沙哈克指出，「無論是什麼方案，都不會帶來和平，因為以色列的策略是要建立中東地區的霸權，再向外盡量伸展，從印度到茅利塔尼亞。當然，在以色列的擴張主義中，成為第一個犧牲者則是巴勒斯坦國。」[19]

以色列最有地位的策略評論家尤雅夫·卡爾尼（Yoav Karni），在一九九二年三月二十五日《國土報》中，表達他對以色列與美國的全球策略合作政策的意見。他說：「白宮被勸導勿理會以色列政府的非人道行為及其後果，同時要克服對以色列在道德原則上的自然抗拒，因為美國認為以色列是不可替代的策略資產。為什麼？由於自蘇聯解體後，在中亞新崛起的穆斯林力量，肯定會成為穆斯林基本教義派的一股反西方勢力，他們對中東的威脅比蘇聯更甚。」

卡爾尼進一步指出，前以色列駐華盛頓大使札曼·修瓦爾（Zalman Shoval）曾向美國表示，在中東，只有以色列才有能力對抗激進伊斯蘭主義。在此情況下，美國必須繼續援助，以色列有必要擴張。

一九八一年，當時的國防部長夏隆在一場公開演說中，間接承認以色列的擴張策略。他指出擴展以色列從茅利塔尼亞到阿富汗的勢力，乃是以色列的目的。

兩年後，夏隆真的向印度建議結盟，以打擊巴勒斯坦的伊斯蘭激進活動和核武發展的力量。

美國一家獨立媒體《美國自由新聞報》（*American Free Press*）報導，二〇〇三年二月二十日前，以國總理佩雷斯在耶路撒冷的演說中，打破以色列過去一直否認核武的存在，竟然罕見地承認以色列擁有核武能力。但該報導卻淹沒於美國眾多的報導中，沒有得到應有的討論。

有趣的是，早在一九九九年，當時美國總統柯林頓曾提及核武計畫，不少美國的猶太團體反應激烈，其中一份具影響力的猶太周刊《前鋒》（*The Forwar*），在一九九九年五月十四日刊登文章，指責柯林頓的言論引起公眾對以國核武計畫不必要的關注。與此同時，以色列囚禁了他們一名核武工程師維努努（Mordechai Venuu），懲罰其揭露以國原子彈製造計畫。

不過，早於一九八六年，有另一名在迪莫納（Dimona）工作的以色列前核技術員摩德查·瓦努努（Mordechai Vanuu），已向英國的《星期日時報》（*Sunday Times*）透露，位於以色列南部內蓋夫沙漠區迪莫納的核反應堆，有可供研製核武

---

19 沙哈克（Israel Shahak）的《*Open Secrets: Israeli Nuclear and Foregin Politics*》，（University of Michigan Press），1994。

的二十噸重水。而英國廣播公司（BBC）於二〇〇五年八月三日「新聞之夜」（Newsnight）節目裡，證實以色列核重水反應確實存在，並指出重水最早的供應商來自英國。

聯合國國際原子能組織（IAEA）主管巴拉德（Mohamed al Baradei）告訴以色列《國土報》，他們已在以色列擁有核武的假設下迎接挑戰，並要求以色列簽署核不擴散條約，可惜不得要領。

二〇〇五年一月，美國電視台MSNBC早晨節目主持人唐・伊姆斯（Don Imus）訪問美國副總統錢尼（Dick Cheney），錢尼坦率說：「如果以色列有足夠理由相信，伊朗擁有顯著的（核武）實力，以色列可以考慮先做行動，然後讓世界憂心一下如何清理外交亂局……」（“If, in fact, the Israelis became convinced the Iranians had significant capabilities, the Israelis might well decide to act first, let the rest of the world worry about cleaning up the diplomatic mess afterwards.”）

美國《紐約客》記者西莫・赫許（Seymour Hersh）在其著作《*The Samson Option*》中，憂心地指出，如果有需要的話，以色列政府可能願意使用核武與阿拉伯人同歸於盡。[20]

以色列歷史學家亞默・柯恩（Arner Cohen）在他的《以色列與炸彈》（*Israel and The Bomb*）中，不但附和赫許的說法，而且還提出更詳盡的證據。可是，支持者卻反駁說，以色列位置不一樣，她是中東地區唯一一個非伊斯蘭國家，她必須與充滿「敵意」的阿拉伯伊斯蘭鄰國和其伊斯蘭狂熱分子進行長期鬥爭。為了一起阻嚇作用，以色列具影響力的核武政治專家布洛胥，在一九九二年四月二十七日《國土報》表示，「我們毋須害怕表明，選擇核武是阻嚇意欲攻擊我們敵人的主要防衛。」

基於防衛理由，以色列被默許發展核武，而且可在中東扮演一個西方列強不能扮演的角色，那就是以保衛生存權的理由而進行的一切軍事行為。

美國在中東的「反恐戰」，以色列已成為其代理人，而且早在建國時期開始，並發揮持續性的功能。

20 請參考赫許的《*The Samson Option*》, N.Y. Random House, 1991。

附錄三

納塔雅胡的新中東計畫

在十月七日哈瑪斯突襲以色列南部之前，以色列總理納坦雅胡才剛剛在聯合國大會上，發表了有關以色列和中東地區關係的演說，並高舉兩張耐人尋味的地圖。地圖上的約旦河西岸之加薩地帶及戈蘭高地，都變成以色列的一部分，巴人自治領土並不存在。可能這不令我們意外，最讓我們奇怪的是，這位極右總理在另一張地圖，以紅色筆劃出一條經濟走廊路線，把印度和中東及歐洲連接起來，而以色列將是這個走廊的重要交匯點。

如果細看地圖，不難發現加薩在這個交匯點有著重要的位置，這無法不使我們聯想到納坦雅胡今次對加薩狂轟猛炸背後的真正意圖，不在於什麼的報復，也不是要營救人質，而所謂清剿哈瑪斯，其實就是要清洗整個加薩，據為己用。事實上，他和他的內閣已先後說過，他們希望全部加薩居民東往約旦遷移、西到埃及西奈半島再起帳幕家園；在巴勒斯坦土地上，根本就不應有巴勒斯坦人和其文化存在，這即是他們的新中東計畫。

至於那一條密謀中的經濟走廊，可謂是受助於同是猶太裔的烏克蘭總統澤倫斯基。去年九月，俄羅斯輸送天然氣到歐洲最重要的北溪管道，遭到人為大爆炸，《華盛頓郵報》經過一年多方面的調查後，最近發表報告，竟確實指出大爆炸乃是烏克蘭的祕密行動。這真是一個震撼彈，要知道，北溪管道乃是俄國和歐洲資本共同建造的燃油命脈，烏克蘭獨斷獨行把這命脈摧毀，不僅打擊俄羅斯，同時也打擊了歐洲的經濟。此消息一出，立刻把歐洲民意逆轉。

烏克蘭可謂是拿起石頭來砸碎自己的道德台階，實屬不智，但對以色列卻大大有利。歐洲沒有了北溪管道，伊朗核協議被美國撕毀，又令歐洲失去了伊朗的燃油資源。此時，納坦雅胡高呼還有以色列，他提出的經濟走廊正好填上這個缺口，而這條走廊從印度到阿聯酋，再進入沙特、約旦，然後通過以色列，直到歐洲，可說是為歐洲提供另一個選擇。

原來早在二〇一〇年，地質專家已在巴勒斯坦海外附近、敘利亞和黎巴嫩發現了另一中東巨大氣田。可是第二年，即二〇一一年「阿拉伯之春」爆發，敘利亞旋即陷入內戰，結果美國在敘國反對派武裝開道下，得以在敘利亞油田附近設美軍基地，變相占領。此外，以色列又不斷轟炸敘利亞港口，切斷其對外貿易通道，更令該國無法進行油田勘察。黎巴嫩也不好過，二〇二〇年貝魯特港口倉庫大爆炸，重創該國經濟，包括油田開採。

好了，再看看巴勒斯坦。根據半島電視台報導，想不到巴勒斯坦土地下也擁有數十億桶大量石油儲備、數十億立方米天然氣儲量。除以色列海法港口有可探查的油田外，就在巴人自治政府所在的拉姆安拉，有一叫Rantis鎮油田井，可提出六千桶石油。地理學家哈拉茲亦指出，加薩的天然氣儲量不容低估，自一九九〇年代以來，那裡探明的天然氣儲量估計約為三百五十億立方米，而加薩海洋和邊境油田的市場價值，估計在六到八十億美元。

如此看來，巴人不僅有橄欖樹，本來也有豐資的原油資源發展經濟，可是在以色列占領下動彈不得。以方一直阻止巴人開採活動，令到巴人地區長期處於貧窮之中。或許現在人們可以更明白，為何以色列過去對加薩老是轟炸不休，並進行封鎖，不讓加薩漁民離開六公里範圍外捕魚。

觀察家早指出，以色列的目的，便是要將哈瑪斯勢力驅逐出加薩地帶，好讓以色列盟友英國石油公司及美國的諾伯爾能源公司，自由地開採加薩海域蘊藏的豐富天然氣，而以色列也從中得益。難怪美英大力支持以色列轟炸加薩，停火免問，直至以色列能把加薩擁入懷中，實行納坦雅胡的新中東計畫。

黎巴嫩

Lebanon

浴火鳳凰

左｜在貝魯特巴人難民營的大叔，往事不堪回首。
右｜黎巴嫩內戰遺痕處處可見。

黎巴嫩內戰情景深深刻在當地一代人的記憶裡。

南黎和以色列接壤邊境上，有聯合國維和部隊駐守。

貝魯特美麗的海濱區。

在夜的黑幕之外，新的晨光在等待我們。

——紀伯倫（Gibran Kahlil Gibran）

曾幾何時，瀕臨地中海的黎巴嫩，乃是個繁榮浪漫的國家，有「中東瑞士」之稱。可是，自以色列立國後，這個阿拉伯共和國便被深深捲入了以巴衝突之中，而由阿拉法特領導的巴勒斯坦解放組織，更在黎巴嫩塑造他的國中之國，引爆第五次中東大戰，又稱「黎巴嫩戰爭」，以色列占領南黎。

至於上世紀七〇、八〇年代刻藏在每位黎巴嫩人記憶裡的內戰，說穿了其實也是一場以巴衝突外溢的代理戰爭，接著還有多場和以色列有關的戰爭，以抵抗以色列見稱的真主黨慢慢走到舞台前。二〇二三年新一輪的以色列和哈瑪斯衝突，做為真主黨大本營的南黎巴嫩又成了第二戰場。

遭連場戰爭拖累，加上派系政治內鬥，還有受敘利亞難民問題衝擊，到二〇二〇年更發生了貝魯特港口倉庫大爆炸，徹底把黎巴嫩拖垮，由「中東瑞士」變為失敗國家。

我在中東地區的探索，自然少不了黎巴嫩，何況它與巴勒斯坦人抗爭的關係之深，令到我在探訪過以巴地區後，馬不停步，又來到這個國家。

從戰爭灰燼中站起來

從香港飛抵黎巴嫩時，隨著飛機的降落，感覺好像降落在一個深不可測的國家、一段深不可測的歷史。過海關時，通道前面一片混亂，但人群很快便找到了方向，迅速排成一行行隊伍。黎巴嫩，亂中求序的國家，至少目前各派系的黎巴嫩人都在為此目標而努力。

終於來到了有東方巴黎之稱的「貝魯特」。在法國的殖民統治下，它曾是法國與黎巴嫩人醉生夢死的地方，因而得名。柬埔寨的金邊也有過這一「美譽」，但貝魯特很快就把金邊比了下去。或者該說它更像上海，而且是租界時代的上海、八國聯軍廝殺後各自劃地為界的上海。

宗教派系複雜

站在戰火灰燼中，貝魯特仍然要維持歐洲的貴婦形象。基督教馬龍派（Maronite）的貝魯特人，認為黎巴嫩是歐洲的一部分，即使地理上不是，但也可算最靠近歐洲的阿拉伯國家，瀕臨地中海而面向歐洲。

請注意，是面向歐洲或西方，而不是面向阿拉伯。曾有馬龍教徒告訴我：他們根本就不認為黎巴嫩是阿拉伯國家。

馬龍派，占黎巴嫩基督徒人口大半，曾是黎巴嫩於一九二〇年立國時的統治階層。該教派的歷史可追溯至五世紀，為當時一位名叫馬龍（Maron）的教士所創建，奉教皇及羅馬天主教教會的權威為至上，有自己獨特的禮拜方式。他們一直生存於黎巴嫩山區上的險要地帶，並曾與十字軍和法國基督教派結盟，到現在也與西方的基督徒有往來。

談到教派，黎巴嫩可叫人眼花撩亂。

除了基督教馬龍派，還有德魯茲派（Druze），早年都居住在山區裡。德魯茲派英勇善戰，信仰雖屬伊斯蘭教，但與馬龍派農民卻能和平共處、唇齒相依，建立起少數民族間的共生基礎。直至十九世紀，兩派人口的差異越來越大，加上世紀末英法兩國開始在該地爭奪控制權，致使部落間出現敵對勢力，同時也引發派系之間的糾紛。英國人支援德魯茲派，法國人則為馬龍派撐腰。[1]

宗教的演變更加複雜。基督教派中有馬龍派，亦有希臘東正教、希臘基督教；伊斯蘭教派中有德魯茲，也有遜尼派和什葉派，什葉派中亦分為阿邁勒運動（Amal Movement）和真主黨（Hezbollah），兩者相互排斥。不過，這是很後期的發展了。

在這塊部落和派系林立的土地上，試想再加上巴勒斯坦人的問題，簡直就是亂成一團。而在黎巴嫩的當代歷史中，最為世人熟知的，自然是發生在一九七〇年代的慘烈內戰、一九八〇年代初期的以色列武力入侵，以及現在成為美國和以色列眼中釘的真主黨游擊隊運動。

東西貝魯特大不同

噢！黎巴嫩，我一下機即感到頭昏腦脹。站在貝魯特市中心，我似乎仍然可看到內戰時期那一條「綠線」，這條綠線把貝魯特分成東西兩邊：基督教徒聚居的東貝魯特和穆斯林聚居的西貝魯特。你向東走，我就向西走。兩邊居民實際往來不多，從有形的綠線到無形的綠線，就好像柏林圍牆倒下了，但心牆卻豎起，依然有東西兩邊之分。

即使是外來人，只要用眼睛觀察，亦很容易看到東西兩邊的確有別。從生活環境、城市規劃，到日常用語、文化禮節，都有很大的不同。

美麗翠綠的山巒多數集中在東邊，特別是象徵國家的雪松，亦偏偏傲立在東邊的山巒

1 《中東危機》（*Crisis in the Middle East*），Francois Massoulie 著，李陽譯（香港三聯出版社，二〇〇四年），P.138。

上。當地人對我說，他們的山充滿靈氣，久住可醫治哮喘。難怪黎巴嫩馬龍教徒的祖先以山區為根據地，匿藏於山中感到格外安全，以致世世代代都以山為伴。

公車緩緩而上，豪華大宅依山而建，可以看出當地基督教徒的經濟實力。我留意到東邊山中的商店，大多用法文命名，最有趣的就是我在其中一家商店買了一點東西，付過錢後，用阿拉伯語說聲「再見」，老闆微笑回了一句「Merci」（法語謝謝之意），歡迎下次再來。我愣了一愣，是法語。老闆說，他們這一帶的居民愛用法語交談，建議我在東貝魯特時可忘記那些阿拉伯語。

老闆的話有點誇張，其實東邊的人仍然說阿拉伯語，但他們卻不大認同西邊的阿拉伯人與他們同屬一個民族大家庭。東貝魯特一些家庭很少到另一邊去，指稱那邊髒、人品複雜、暴戾。說穿了，原因是西貝魯特是穆斯林陣地。

談到西貝魯特，我就有很多故事了。

我所下榻的酒店位於貝魯特美國大學（American University in Beirut）對面，屬於西貝魯特較繁榮富裕的中心地帶，向北望過去便是地中海海濱區，往南走兩條街，則是著名商業區翰拉（Hamra）大道。

知名的巴勒斯坦裔美籍學者薩依德，在一九四八年後便曾在黎巴嫩度過一段流亡歲月，當時居住在翰拉大道區。據英國《獨立報》資深記者菲斯卡憶述，他第一次拜訪薩依德時，未見其人即已在家門外聽到他彈奏的幽怨琴聲。從以巴地區跑到黎巴嫩，從耶路撒冷轉飛到貝魯特；可能我就是希望追尋那陣陣斷腸的樂韻。

受以巴戰火波及

一九四八年以色列立國後，隨即有十五萬名巴勒斯坦難民流入了黎巴嫩。到一九六七年第三次中東戰爭，阿拉伯國家大敗，又引發另一批巴勒斯坦難民湧進黎巴嫩這個雪松之國。黎巴嫩不僅要一口氣收留新的難民，還被其他阿拉伯國家強迫支援巴勒斯坦的抵抗運動。

阿拉法特領導的巴勒斯坦解放組織，由於策劃「黑色九月」恐怖事件（詳情可參考上一章）而遭約旦驅逐出境，阿拉法特便轉往黎巴嫩，以黎巴嫩南部為巴解軍事基地，並將勢力一直伸展至西貝魯特，慢慢形成「國中之國」。原本已因宗教種族派系而潛藏不穩因素的雪松之國，由於巴解的存在，再度加速矛盾深化；一方面要面對以色列的咄咄逼人，另一方面要受阿拉伯國家的「挾持」，而負起支援巴解的後果，脆弱的黎巴嫩怎能抵擋得了？以巴衝突是中東地區的核心問題，擴散開來連鄰國也無一倖免，無法不被捲入其中。當然，以巴衝突也成為阿拉伯各國按自身利益而加以利用的武器。一時間，是非黑白對錯糾纏不清。

「我們討厭巴勒斯坦人，他們把黎巴嫩搞亂了。」如果你向黎巴嫩的基督徒人談起巴勒斯坦人，他們大都做出上述反應。

從屍橫遍地到自由浪漫之路

貝魯特有個著名的中央區（Central District），亦是當年內戰首當其衝的爆發之地。第一次來這裡時，是在一對黎巴嫩夫婦陪同下，太太是香港來的陳霜凝，嫁給道地的黎巴嫩人，丈夫屬馬龍派教徒，做進出口生意，曾在香港工作二十年，而香港也是他們夫婦倆認識之地，千里姻緣一線牽。其丈夫笑說：「香港人分不清南亞人或中東人，把我也稱呼為『阿差』（香港人對印度人的市井稱呼）！」

我們三人一同走在中央區的石春路上，女士們的高跟鞋每踏一步都會發出咯咯聲，經過小巷時咯咯聲便會帶來清脆的回音，好像在敲擊塵封的歷史。

陳霜凝的丈夫頗感慨地指著這一帶地區告訴我，「內戰時代，我曾回來一次。這裡是中央區綠線的所在，打得最厲害，可真是屍橫遍地，我在屍體與屍體之間跳著走……」往事不堪回首。內戰時的中央區有如鬼域，地上的屍體無人清理，兀自發臭。那是一九八〇年代的可怕景象。

但在一九六〇、七〇年代，這裡原來是中東巴黎中的巴黎，夜夜笙歌。一夜之間，一念之差，這裡竟然上演了戰火屠城，從喧鬧歸於死寂，死寂得非常超現實。我對此當然沒有親身的經歷、現場的見證，但黎巴嫩有關當局似乎希望我們這些外來人也與他們一同緬懷一番，把戰爭的記憶當成旅遊的賣點。

中央區的步行專區內擺滿了露天餐廳的優雅桌椅，色彩繽紛的桌布隨風飄揚，歐陸味道濃厚，你不但會想起巴黎，也會想起羅馬、柏林。不過，黎巴嫩卻要告訴你：這裡看似羅馬、巴黎，但它仍然十分獨特，因為它曾經過血的洗禮。

就在專用區的入口處有一攝影展，三十多幅照片擺放在兩旁，照片內容全是戰時與戰後中央區的比較，遊人駐足而觀。

「來吧！讓我們為戰爭的記憶痛哭一番，也為現在的重生痛飲一杯。」在專用區舉行的一個小型音樂會上，歌手唱出了黎巴嫩人的心聲，接著唱的卻全是英語懷舊歌曲。圍觀的人群有來自歐洲的，但大部分都是海灣國家來的遊客，其中有不少婦女，雖然包裹得密密實實，但也跟隨音樂晃動身體，好不高興。

對阿拉伯人而言，黎巴嫩是阿拉伯世界中最自由開放的國家。有一個有趣的傳聞：來自海灣保守國家的富裕男士，很喜歡帶情婦到貝魯特來，呼吸一下浪漫自由的空氣。

每晚，中央區的露天餐廳聚集之地，在昏黃路燈映照下，可以看到一對對海灣情侶含情脈脈地進餐，或是完全沐浴在溫柔的音樂裡、浸淫在地中海的風情之中。

黎巴嫩的女士們也不甘示弱，她們穿著最入時、打扮性感，至少吸引了我的目光。我心裡讚嘆，貝魯特的確充滿誘惑，就像「一千零一夜」。此時我才明白，黎巴嫩人為什麼經常自豪說：「我們是黎巴嫩人，是與眾不同的。」

國中有國，戰中有戰

黎巴嫩的確與眾不同，政治體系與其他阿拉伯國家相比也很特別。首先，這個國家不是以穆斯林為主流，由於宗教派系複雜，政治制度必須兼顧各方利益，如總統由馬龍派人士擔任、總理由遜尼派人士擔任、議長由什葉派人士擔任、外交部長則由希臘基督教人士擔任等等。

黎巴嫩希望透過分配制度來壓抑各派爭權奪利的野心，但各派仍有自己的盤算。例如，馬龍主義者一直認為黎巴嫩屬於他們這群「腓尼基人」，他們是十字軍的後代。以色列看準這點，以他們為拉攏對象，並鼓吹跳出現在的大黎巴嫩疆界，恢復一個由單一基督教徒組織的小黎巴嫩[2]。

至於黎巴嫩的穆斯林，也有激進派系欲將黎巴嫩變為伊斯蘭國家，真可謂是各懷鬼胎。

在這個小小國家中，最初英法利用基督教徒與穆斯林之間的矛盾煽風點火，後來加入以巴因素，而後者更是一九七五年黎國內戰的導火線。其實，基督教徒對穆斯林的人口增加遠遠超過他們而感到威脅。在一九七二年立法選舉中，基督教徒又只占少數，遂開始組織民兵，準備為自身利益來一場生死戰。

到了一九七三年，以色列特工在貝魯特境內暗殺三名巴勒斯坦領導人，這無疑為緊張局勢火上加油。結果在一九七五年，巴勒斯坦人還擊，矛頭卻直指有以色列撐腰的馬龍派長槍黨（Kattaeb Party），他們之間就因擦槍走火而引發了漫長的內戰（一九七五年至一九九〇年）。從基督教徒的聚居地到巴勒斯坦人與什葉派穆斯林的聚居地，仇恨猶如星星之火蔓延，並且越燒越烈。

政治糾葛下的犧牲品

巴勒斯坦女學生巴蒂（Bata）帶我到當時戰爭的爆發地點什葉街。巴蒂是我在一個巴人研討會上認識的，我提起黎巴嫩人收取的翻譯費用實在昂貴（一天一百五十美元），她便自動請纓幫忙，一天五十美元，是黎巴嫩人的三分之一，這是由於巴人自覺他們是難民之故。

2 同上，P.137。

巴勒斯坦難民在黎巴嫩的處境真是一言難盡。黎巴嫩與其他阿拉伯國家一樣，一直不願發給境內巴人難民國籍和身分，有些更被關在禁閉式難民營裡，世世代代永不超生。沒有國籍、沒有身分，也沒有工作的權利，他們只能依靠聯合國的接濟。

「你明白嗎？在這情況下，我們每個人都渴望重返故土，老一代活在等待中，至死方休。但我們年輕一代實在不甘心，有人想盡辦法出國，即使做苦工、假結婚也在所不惜，有人則偷偷摸摸擴大自己的生存空間。」巴蒂說，她自學英語，非法當翻譯，能夠從我這裡得到一份工作，實是喜出望外。她知道記者一定會要求到什葉街來，因不遠處有兩個難民營：夏蒂拉（Chatila）和薩卜拉（Sabra）。一九八二年以色列入侵黎巴嫩時，便曾支持長槍黨民兵在這兩個難民營進行大屠殺，震驚國際社會，成為國際傳媒紛紛譴責的頭條新聞。

我百感交集，這竟然變成記者的採訪點！我是以什麼心態到訪？

巴蒂很聰明，明白我的心情，說：「我不知道你們記者有什麼道德枷鎖，但事情已經過二十年了，你也願意來報導，我們便有申冤的機會，你是為我們而來的。」之後她指著一棟泥土色的樓房，告訴我那是巴解撤出前的總部。

我抬頭一望，我的天呀！這樓房沒有重建，外牆早在戰爭中塌下來，沒有人理會，就讓它這樣矗立著，自生自滅。有趣的是，窮人和外勞（主要來自敘利亞）竟以此為家，不怕一不留神掉下大街去。我再看看這棟樓房，沒有外牆，家家戶戶露出了家具等，好像模型一般。哪一層是阿拉法特住過的地方？無論如何，裡面的生活繼續受詛咒。

我們再繼續前行，穿過一個大市場，環境越來越髒，惡臭也越來越嗆鼻，滿街垃圾，牆上有破爛的什葉派教士海報，在隱蔽的地方可以看到阿拉法特肖像，加上巴勒斯坦國旗。我想起中國諺語：望梅止渴，他們正在望梅止渴。

我們首先抵達夏蒂拉難民營，地方大得猶如一個小鎮社區。巴蒂指出「除夏蒂拉外，薩卜拉附近一帶等地都曾經是阿拉法特在西貝魯特的半獨立領土。聽老人家說，阿拉法特一前來巡視，大家都不禁唱起國歌，心情振奮，幻想著巴勒斯坦國快要出現了，流亡的淚水可以拭去，難民的屈辱得以結束了」。

這是貝魯特的魅力。每個族裔、每個派系都能有自己的幻想，然後各按幻想行事，結果上演出一齣又一齣史蒂芬．史匹柏式的歷險記。

回首當年，難民營悲歌未了

我一踏入難民營，便看見一位老人家坐在一間小雜貨店門前打瞌睡，從他身旁經過時，他立刻睜開眼睛好奇地望著我，並吐出一番阿拉伯話。他一身阿拉伯傳統打扮，臉上布滿又多又深的皺紋，皺紋間彷彿隱藏了悲傷歲月。

巴蒂為我翻譯，老人說他已八十多歲，在難民營度過近四十年的時光，我衝口問：

一九八二年他也在難民營裡嗎？

老人家一聽我提起一九八二年，便難過地聲淚俱下，示意我坐下耐心聽他細訴當年。老實說，我不忍再聽，在中東地區採訪，我已聽過很多、很多的屠殺故事了。但這次屠殺很不一樣，它為黎巴嫩戰爭增添了最荒謬的情節、為以色列入侵黎巴嫩留下最可恥的污點。其後巴解被迫撤出黎巴嫩，但真主黨卻在此時正式上台了。

你方唱罷我登場。對以色列而言，鏟除了巴解這個「恐怖組織」在黎巴嫩的基地後，想不到又冒出他們所稱的另一個「恐怖組織」真主黨，又得展開另一場戰爭。

有人形容黎巴嫩如同漩渦，國中有國，戰中有戰。

以色列為了消滅巴解和阿拉法特，因此介入黎巴嫩事務，占領黎巴嫩南部，矛頭不但直指巴勒斯坦人，也直指反以的黎巴嫩穆斯林。因為以色列認為他們統統都是「恐怖分子」。

湯瑪斯．弗里曼[3]在《從貝魯特到耶路撒冷》一書中，就有關難民營遭大屠殺事實有過這樣的諷刺描述：事實俱在眼前，以色列士兵沒有見到無辜的平民遭到屠殺，他們也沒有聽到天真無邪的孩子走向死亡時發出的尖叫。他們見到的是「恐怖主義逆流」遭到「清除」，他們聽到的是「恐怖主義分子」在尖叫。依照以色列人的想法，沒有人會援救「恐怖分子」，並沒有「恐怖分子」遭到屠殺之類的事發生。

夏蒂拉和薩卜拉早被視為巴勒斯坦恐怖主義的巢穴，長槍黨和夏隆領導的部隊認為必須以更恐怖的手段清剿才行。我恍然大悟：當我在以巴探訪時，為什麼會聽到一個又一個巴人難民營的屠殺故事，從加薩到傑寧；為什麼巴人激進組織攻擊以色列無辜老百姓時，也同樣毫無惻隱愧疚之心。原來，他們得先將對方當作恐怖分子或共犯，人不如狗，然後都聲稱：這是執行上天的旨意。

根據《時代》周刊記者羅貝多．蘇羅憶述，當他在難民營外遇到一名長槍黨軍官時，軍官對難民營裡傳出的槍砲聲、爆炸聲充耳不聞，他的反應「就像一切如常。我問他裡面怎麼啦？他只是笑笑。不遠處有一些以色列兵在坦克上。儘管難民營裡開了火，他們還是四處閒逛，翻翻雜誌，或是聽聽美國歌手的歌……」[4]。

我跟一位居住在東貝魯特馬龍教徒朋友阿敏（Amin）談到此事，他聳聳肩，表示這只是暴力循環的其中一節，他說：「巴勒斯坦游擊隊也屠殺了基督教村落和無辜的村民，他們還肆意在我們國土上大搞暗殺、引發衝突，把黎巴嫩拖入戰爭的泥淖中。這筆帳怎麼算？」

阿敏所指的基督徒村落乃位於達姆拉裡，巴勒斯坦左翼聯盟曾在該地到處搶掠，進行徹底的破壞，以色列與美國支持者以此做為指控巴解向黎巴嫩人宣戰的罪證，但他們對引

---

3 湯馬斯．弗里曼（Thomas Friedman）的《從貝魯特到耶路撒冷》（*From Beirut to Jerusalem*），P.174。

4 同上，P.172。

發上述暴力事件的前因卻刻意迴避，而前因就是基督教派系首先向穆斯林聚居的卡倫提納貧民窟大開殺戒，並摧毀大部分的房屋。

薩卜拉和夏蒂拉的巴人難民營大屠殺是有預謀的，而且是對巴人一連串殘殺行動的高潮。

在難民營裡，巴蒂領著我穿越那些縱橫交錯的陋巷，房舍搖搖欲墜，一大堆外露電線垂懸著，仰頭而望，看不到天空，也見不到陽光。不知哪裡來的污水，滴滴答答地滴進水溝中，污水四濺到周遭的牆角去。我跳過溝渠，走進另一條陋巷，歷史開始在我面前顯露出猙獰面目。

站在這條陋巷中，可以看到前後左右無數的陋巷伸展開去，好像一個迷宮，隱約聽得到大人的頌禱聲、小孩的嬉戲聲，由遠漸近，由近而遠。這是過去的，還是現在的？

巴蒂邀請我到她朋友家中坐坐，了解難民營的生活。主人家法耶斯（Fayez）見有來客，而且是遠道而來的香港記者，遂把家人全都叫出來，連鄰居也聞聲走過來湊熱鬧，瞬間好幾個家庭湊在一起，但沒有一個家庭是完整的，他們都是一九八二年那場屠殺的受害家庭。說到這裡，總會有人偷偷啜泣。

我和法耶斯一起站在陽台上，他的敘事能力強，說話時面部表情豐富，比手畫腳，好像偵探在重組案情般。他先為我講解難民營大街小巷的分布，然後是營內各設施的位置，還有他所認識的左鄰右舍。

那一夜，血洗難民營

殺人不必選在月黑風高之時。一九八二年九月十六日下午六時左右，陽光還未完全消散，各家各戶忙著預備晚餐。法耶斯說：「事實上，當天很多人都心神不寧，但我們還是要如常過活。那兩天長槍黨領袖兼新當選總統賈梅耶（Bashir Gamayel）剛被暗殺[5]，有人在毫無證據下便直指是巴解所為，並宣稱兇手潛藏在難民營內……

「夏隆一直認為難民營是恐怖分子基地，早想除之而後快，賈梅耶之死為他們製造了藉口，長槍黨在以色列軍隊協助下，兵分三路開進西貝魯特，打擊的目標除了我們這個夏蒂拉外，還有薩卜拉，兩個難民營人口加起來超過十萬，以婦孺居多。敵方人強馬壯，很快便把難民營重重包圍，並封鎖所有出入口。事發前兩天，已開始聽到外面傳來的零星槍聲，鬼影幢幢，風雨欲來，我們早已心知不妙，但束手無策，一家人只能團團圍著，聽天由命，唯有吃頓豐富晚餐。我們還沒有吃完桌上的食物，長槍黨民兵已經開始行動了。」

法耶斯指著這一條小巷、那一條小巷，以及再遠處的一條大街，一個個手持武器的黑影如閃電般晃動。時光倒流，我好像又回到那一年、那一個晚上，槍聲此起彼落，婦女的尖叫聲，小孩的哭喊聲，一瞬間家破人亡。

5 事實上，賈梅耶之死，最後證實為自己人所為。

上次探訪西岸的傑寧難民營，受害人搶著告訴我屠殺的情景，歷歷在目，那種感覺完全是零距離。那一次，屠殺剛過，證據仍在，時空貼近，這還說得過去。

可是，這一次事隔二十年了，冤魂好像都突然跳了出來，要我這位陌生人重新經歷事發經過。

我知道，曾目擊該次屠殺或事後巡視現場的記者，都忍不住激動而淚灑現場，簡直要瘋了。本身是猶太裔的《紐約時報》記者弗里曼向在場的以軍咆哮，而以色列電視台記者班—伊沙（Ron Ben-Yishai）立刻致電夏隆，當時是晚上十一點半。屠殺正進行得如火如荼，夏隆卻好夢正濃，該記者受不了，對他咆哮，「你怎麼搞的！」

與此同時，長槍黨民兵已殺紅了眼，闖入每戶人家，見人就反綁起來，押送到附近的體育場，叫他們靠牆站著，然後亂槍掃射。未有押送的，便就地正法，婦女和小孩也不放過。總之，處決的方法形形色色。[6]我去了那個體育場，當時幾個小孩正在踢足球，體育場旁的一個社區中心冷冷清清的。

我細心地看，觸摸四周的牆壁，盡量放輕手，惟恐觸痛牆壁上的傷痕。

血洗難民營整整四十個小時。法耶斯表示：他那一年只有十九歲，運氣好，逃過大難，但父母不幸遇害。他生存下來，結婚、生子，但生命已有所殘缺。那次究竟死了多少人？到現在仍無法得知，從官方估計的七百人到非官方估計的三千人。

有一位記者氣憤難平，用長鏡頭偷偷拍下「二十多台大型推土機，推倒了現場的殘垣斷壁以掩蓋屍首」。弗里曼在他的報導中這樣寫著，「可以非常清楚看到難民營中一些空地，長槍黨人為了在此掩埋大批屍體而翻出的泥土清晰可見……」[7]

他們運走了多少屍體？又埋藏了多少屍體？毀滅了多少證據？由於國際人道組織在事後兩天才到現場視察，真實情況已經沒有人可以掌握了。但根據居民口供，不少人相信死難者超過千人，情形糟透了。

追究夏隆暴行

當晚屠殺消息一傳開，以色列有三十萬人上街示威，譴責夏隆的屠夫暴行。

當時群情激憤，夏隆被迫辭去國防部長一職，後來卻又當上總理，繼續他的「推土機任務」。二〇〇一年六月十八日，二十八名薩卜拉、夏蒂拉難民營大屠殺事件的倖存者堅決追究責任，在比利時首都布魯塞爾（**Brussels**）正式起訴夏隆違反人道的戰爭罪行。

---

6 貝魯特巴人難民營屠殺詳情，可參考 David Hirst 所著《*The Gun and The Olive Branch :The Root of Violence in the Middle East Due*》，或 Dr. Swee Chai Ang《*From Beriut To Jerusalem: A Woman Surgon with the Palestinians*》。

7 湯馬斯・弗里曼《從貝魯特到耶路撒冷》。

然而，夏隆在他的自傳中仍然認為自己和駐貝魯特的自衛軍 IDF（Israel, Defence Force）並沒有錯，他自信地說：「我們當中沒有一個人需要為任何事感到內疚。」[8]

他指責傳媒、指責反對派工黨、指責親巴勒斯坦組織、指責反猶人士，一切都源於一個政治動機：就是要以此來攻擊以色列政府，想把總理比金和他拉下台。

夏隆用一種很不以為然的口吻在自傳中表示，「對於很多人而言，那次殺戮可真是一種道德戰慄，雖然他們知道過去巴勒斯坦人和阿拉伯基督徒們之間的互相殺戮更為殘忍，但他們卻視該次事件為難得的政治機會，以雙手來奪取之……」[9]

在戰爭中，殺人變得堂而皇之。

我可以想像到，如果夏隆在那一個晚上不是已上床睡覺，而是身在現場，記者在旁暴跳如雷炮轟他，他或者還會好奇地反問記者，「唏！很殘忍嗎？那些全是恐怖分子，我們要自衛啊！看，你們這群左派濫情者。」

難怪那些以軍離屠殺現場只有兩百碼距離也可以無動於衷。夏隆堅稱以軍沒有參與行動，但至少這場屠殺是在他們默許之下進行的。夏隆的自傳亦透露：以色列軍與長槍黨民兵一直並肩作戰，而夏隆猶如長槍黨的影子內閣要員，參與長槍黨的重要決策，甚至發號施令。

屠殺發生的前一天，即九月十五日，夏隆與長槍黨開會，一致決定要「掃平」西貝魯特，長槍黨把行動計畫詳細地告訴了夏隆，其中包括血洗夏蒂拉和薩卜拉兩個難民營[10]。

當時以軍占領了貝魯特，如果沒有夏隆的首肯、以軍的配合，長槍黨民兵怎可如此肆無忌憚地把「任務」完成？

當我步出夏蒂拉難民營時，一名少年企圖搶我的背包，巴蒂及時阻止。她告訴我，那名少年不是巴勒斯坦人，是黎巴嫩本地人。

黎巴嫩因戰爭的內耗導致長期經濟不景氣，窮人喜歡搬到西貝魯特，聚居在夏蒂拉和薩卜拉，因為這裡消費較便宜。

窮人多了，這裡不但是難民營，更成了貧民窟、罪惡溫床，想得出的壞事在這裡都可能發生。一個「窮」字，人的尊嚴、生命價值都沒有了。

巴蒂在我耳邊輕聲說：「那年的屠殺，死的除了巴人外，亦有為數不少的本地人。民兵見人就殺，根本不理會誰是誰。」

她很有感觸，如果真有恐怖分子在營內的話，民兵可以這樣輕易殺進來，要殺誰就殺誰嗎？營裡都是一群窮人，無家可歸的人。

---

8 Ariel Sharon with David Chanoff 合著《*Warrior: The Autobiography of Ariel Sharon*》，Simon & Schuster, 1989。

9 同上。

10 同上。

訪尋真主黨

在此，有一點必須補充：在屠殺發生之前，其實巴解已被迫分批撤離黎巴嫩，巴勒斯坦難民營是在毫無「保護」下任人宰割。諷刺的是，以色列在黎巴嫩的軍事行動卻叫做「加利利和平行動」（Peace for Galilee Operation）[11]。屠殺也是和平行動的一部分，而和平行動竟然也為真主黨創造了有利條件。

或者可以這樣說，真主黨在內戰中萌芽，然後在以色列占領黎巴嫩期間中壯大，並在窮人的支持下竄升成為一股不可忽視的政治力量。

來到黎巴嫩，我自然不會放過這個被美國列入國際反恐名單上的真主黨，並探究其背後的政治經濟因素。如何找他們？這一點絕不困難，他們不是地下組織，而是可以公開參政的政黨，並在國會中占有十二個席位（編按：在二〇〇五年大選中，真主黨議席增加至二十三席）。

當我向酒店經理、大學生、書店的服務員及網咖店的小老闆一談起真主黨時，似乎抽動了他們的神經。他們以很奇怪的眼光望著我，用懷疑的口吻重複剛才我吐出那個字，「Hezbollah？」

我肯定地回答說：「對，真主黨，你對它有什麼看法？」

雖然它是一個合法政黨，但人們總以為它是外國人的禁忌，他們不會隨便在外國人面前提起「Hezbollah」這個字。因此當我主動提問時，他們即很機智地反問：「你一定是記者。」然後，他們會靠近我一點，像要告訴我一個小祕密般說：「他們為窮人，保家衛國，我打從心裡支持他們。」他們都是西貝魯特的居民。

自大屠殺後，西貝魯特居民認為需要有一個政黨來代表他們、保護他們。我跑到大學或報館，總可以找到一個或多個專門研究或報導真主黨的專家。我下榻的酒店對面的貝魯特美國大學，與開羅的美國大學一樣貴族化，同樣帶點進步思想，但規模比開羅的小，不過，一樣有好幾位知名政治學者足夠滿足記者的需要。

在朋友的引介下，我認識了史萊克什（Farid Al Slaeikh），在與他們交談過後，我驚訝黎巴嫩知識圈的深厚底子。黎巴嫩的報刊也一樣豐富，阿拉伯語、法語、英語……當地一份甚有分量的阿拉伯報章《安－納哈》（*An-Nahar*），我便曾與其總編輯說了大半天，討論黎巴嫩的政局、真主黨的發展、現代伊斯蘭主義運動的的形成、中東地區的問題等等。無論是學者，還是傳媒人，一碰到真主黨，話題便滔滔不絕。

真主黨在黎巴嫩名聲大噪，過去的政治主角都被它搶去鋒頭，它變成了國際關注的黎

11 在加利利和平行動中，夏隆聲稱入侵黎巴嫩是維護以色列北部安全。請參考《中東危機》。

巴嫩現象之一。

我所入住酒店樓下的麥當勞有軍警駐守，所有顧客都要經過搜查才可以入內，下一條街口的匯豐銀行更有重重保護；還有英國文化協會那棟獨立樓房式辦公室，所有閒雜人等不得靠近。這都是拜真主黨某些激進分子所賜，每當中東有反西方、反以浪潮時，他們總會襲擊西方機構。

內戰過後，黎巴嫩仍不時出現陣痛。真主黨基地的黎巴嫩南部恢復與以色列有限規模的衝突。

真主黨西化一面

終於，我邀約到真主黨貝魯特辦事處的公關主任凱達．多麥（Haider Dokmah）訪談。計程車從美國大學出發，駛出繁盛的商業地帶，景物漸漸轉換，沿途的建築物越來越灰沉，大街上多了穿黑袍的婦女。才半個小時的車程，我已經到了貝魯特市外的一個工人區哈瑞．胡雷克（Haret Hureik）。擠擁的市集和喧叫聲令我有點心煩，加上夏天的太陽，造成陣陣的煙霞，實在渾身不舒服。

由於真主黨是伊斯蘭基本教義派，根據過去經驗，即使女記者也必須包頭巾、穿長袖衣服，不習慣的話，在高溫的夏天挺難受的。

真主黨的接待員打開大門，辦事處內一塵不染、燈火通明。他帶領我到了一個房間裡，請我先填上各類問卷，包括個人資料、所代表的新聞機構詳細情形、來訪目的、探訪內容等，並得繳上一份護照副本。完成所有程序後，我才得以前往凱達的辦公室。

凱達一見到我，即露出燦爛的笑容說：「歡迎到黎巴嫩來！」真不愧為公關，他身著西服、態度隨和、口若懸河，很懂得與客人東拉西扯，縮短距離。

我真的不敢相信坐在我面前的是一位美國眼中的「恐怖組織」代表。談話中途我的頭巾滑了下來，他卻好奇地問我是否為伊斯蘭教徒，為什麼戴頭巾？

「我們是黎巴嫩人，思想自由，你不需要這樣打扮……」我一聽他這樣說，馬上毫不客氣地扯下頭巾，心想，黎巴嫩人的確與眾不同，難怪他們無論是哪一個派系，也經常把這句話掛在嘴邊。不過，外界總認為所有伊斯蘭激進組織都擁有相同的面貌，將他們貼上同一標籤，卻說不出所以然來。

真主黨無疑是現代伊斯蘭主義運動的一部分，與埃及的穆斯林兄弟會和巴勒斯坦的哈瑪斯分享類似的信念，亦有一定的關係，但大家畢竟在不同的文化歷史環境產生出來，有各自的「特性」。我經常與朋友開玩笑說，就好像香港的茶餐廳，把西餐加進了香港的口味，發展出具有香港特色的西餐。真主黨是具有黎巴嫩特色的伊斯蘭激進組織，凱達在說話中不時強調他們黎巴嫩人的民族特性和多元政治文化體制。

他驕傲地說：「我們面向海洋、面向世界，絕不是墨守成規的民族。我們的政制也包容和反映了不同宗教、不同傳統文化人士的利益。你看，黎巴嫩的穆斯林不會堅持星期五（伊斯蘭教的休息日）為國家法定假期。我們與歐美國家一樣，只會在星期日休息。」

凱達盡量表現出西化作風，明顯與我採訪穆斯林兄弟會和哈瑪斯時的氣氛很不一樣，即使我批評真主黨的暴力手段，他亦會耐心解釋、辯論，不像哈瑪斯發言人扎哈爾醫生，一句「我們不需要你明白，等於我們不明白你們中國文化一樣」，一下子讓氣氛變得尷尬異常。

我表示渴望到南部參觀他們的基地，凱達一口答應，並立刻致電南部辦事處安排嚮導和車輛。一切來得如此順暢，他們深懂招呼「顧客」之道。

凱達派了一名助手送我離去。踏出辦事處，我拿出照相機正準備拍下一些街景時，助手立即制止，我大惑不解，只是街景而已，更何況附近沒有警察。助手說：「整個哈瑞．胡雷克（Haret Hureik）地區都是不許拍照的，這裡雖然沒有警察，但有我們真主黨的保安，你看不見他們，他們看得見你，你一違反規則就會有麻煩。」他這樣一說，我似乎也感受到四周那一雙雙隱藏的眼睛，加上剛才他們拿了我的護照副本，我就不敢輕舉妄動了。

巴解「國中國」消失了，真主黨「國中國」取而代之，很明顯地，哈瑞．胡雷克是他們在貝魯特的勢力範圍，黎巴嫩警察也難干預。該地區活像一個地下社會，不能在鏡頭前曝光。

一個激進組織的誕生

有不少評論家認為真主黨之所以能夠茁壯，乃因有伊朗的支持，該黨是伊朗輸出伊斯蘭革命的成果，當以色列分別於一九七八和一九八二年入侵黎巴嫩時，伊朗精神領袖何梅尼（Ayatollah Khomeini）政權便派出革命衛隊經由敘利亞進入黎巴嫩，支援當地的什葉派激進組織對抗以色列。

敘利亞在黎巴嫩政局中扮演著具爭議性的角色，而以色列一直指責敘利亞和伊朗支援黎巴嫩的抗以運動，其中有早期較大規模的阿邁勒運動（Amal Movement）。到一九八二年以色列再度入侵黎巴嫩，阿邁勒運動中更為激進的力量分裂出來，另起爐灶，與其他的抵抗力量成立真主黨，堅持以強硬武裝手段對付以色列的占領。可以這樣說，真主黨是在以色列占領黎巴嫩後期所出現的產物。一九七八至一九八二年期間，剛巧伊朗伊斯蘭革命風起雲湧，無疑更助長了黎巴嫩激進什葉派系的聲勢。

伊朗革命衛隊進入黎巴嫩時，敘利亞向他們大開方便之門，並讓他們停留在敘利亞於黎巴嫩的主要控制地區貝卡谷地（Beka Valley）。敘利亞與伊朗之間就黎巴嫩問題的合作，是時勢。當他們面對共同利益時便走在一起，當利益有所衝突時便暗鬥。畢竟，前者為伊斯蘭世俗政權，與後者的神權政治格格不入。

伊朗還算是幕後的導演，敘利亞則從幕後走到台前。直到二〇〇五年敘利亞撤出黎巴嫩為止。

二〇〇三年前，當我在美國大學附近的海濱區散步時，赫然發現前面一條大馬路上掛了一幅大海報，海報上竟然印有敘利亞總統阿薩德（B. Assad）的肖像，阿薩德如陰魂般在貝魯特飄盪。對於黎巴嫩人而言，別國總統肖像肆意懸掛在他們的領土上，實在不是滋味。而做為一個外人，我也算大開眼界。

走在我身旁的一位黎巴嫩基督教徒朋友弗亞德（Fouad）按捺不住心中的氣憤，向我訴苦，「敘利亞自黎巴嫩內戰開始，一直駐軍在黎巴嫩，儼如太上皇。伊拉克戰爭後才有所收斂，這是因為阿薩德怕美國藉機為敘利亞多加一項罪名……」

「如果你在伊拉克戰爭之前來到黎巴嫩，你會隨時見到敘利亞軍隊，他們設置路障，喜歡攔住哪部車輛，那車就要停；喜歡向哪一個黎巴嫩國民搜身，就得讓他們搜身。我們的國家尊嚴在哪裡？可惡的黎巴嫩政府，可恨的馬龍投降派，他們只懂仰望著敘利亞的臉色做人。」在二〇〇四年底，敘利亞在黎巴嫩還有上萬名駐軍，全盛時期共近四萬名駐軍，到伊拉克戰事結束後才撤走一批，免招美國話柄。

自美伊戰後，敘利亞和黎巴嫩雙方開始正式在聯合國商談，敘利亞軍隊全部撤出黎巴嫩的事宜，直至黎巴嫩前總理哈里里在二〇〇五年二月遭暗殺身亡，黎巴嫩來了一場「雪松革命」，兩國關係出現戲劇性變化，敘國被迫加速撤軍，阿薩德海報也給撕了下來。

敘、黎兩國的關係，可真是千絲萬縷，剪不斷理還亂。在奧圖曼帝國統治的時期，還未立國的黎巴嫩屬於敘利亞版圖的一部分。第一次世界大戰後，勝利一方的英法兩國殖民者重劃中東版圖，把黎巴嫩從敘利亞版圖中劃了出去，打破敘利亞的大敘利亞美夢。敘利亞不承認黎巴嫩是獨立國家，直至一九九一年才勉強接受這個事實，但仍然繼續染指黎巴嫩內政。

黎巴嫩做為一個弱小的國家，無法不依靠鄰近大國敘利亞的支持。一九七六年內戰爆發初期，當時馬龍派總統蘇萊曼·弗蘭吉耶（Suleiman Frangieh）面對統治危機，不得不請求敘利亞出兵來穩定局勢，自此敘利亞便成了黎巴嫩的「太上皇」。

敘利亞人經常說：「敘利亞和黎巴嫩不是一個國家的兩個州嗎？」這真是一個有趣的問題。敘利亞的確這樣想，所以沒有在黎巴嫩設立大使館，因為既然是同一國，又何需大使館服務！

我還以為先到黎巴嫩之後，在該地申請敘利亞簽證即可，哪知要到邊境才有關卡官員辦理簽證手續，這讓旅客感覺就像正從一個州前往另一個州。事實上，貝魯特與大馬士革距離只有一百二十公里，從貝魯特出發，我睡了一陣子，便抵達車水馬龍的大馬士革，行車時間兩個半小時。

有關敘利亞部分，我會在下一章再做介紹。還是講回我的黎巴嫩之行吧！

親往真主黨基地——黎巴嫩南部

自與真主黨的公關凱達面談後，我很快地依照他給我的資料，致電他們南部辦事處，以安排採訪行程，準備深入黎巴嫩最敏感的地區。

一個星期日早上，我找上巴蒂，請她繼續擔任翻譯。她跟著我也頗辛苦，為了省錢，從貝魯特到南部的一段路我沒有租車。幸虧她是識途老馬，我們一起乘坐小型公車，沿途轉搭一次車，再奔往南部去。

是非之地——南黎巴嫩

硝煙過後，黎巴嫩政府致力基礎建設，原本深受戰爭摧殘的公路，現在已變成順暢的柏油路。小型公車在公路上飛馳，兩旁景致快速掠過，但仍可看到美麗起伏的山巒，迂迴伸展在南部，單看險阻山勢便可知這是游擊隊潛伏的理想地方。難怪巴解曾以此做為基地，真主黨也以此為大本營。還有其他的武裝力量，亦在此展開他們的游擊戰。

南黎巴嫩注定是一塊是非之地，東面和敘利亞戈蘭高地接壤，其餘邊界則與以色列相連，以色列北部的加利利內海（Sea of Galilee）正好與南黎巴嫩遙遙相望。一九八二年以色列第二次入侵黎巴嫩，便是以保衛加利利海以北地區安全為由，發動「加利利和平行動」。戰爭即和平，和平即戰爭。聽來真弔詭，該次的和平行動實在夠諷刺。

此外，南黎巴嫩有一條利塔尼河（River Litani），亦是該地區的禍端，因為它是南部的重要水源，各方勢力都想控制它。不過，最令黎巴嫩人憂心忡忡的，卻是早年猶太復國主義領導人曾宣稱，以色列的真正邊界遠至利塔尼河[12]。事實上，以色列在一九七八年便藉機指有巴解成員在特拉維夫殺死了三十五名猶太居民，於是入侵黎巴嫩，而巴解基地的南黎巴嫩自然是襲擊的重點目標。

一切從南黎開始。

經過兩小時的車程，我們在中午抵達南部一個市鎮瑪加尤恩（Marjayoun）。可能是星期日的緣故吧，有不少商店休息，街上行人疏疏落落，頗為冷清。我記得凱達說過：黎巴嫩的穆斯林緊隨國家習例，星期日休息。想不到穆斯林重地的南部也不例外。

---

12 杭士基在《*Fateful Trinagle: United States, Israel and Palestine*》引述《紐約時報》August 29及September 9, 1982所做的報導分析，和《中東危機》，有關猶太國的邊界問題。

旅途中，我與巴蒂談起黎巴嫩人，我和她的觀察一樣。黎巴嫩雖然分成多個宗教、政治派系，爭戰多年，但他們的民族認同仍然非常堅固，他們總會透過思想、行為、生活模式，讓黎巴嫩人自別於其他的阿拉伯民族。未幾，真主黨南部的新聞祕書哈桑（Hassan）開車來迎接我們。他留有鬍子，臉上流露出一股傻氣，讓人很容易接近。

我先向他道歉，連累他在星期日工作，他忙說：「不要緊。」表示要先送我們到真主黨的總部。他開來的那一部車前歪後搖，車身更如大花貓，明顯需要大修理。他也尷尬地笑了一笑，建議我租用另一部汽車，以應付當天的行程。

真主黨的總部裡面設備簡樸，有幾名成員在看電視，一身便裝，腳穿拖鞋，看似以總部為家的單身漢。其中一名見到我們時滿臉好奇，走過來寒暄，一開口就問巴蒂是什麼人，當他得悉巴蒂是居住在貝魯特的巴勒斯坦難民時，似乎鬆了一口氣。

他在想什麼？他以為我會帶來馬龍基督教徒翻譯？前來刺探他們的軍情？

黎巴嫩什葉派多個派系中與巴勒斯坦人有矛盾、也有合作；真主黨則一面倒，同情巴勒斯坦抵抗運動，他們之間的關係是不言而喻的（見真主黨國會議員弗奈什〔Mohmed Fneish〕的專訪）。

不久，哈桑為我找來一輛車，車租比首都的還要貴，司機歸咎於南部的汽油比貝魯特貴出一倍。我懶得跟他們爭論，表示要爭取時間多看南部的情況。

哈桑做嚮導，車子兜了個大圈，遠望可見利塔尼河，利塔尼河再北上便是敘利亞駐紮基地貝卡谷地。

哈桑一看見利塔尼河即指著說：「以色列的大以色列美夢，就是要把疆界擴張到那裡……」但他沒有提到敘利亞，敘利亞也有一個大敘利亞美夢，夾在兩國地緣政治的黎巴嫩因此不得安寧。

我們的車子繼續南下，巴蒂開始心情沉重。她雖然年輕，但從長輩那裡得知，這裡曾有很多同胞遭殺害。原本有十多萬名巴人難民居住在南黎，多年來歷經以色列不斷狂轟猛炸，目的除了消滅巴解外，亦想藉此將巴人「掃出」南部，因此一連串轟炸的手法是「格殺勿論」式的，連平民也不放過，到最後只剩下數百人，其餘的不是向北移便是已命喪砲火下。

多國利益的持續混戰

負責一九七八年一場入侵行動的以色列軍官古爾將軍（General Mordecai Gur），在接受一份報章訪問時，坦承他們的襲擊計畫包括要滅絕平民。以下是訪談的部分內容。

問：你們知道入侵南黎的目的嗎？

答：我在軍隊中已三十年，難道你認為我自己不知道這麼多年在做什麼嗎？我們在蘇伊士運河做了什麼事？一百五十萬名難民！真的，你在那裡居住？南黎巴嫩的居民會特別神聖？他們非常明白恐怖分子幹了什麼。自阿里寧（Aririm）屠殺後，我已轟炸過南黎巴嫩四個村落，事前沒有經過授權。

問：沒有區別？

答：區別什麼？伊爾比德（Irbid，約旦北部的非巴人市鎮）居民又做過什麼值得我們去轟炸它？

問：可是，軍方均表示這是還擊，以及反襲擊恐怖目標？

答：認真點……你不知道整個約旦河谷在戰爭消耗戰中已被血洗？

問：你認為平民百姓應該受到懲罰？

答：那又怎樣？我用一下以色列的土話：那又怎樣？我從來沒有懷疑過，一刻也沒有。當我說……盡快駛來坦克，在那些孩子還來不及面對面開戰時，便要從遠處向他們打過去。我不知道在做什麼？這是我所下的命令。三十年了，從獨立戰爭到現在，我們一直攻打那些住在村落與市鎮的居民，隨之而來的問題永遠沒完沒了，每一次一開始就被問究竟有否襲擊平民[13]……

從上述的問答中很清楚的顯示以色列有心「清理」南黎巴嫩，並在當地扶植親以色列勢力的「南黎巴嫩軍」（South Labanese Army）。

「襲擊不但針對恐怖目標，也擴及平民時，背後的動機已不只在於保障以色列北部安全，而是可隱約看見大以色列的美夢，這是我們真主黨一直提防的……」哈桑試圖解釋襲擊南黎事件，亦為真主黨的崛起辯解。

不過，真主黨對以色列的攻擊也絕不手軟，雙方互擴勢力、衝突不斷。如果我們稍微停下來想想這個南部的舞台，前線是巴解、以色列、黎巴嫩基督教徒派系、穆斯林派系，後有美國對以色列的扶持、敘利亞勢力之中則又隱約有前蘇聯的影子及伊朗輸出的革命、各大國金錢與武器的較量，以及黎巴嫩人之間的互相廝殺，全部都在南部上演著一場混戰。

從中東瑞士變成越南陷阱

採訪車逐漸駛入南部衝突地帶時，我感到一陣頭暈，眼前的景象顯得如此超現實及荒謬。很多記者都這樣形容：黎巴嫩南部原本是「中東瑞士」，後來卻變成「越南陷阱」。

從一九七五年內戰開始，到以色列於二〇〇〇年結束南黎的占領，整整二十五年漫長

---

13 David Hirst 在《*The Gun and The Olive Branch*》中引用 Al Hamishmar 一九七八年五月十日的訪問文章。有關襲擊平民背後可參考杭士基的《*Fateful Trinagle*》。

南黎是什葉派真主黨的重鎮。

的戰亂。而黎巴嫩北部已於一九九一年停戰後開始重建工作，恢復社會秩序，但南部卻依然打得你死我活，破壞層出不窮，使得南北貧富差距越來越大。

貝魯特的繁華商業區、優閒的濱海大道、喧鬧的市集、醉生夢死的夜生活，與南部的破落、荒涼、停滯不前，形成強烈對比。政府似乎疏忽了南部的發展，有人建議在該地區推行迷你馬歇爾計畫（mini-Marshall plan）。不過，誰願意在南部投資？

直到目前為止，以軍雖已撤離，但硝煙未散，黎、以兩國就邊界問題仍有爭執。伊拉克戰事後，兩國更是兵戎相見，你射我一個火箭砲，我放一個導彈打你，真主黨始終不願解除武裝。

南部的貧困，正好為真主黨提供大

展拳腳的好機會。窮人都支持他們，接載我們的司機便是其中一名支持者。他原來居住在貝魯特，生活困苦，聽說真主黨對南部居民照顧有加，便舉家遷居，享受真主黨給他們的福利，後來更加入真主黨成為一般會員。

原來真主黨在南部設有醫院、學校、工廠，以及社區中心、福利部等，居民猶如置身在大家庭裡，儼如真主黨的小王國，勢力也得以鞏固。

經過四十分鐘車程後，哈桑指著對面山峰上的紅瓦黃磚屋說：「那排房屋是屬於以色列的，那裡就是以色列。」我望過去，對面那個山峰其實很近，中間有長長的鐵絲網，把黎巴嫩和以色列的領土分隔開來，看來有點兒戲。

我好奇下車，索性跑到黎巴嫩邊境的軍事區一探究竟。中途有個檢查站，守在檢查站的不是黎巴嫩軍人，而是一身黑衣的真主黨軍警，檢查站旁有個瞭望台，與聯合國瞭望台並存。一邊是真主黨的黃色旗幟，另一邊是聯合國的藍色旗幟，在呼呼風聲中飄揚著。

我嘖嘖稱奇，這情景一再提醒我：南黎巴嫩完完全全是真主黨的勢力範圍。事實上，南部所有的公路兩旁盡是黃色旗幟隨風飄動，真主黨儼如土皇帝。

鐵絲網的兩邊——黎巴嫩、以色列

在荒涼、空曠的邊界山頭上，強風吹得我頭髮亂舞。隔著鐵絲網，有一群阿拉伯人站

左｜在南黎地區的聯合國維和部隊。
右｜黎巴嫩南部居民在邊境凝望對面的以軍。

在黎巴嫩邊界這邊，怒目望向以色列那邊。以色列軍人和軍車近在咫尺，遠一點有坦克在滾滾黃沙中緩緩移動。

那群阿拉伯平民大聲吆喝，「滾蛋！滾出阿拉伯人的土地！」

他們直吆喝，且聲音越叫越大，以軍初時木無表情，後來拿起槍做自衛狀，大有隨時擦槍走火之勢。

阿拉伯人不怕，還繼續在邊界上徘徊不散，並重複喊說：「滾蛋！這是阿拉伯人的土地！」

以軍在二〇〇〇年時雖已撤出南黎，但真主黨和不少當地居民仍然不滿邊界的劃分，認為有很多地方是屬於黎巴嫩的，其中的謝巴農場（Sheba）更是以、黎至今衝突之地。謝巴農場乃戰略及水源重要地方，真主黨恐嚇說，以色列如不歸還全部土地，他們會繼續抗爭。

哈桑有點憤憤不平，旅途上已不停東指西指，那裡是以色列在黎巴嫩土地上所興建的屯墾區。

至於以色列這邊，夏隆政府已經表明：若真主黨發砲，他們一定會還以顏色，到時衝突加劇的話，這個中東的越南便可能再度引發新一輪的游擊戰。新一代加入戰事，歷史悲劇反覆重演。

難怪聯合國維持和平部隊不敢撤走，他們在重要邊防嚴陣以待。

一部聯合國車滿載了穿著藍色衣帽的維和軍人，從身旁疾馳而過，我向他們揮手，他們報以微笑，滿心好奇怎會碰上亞洲女子。強風呼呼，塵土飛揚，大家都不得不瞇著眼睛，但我仍留意到，車上的聯合國維和軍人全是南亞裔人士，有些頭纏藍色的印度布巾，很有特色。

一部聯合國車經過後，又有另一部聯合車前來，我心裡無聊地盤算著南黎究竟有多少維和部隊？在荒涼卻又多事的南黎土地上，生命是多麼難以預測。

我從照相機遠攝鏡頭裡可以清楚看見對面以軍的面孔，有些很老練，有些卻稚氣未脫、慌慌張張，畢竟年紀尚輕，國家送他們到這裡來，相信也不是他們的選擇吧？

以軍無奈撤出南黎

記得曾看過一篇報導以軍撤出南黎[14]的情況，「撤回的士兵幾乎三天未闔過眼，疲倦掩

14 陳克勤所著《以色列撤軍黎巴嫩前因後果》，光明日報，二〇〇〇年六月九日。

不住他們返回故土的喜悅心情。他們迫不及待用手機向家人報平安。他們受到『四個母親』等反戰和平組織的熱烈歡迎。一幅『媽媽，我們回來了！』的橫幅布條，令年輕士兵們熱淚盈眶。」

那邊動人，這邊也非常感人。黎巴嫩人蜂擁至闊別了二十二年的故鄉，親吻每一寸土地，有些更忍不住跪地啜泣，不願起來。

我的祖國，我的故土，流盡了多少人民的血淚，熬盡了多少人民的相思。南黎居民歸功於堅毅抗戰的真主黨，真主黨成為英雄，與美國對抗真主黨的描繪大相逕庭。做為記者，我不得不再細心觀察、思考。

事實上，以色列決定結束南黎的占領，主要是在真主黨不斷攻擊下，以軍傷亡慘重，以色列人反對的聲音日益響亮。當時的以色列總理巴拉克終於接受聯合國四二五號決議，交還黎巴嫩領土，撤出自一九八五年在南黎建立的八百五十平方公里的「緩衝區」（buffer zone）。

不過，巴拉克卻暗地裡扶助南黎巴嫩軍[15]，繼續控制「緩衝區」。可惜這支親以色列軍隊禁不起真主黨的心防戰，軍心崩潰，巴拉克只能無奈下令提早撤軍，成為中東近代史上一個重要事件。

以色列軍走了，做為南黎最龐大武裝力量「功臣」的真主黨，順理成章接管了南部[16]。當我一踏入南黎，到處可見什葉派教士的肖像，居民的衣食住行明顯比北部保守得多，南北儼如兩個國家，但大家都正面臨硝煙過後的重建，包括癒合心理創傷。

儘管南北有別，真主黨更「躍升」為「國際恐怖組織」，使得南黎成為「國際恐怖主義」基地，危機四伏。但在歷經十五年的內戰、二十二年的以色列占領、犧牲了數十萬人的性命之後，無論南或北的居民都厭倦了戰爭。

每次我舉起相機準備拍下戰爭遺痕時，黎巴嫩人都會面露不悅之色對我說：「這已屬於過去了，我們希望你對黎巴嫩的印象不只停留在戰爭中，而是看到我們重建的努力，還有黎巴嫩的未來。即使前面有障礙，我們也會全力克服。」

太陽在新的一天再度升起，溫暖的陽光照遍整個黎巴嫩大地。

真主黨參與民主進程新策略

一九九二年十月，黎巴嫩內戰後舉行第一次國會民主選舉，真主黨共獲得八個議席，轟動整個黎巴嫩社會。

與此同時，真主黨正式結束第一階段，一個從一九八二到九三年整整十年的激進暴力

15 同上。

16 詳情可參考陳嘉厚主編的《現代伊斯蘭主義》（北京經濟日報出版社，一九九八年三月）真主黨一章。

階段，轉而踏入黎巴嫩化（Lebanonisation）的進程，全面擁抱議會民主選舉政治。就連曾主張暴力革命的真主黨精神領袖哈桑．納斯拉拉（Hassan Nasrallah）也推翻他的激進理論，把真主黨帶入建制中的遊戲規則裡[17]。

真主黨展開了它的第二階段：議會政黨發展階段（Parliamentarian phase），他們一開始就在國會選舉中獲得約十二議席，反映了選民對他們的支持度上升。

原本與主流政治格格不入的真主黨游擊隊，現在亦受到國家承認為黎巴嫩一支合法抵抗力量，還可以招募什葉派成員加入游擊隊隊伍。雖然美國和以色列多次要求黎巴嫩政府解除真主黨武裝，但黎巴嫩政府支吾以對，認為真主黨的武裝力量可確保南部的安全。

這個轉變實在要「歸功」於以色列在黎巴嫩內戰結束後，仍然對該國南部進行連番的襲擊行動和長期占領，引發基督徒和穆斯林老百姓對以色列越來越加猜疑和仇恨。他們相信以色列有心摧毀他們的文化、身分，想瓦解黎巴嫩人的民族團結，以色列因此成為兩個主要派系的共同敵人。

穆斯林遜尼派的穆帝（Mutti）這樣說[18]，馬龍派領袖之一的派屈亞克．史費爾（Patriarch Sfeir）也這樣說。後者認為以色列利用並出賣了黎巴嫩的基督徒，在這情況下，他不反對真主黨繼續抵抗以色列，以維護黎巴嫩的主權[19]。

專訪真主黨國會議員弗奈什

外界對戰後真主黨的轉型和策略調整並沒有太多的報導。我向真主黨新聞祕書凱達要求專訪他們的領袖之一、兼資深國會議員弗奈什，以了解真主黨的新面貌。

專訪是在二〇〇三年七月中旬的一個下午進行，地點在貝魯特真主黨國會議員辦事處。凱達請一位祕書送我過去，到了目的地，大門警衛問明來意後，提起汽車橫欄讓我們過去，開始了我這次採訪建制中的真主黨，這明顯與南部武裝真主黨很不一樣。

真主黨國會議員辦事處一點也不豪華，有點家庭式，也像個診所，不斷有人進出，都是普通老百姓，大多數是老人家和兒童，他們排排坐，像在等候協助似的。

有人帶領我到一個小客廳裡，陳舊的布置有股霉味，我坐在一張污漬斑斑的絲絨沙發上等候，冷氣機轟轟響得令人心煩。有過見凱達的經驗之後，這次我一身平常打扮，沒有包頭巾，也沒有穿上長袖衣服。

弗奈什終於出現了，他也一身平常打扮，襯衫長褲，五、六十歲，看來很嚴肅認真，

---

17 可參考 Hassan Narallah 接受黎巴嫩報章 Al Safir 在二〇〇五年三月十六日的訪問。

18 Al Mustaqbal television, March 2, 1995。

19 Patriarch Sfeir 談話可參考 Carole H. Dagher《*Bring Sown the Walls*》，L'Orient - Le Jour March 7，1998。

笑容也屬於應酬式的那種，見到我，很客氣地為遲到說了一聲「抱歉」，然後就請我開始發問。

我看他好像很匆忙的樣子，不敢浪費時間，於是單刀直入，以下就是訪談內容：

（記者：記；弗奈什：弗）

記：西方國家視你們為恐怖組織，你們如何看待這個問題？

弗：你身在黎巴嫩，我想你也與這裡的人接觸過，他們怎麼說呢？如果我們不受歡迎，也不會取得十二席國會民選議席。換言之，黎巴嫩選民會支持恐怖活動嗎？只要你翻開歷史就會知道，我們是因為以色列占領而成立的，是一個反對外族入侵、保衛國土完整的抵抗組織，難道這是一種罪嗎？如果我們是恐怖組織，那以色列和美國呢？他們所採用的手段比我們更具破壞性，我們只是自衛而已。

記：不過，以色列也說他們是自衛，他們指稱你們不時對以色列北部進行恐怖襲擊。

弗：（弗奈什喚助手拿了一份報告來）請看看，這是總部設在紐約的「人權觀察」（Human Rights Watch）有關南黎巴嫩情況的報告，裡面記錄了一九九三到九六年間這個地區的武力衝突事件。根據他們的觀察，真主黨對以色列所有的襲擊都是屬於報復性的……[20]。那個時候，以色列對南黎的空襲及地面襲擊仍然非常頻繁。你記得嗎？他們連聯合國在Qana所設的難民營也不放過，屠殺了一百人以上，我們不可能不做出還擊。針對我們的還擊，當時獲得諾貝爾和平獎的總理佩雷斯，即藉機向南黎發動名為「憤怒的葡萄行動」（Operation Grapes of Wrath），無辜老百姓死傷無數……

記：那是一九九六年四月的事，就我記憶所及，國際社會對此強烈譴責。

弗：但當時的美國總統柯林頓並沒有，他反而為以色列辯護，表示這是以色列合法自衛行動不小心擦槍走火所致。

記：但你們對以色列的攻擊也絕不手軟，不少以色列軍人也成為你們砲火下的亡魂，你們的存在無疑對他們是威脅。

弗：他們占領了我們的土地，在南黎設立什麼「安全區」。我們攻擊的主要目的，就是要將他們趕出我們的土地。後來證明新一輪的攻擊策略奏效，他們終於難以面對嚴重傷亡而撤軍了，這是我們一次重大的勝利呢！

記：現在以色列軍隊已經撤出黎巴嫩了，你們不是可以「功成身退」了嗎？

弗：以色列雖然撤軍，但不是完全撤出，還有一些具爭議性的領土未能解決，更何況

---

20 《*Civilian Pawns: Laws of War Violations and the Use of Weapons on the Israel - Lebanon Border*》，Human Rights Watch，May 1996。

他們對黎巴嫩仍做間歇性襲擊。黎巴嫩的問題一開始就不完全只屬於內部的問題，而是跟以色列和阿拉伯世界之間的衝突有密切關係，間接造成黎巴嫩的國家安全問題，只要整個中東地區沒有安全，我們就沒有和平。真主黨保家衛國的責任仍然很沉重。再者，我們執行任務的同時，也慢慢發展出一套可滿足社會教育和福利需要的服務，甚至參與民主政治。

記：在這新時代，可看到真主黨也正調整策略和方向，這是否與伊朗情況起變化有關？例如，在兩伊戰爭和一九九一年波斯灣戰爭後，伊朗已沒有能力輸出伊斯蘭革命，而由哈塔米（Mohammad Khatami）領導的政府也已言明：伊朗與黎巴嫩的接觸會調整到國家層次上，不再只局限於個別組織。

弗：伊朗支持我們，但我們都是自主的，一直只依照黎巴嫩的問題來釐定議程，而且隨著黎巴嫩的發展越來越務實。在國會裡，真主黨的議員都可以摒棄前嫌，與馬龍派長槍黨的議員合作，兩者之間定期舉行會議。真主黨希望可以與基督教陣營建立溝通的橋梁。

記：聽說你們和馬龍派在內政上都有共同的「敵人」，兩者對現任總理哈里里（Rafik Hariri）的內政非常不滿，這點可以促使反對派包括真主黨在內加強凝聚力，是嗎？

弗：雖然黎巴嫩已走出內戰陰影，正加速重建工作，但國債龐大，生活水平下降，工人沒有保障，老百姓日子難捱，哈里里對這些問題卻視若無睹，大搞排外主義、權威主義。真主黨在社會服務上彌補了政府的不足，工人支持我們，使得我們在國會議席上有增無減。

至於其他反對派，沒錯，政府的劣質表現使我們慢慢形成了聯盟。

記：現在真主黨可算是黎巴嫩主流政治的一部分，但外界對真主黨的印象仍然認為它是伊朗輸出革命的種籽。我很奇怪，你們希望黎巴嫩有一天能成為伊斯蘭國家嗎？

弗：完全沒有這個意圖。黎巴嫩是一個多元化的國家，我們認為這樣很好。外界對我們有偏見，經常把我們跟其他伊斯蘭組織混為一談，這是因為不了解黎巴嫩政治現實。

記：對，我也覺得黎巴嫩是個多元化的國家，市中心夜夜笙歌，人們可以喝酒狂歡達旦，女性的穿著入時性感。你們對此可以接受嗎？有否企圖改變呢？

弗：在黎巴嫩，每個人都尊重並珍惜別人的自由，這包括我們在內。我們當然對於個人行為操守有一定的看法，但這只對我們的信徒而言，我們從來不會把自己的一套強加於非信徒身上……我們會對別人表達自己的意見，但別人也有權表達他們的意見，這就是黎巴嫩。你可能已去過我們主導的地區，例如南部和貝魯特的什葉派工人區，但你可見到我們在其身上強加一套行為模式嗎？沒有，我們沒有這樣做。我們的地區主要是什葉派穆斯林，你會看到婦女一身傳統服裝，但也有人不是這樣的打扮。如何打扮，悉隨尊便，這完全不是問題。

記：你這番話給我的印象是：真主黨在國內所持的態度相當包容，但面對美國、以色列，你們卻一步也不讓。記得貴黨的精神領袖納斯拉拉不時重申：美國是第一大敵人……

弗：（插話）我要強調，真主黨不是針對美國而成立的，我們也不是要與美國為敵，但美國卻不斷抹黑我們，扭曲事實，還扶植以色列侵略阿拉伯領土和利益，以及人民的福祉。在這方面，我們當然絕不退讓。只要美國公道一點對待中東問題，不再利用以色列來控制中東地區，那麼，我們與美國的關係絕對可以改善。

記：那以色列呢？你們可以承認它的生存權利嗎？還是你們從一開始就反對它的生存權？

弗：這是另一個問題。我們過去對以色列的攻擊，是因為它占領了我們的土地，而無關於我們是否承認它的生存權利。我希望你留意到：我們的還擊每一次都是在黎巴嫩的領土上。

至於以色列這個國家合法與否（略為停頓），唔……就讓我們現實一點，他們的占領很明顯是猶太復國主義計畫的一部分，他們用武力奪取土地，唔……至少我不會承認以色列國的合法性。

記：那以色列和黎巴嫩兩國的和平談判可有希望？

弗：這是黎巴嫩政府與以色列之間的問題。但最重要的，是要視黎巴嫩為一個平等的談判對象。

記：不過，美國方面卻要求先解除真主黨的武裝，確保真主黨不再進行恐怖襲擊，但情況似乎並不樂觀。「九一一」事件後，美國已視真主黨為一個與外國有聯繫的國際恐怖組織。

弗：這完全是謊話。真主黨除了在黎巴嫩土地上與以色列抗爭外，美國有證據顯示真主黨還在其他地方發動過襲擊嗎？美國善於透過傳媒妖魔化它要打擊的對象，卻提不出真憑實據。就如指稱伊拉克擁有大殺傷力武器，美國根本就是滿口謊言。

記：伊拉克總統海珊在位時殘暴壓迫什葉派穆斯林，美國把他推下台，對真主黨而言不是正中下懷嗎？

弗：不，我們反對這一場戰爭，這跟海珊應否下台無關。他當然死有餘辜，但問題在於：戰爭真的是為了伊拉克人民的利益嗎？

記：那麼，你們與伊拉克的反美力量有沒有聯繫？

弗：沒有。我們只是一個代表黎巴嫩人民在自己領土上與占領者抗爭的組織。雖然我們反對美軍在伊拉克的占領，但這應由伊拉克人民決定如何看待美軍的占領，與我們無關，我們亦無能為力。

記：那哈瑪斯是否得到你們實質的支持，因為有傳聞指稱真主黨提供武器和資金給哈瑪斯。

弗：你也說了，只是傳聞而已。我要強調一點：我們國內問題已經夠多了，實在自顧不暇，如何有能力和時間去跟海外的組織建立緊密關係？最多只有精神上的支持，幫對方打打氣。更何況我們首先要向黎巴嫩選民負責，最主要的工作是要保衛領土完整、改善社會上的不平等、增進人民福利等。除此之外，不做他想。

「抵抗軸心」的馬前卒

雖然弗奈什不斷強調真主黨只為黎巴嫩主權而戰，但國內的其他派系卻不這樣想，並且對真主黨做為伊朗「抵抗軸心」（axis of resistance）的重要成員，經常和以色列產生紛爭，影響國家發展，一直持有很大意見，甚至為此不斷與真主黨展開政治鬥爭，令到黎巴嫩內外局勢動盪不已。

事實上，伊朗自一九七九年伊斯蘭革命後，便企圖以伊斯蘭的意識形態來凝聚伊斯蘭世界、建立伊斯蘭秩序。而它所發動的「抵抗軸心」力量，則從黎巴嫩的真主黨、到敘利亞和伊拉克的什葉派政權，加上葉門的胡塞武裝，堅決反美反以色列，成為伊朗一九七九年伊斯蘭革命向外輸出的重要組成部分，有「什葉派新月」之別稱。

至於哈瑪斯，最初乃屬於埃及遜尼派的穆斯林兄弟會在加薩的分支，後來兄弟會受到世俗埃及軍政權打壓，對哈瑪斯支持無以為繼。革命後的伊朗隨後接手援助哈瑪斯，目的是要在遜尼派圈子內建立影響力，而哈瑪斯也以伊朗的伊斯蘭革命為其模範，兩者因而建立了跨宗教派系的緊密關係。

一九九二年以色列欲瓦解哈瑪斯在加薩的勢力，把數百名哈瑪斯領導人驅往黎巴嫩，這反之更促成伊朗、真主黨和哈瑪斯的鐵三角聯盟。原本以巴問題是阿拉伯世界的核心問題，如今伊朗在這個核心問題所發出的聲音，比阿拉伯國家更大。

至於真主黨，如前述它乃是以色列於上世紀七、八〇年代占領黎巴嫩後期所出現的產物，他們聲稱要保家衛國。在該段期間，剛巧伊朗伊斯蘭革命風起雲湧，無疑更助長了黎巴嫩激進什葉派系的聲勢，以抗衡黎巴嫩國內的基督教政黨。加上黎國內戰後為了穩定局面，各宗派勢力同意國會議席按比例代表制分配權力，這令真主黨這個民兵組織，搖身一變成為擁有武裝力量的合法政黨，得以在黎巴嫩合法參政，遂使得它的勢力大增。

當二〇二三年十月以色列和哈瑪斯又爆發衝突，真主黨大量民兵立刻集結其南黎基地，聲援哈瑪斯，向以方開戰，儼如以巴衝突的第二戰場。就在各國就加薩人道危機展開磋商解決方案之際，南黎和以色列北部交戰愈見激烈，造成軍民死傷，兩邊邊境城不少居民不得暫行撤離。

伊朗就加薩危機發生個多月，一直動口不動手，該國是否要真主黨這個馬前卒先開闢

第二條戰線試水溫？但如伊朗一出手，那便會改變以巴衝突的整個格局了。

阿拉伯國家則只停留口頭譴責以色列，未採取任何行動，包括制裁手段等，與一九七三年以石油禁運制約以色列那個時局相比較，今天可說已是時移勢易了。年輕的沙特王儲急於為國家在後石油時代的經濟轉型成功，不斷拉攏和強國的關係。在中國扯線下，更和伊朗突破性復交，並和伊朗同加入金磚國家組織。早前雖與美國不咬弦，但在美國的利誘下，終於又投懷送抱，而且計劃和以色列關係正常化後，與之合作高科技發展，全速推動沙特的多元經濟大藍圖。

一直和真主黨抗衡的黎巴嫩其他派系看見此情此景，更認為國家應如沙特先安內，致力收拾經濟殘局為優先。

黎巴嫩大危機給世界的警示

收拾經濟殘局談何容易？事實上，黎巴嫩人一直盼望回復往昔的繁榮景色，可惜事與願違。做為一個派系林立的小國，對外圍局勢特別敏感，當內外政治紛擾不斷，該國經濟便一病不起，而且跌入無底深洞。

由「阿拉伯之春」所引起的敘利亞內戰，大批難民湧至黎巴嫩境內，而因過去歷史關係，黎敘人民本來就「一家親」，黎巴嫩政府處理敘國難民和其他收容國很不一樣，難民可以自由租用房子與工作，和當地居民生活在一起，這卻也逐漸衝擊著黎巴嫩經濟，成為沉重的負擔。同時也加深國內各宗派就敘利亞問題所產生的分歧和鬥爭，遜尼派多支持敘國反對派，什葉派則多支持敘國阿薩德政權，而政治泥沼進一步推倒經濟，亂作一團。

屋漏兼逢連夜雨。二〇二〇年八月四日貝魯特港口倉庫區發生大爆炸，這次被認為是該國「九一一」的災難，想不到剛過一週年之際，卻迎來內戰危機。兩大教派的伊斯蘭什葉派代表真主黨和基督教派「黎巴嫩力量」，因大爆炸調查進程涉及各自利益而發生矛盾衝突，在貝魯特上演致命巷戰，不禁令人想上世紀七、八〇年代的內戰，這是黎巴嫩人最慘痛的記憶，大家恐怕歷史重演。

先不說內戰會否重來，事實上黎巴嫩一早陷入一場政經及社會的大危機。這個曾經有「中東瑞士」美譽的國家，緣何墮入「人間地獄」？這足已是我們一大警示。

黎巴嫩教派林立，上世紀內戰過後，其國會以教派比例代表制為主，來平衡各方利益，但這正埋下禍端。代表了約十八個教派的代議士在國會只爭奪自己利益，鮮少有從大局著想，這慢慢把國家推向失能狀態。最要命的是，當中好些教派各自擁有自己的民兵組織，即使民主體制也約束不了，使得權力鬥爭隨時演變成武裝較量，這可謂是內戰的後遺症。

當政治大危機伴隨著經濟大危機，令到爛攤子更難收拾。加上二〇二〇到二三年初疫情令全球出現原物料爆漲，黎巴嫩首當其衝，早於二〇二一年下半年開始，該國陷入嚴重的燃油荒和大規模無限停電潮，經濟瀕臨崩潰。黎巴嫩磅至今貶值了九成，令到食品價格上漲了六倍有多、失業率高達三成，導致黎巴嫩有接近四分之三人口生活在貧窮線，而每月最低工資則只有四十美元。不要忘記，黎巴嫩國內存在最高比率的難民人口，這包括巴勒斯坦和敘利亞難民，他們的情況更糟糕。

諷刺的是，現在黎巴嫩管治階層只集中做一件事，就是希望恢復與IMF的借貸談判。事實上，該國一直倚靠IMF、世界銀行和國際社會借貸或援助度日，不事生產，並依賴海外僑民的匯款。

可是一如二〇〇八年金融危機後的美國情況，貸款只援助了金融機構和政治菁英，讓他們得以生存下來，老百姓反而被推入更悲慘的境況。因為IMF的借貸是有條件的，黎巴嫩政府被要求進行緊縮政策和更大規模的私有化，老百姓僅餘的資源受到剝奪，使得任何政治、經濟、乃至社會改革更渺茫，並令國家進一步債務纏身。

黎巴嫩本就是一個極度不平等和貪腐的國家，在缺乏改革下，國際援助反之讓既得利益者賺大錢，他們就是有辦法剝削和濫用這些援助貸款。

過去幾年，黎巴嫩老百姓不停上街抗議，要求改革，但國際社會又有多少回應？對IMF等金融援助機構和一些大國而言，改革即意謂著進一步的私有化和更嚴厲的緊縮政策，及有利銀行業的改革。因此，國際社會對黎巴嫩大危機不是沒有責任的。雖然黎巴嫩的危機有其獨特性，但從黎巴嫩再看目前全球經濟危機，我們也有值得汲取的教訓。

雪松革命

當黎巴嫩國內無法團結，難以談穩定，一有什麼風吹草動，各派勢力又爭鬥起來，這令經濟如何重建?!還有外圍因素，黎巴嫩一直受中東鄰國、特別是敘利亞影響至深。自黎國獨立後，敘利亞不甘承認這個事實，並多年在黎國發揮影武者的角色，不僅有不少黎巴嫩人欲擺脫這位大阿哥，走上真正獨立之路，而美國和以色列更是想除之而後快。

二〇〇五年的情人節當天，浪漫迴盪在貝魯特中區，怎知最後卻上演了一齣懸疑案件：前總理哈里里被暗殺身亡。

哈里里生前的反敘立場，立刻令人聯想到他的死與敘利亞有關，成千上萬哈里里支持者上街示威，高喊敘利亞滾蛋、還我自主權。

由於事發時中亞地區興起一股顏色民主革命，黎巴嫩的抗議行動遂也一併抹上浪漫色彩。示威者在貝魯特市中心廣場揮舞著以雪松為標誌的國旗，廣場上一片旗海，如滔天的波浪，好不激動！他們好像呼應著格魯吉亞、烏克蘭、吉爾吉斯等地的顏色革命：玫瑰色、橙色、黃色……我們還隱約可以嗅到一點顏色的香氣。

那麼，黎巴嫩的反對派行動又可稱作什麼？這個國家到處是山，山上出現一棵棵雪松，矮小、深綠、形狀猶如耶誕樹，怪可愛的，象徵了黎巴嫩人的不屈精神，熬過了內戰，自信可以建立美好的明天。國際傳媒就以「雪松革命」來形容反對派的抗議行動。

綠色的雪松也代表了希望，「雪松革命」被視為中東的民主春天。不過，親敘勢力也不是省油燈，以真主黨成員為主的五十萬人大示威遊行，與反敘派分庭抗禮，占盡傳媒的頭版，同時亦預警著黎巴嫩社會的分裂。在同年五月的民主大選中，當反對派握有首都貝魯特大部分選票之際，真主黨則橫掃全南部共二十三個議席。他們竟透過民主程序展現了實力，使得西方對黎國的民主進程戰戰兢兢。

黎巴嫩邁向民主整合，還是紛亂局面？

駐華盛頓資深軍事分析員夢澤．史萊曼（Mounzer Sleiman）嘗試向我們拋出一個問題：誰因哈里里之死而得益？他說，請將黎巴嫩的局勢放在美國的「泛中東藍圖」來看，美國政府雖想重劃中東的政治秩序地圖，但伊拉克亂局令美國明白不能光靠武力。

史萊曼表示，很明顯地，哈里里之死已被利用做為推動泛中東藍圖的工具，一個弱和亂的黎巴嫩，將牽制真主黨的力量，從而削弱對以色列的威脅。如果黎國混亂，鄰國的敘利亞必受到衝擊，這將使大馬士革政府只好傾向選擇與美國妥協，但這個如意算盤能否打響？在中東地區，一切充滿變數。

無論如何，雪松革命可謂是黎巴嫩政治及地區政治的分水嶺，不過發生數年後，一份國際調查報告顯示，哈里里之死與敘利亞無關，那與誰方勢力有關呢？

美國以為敘利亞被踢出黎巴嫩，便可打擊真主黨，怎知在敘利亞撤退後的同年大選中，真主黨竟然比原來的十二個國會議席增多至二十三個議席。

這除了反映出黎巴嫩社會內部斷層外，選民亦用選票告訴世界：南部領土一天受到以色列威脅，真主黨仍大有市場。

揮不去的戰爭陰霾

如果說以巴問題是中東地區的核心問題，一天未能解決，該地區也難言和平，這對黎巴嫩更是個沉痛的現實。回顧該國過去多場戰爭，哪場與以巴衝突無關？這是導致黎巴嫩國內分裂的原因之一。

新近的加薩危機便是一例。當真主黨已成為哈瑪斯最主力的盟友兼外援，以色列和哈瑪斯的衝突隨時又是以色列和真主黨的衝突。而最令人難以忘懷的以真衝突，是發生在二〇〇六年的一場戰爭，這被視為第二次重大的黎巴嫩戰爭，在敏感的中東地區引起震盪，油價標升，這一切又要從以哈衝突說起。

當年哈瑪斯取得巴人大選勝利，以色列不予承認，兼加強制裁哈瑪斯和鎮壓加薩走廊，哈瑪斯還以顏色，遂引發以哈衝突。真主黨聲援哈瑪斯，向靠近南黎的以色列北部邊境城市發砲，並俘虜了數名以軍，聲稱要以此和以色列交換巴人囚犯。跟著以色列空襲南黎，繼而又指向貝魯特。貝魯特民用國際機場和其他民用設施受到攻擊，戰事一度擴大，黎巴嫩人的日常再度被打斷，並落入戰爭的恐懼中。

戰爭成為揮之不去的陰霾。此刻，有黎巴嫩藝術家琪娜・艾凱利爾寫下戰爭的感受和省思，一篇〈黎巴嫩日記〉細膩地道盡了戰爭對無辜人民日常和心靈的衝擊，既是一天，也是永恆的烙印。

〈黎巴嫩日記〉

作者：琪娜・艾凱利爾（Zena el-Khalil; Electronic Intifada）

原文：Lebanon Diary,At a crossroads in downtown Beiru

記於二〇〇六年七月十九日
貝魯特市中心的十字路口

今天我駕車經過市中心，打算探望我的父母。我獨自開車，而且有一點緊張。這是事件發生後，我第一次獨自開車出門……但我必須要看看我父母。

我看見紅燈，停了下來。街上空無一人，我發現自己在想著為什麼要停車，而不直接開過去。路上什麼都沒有，沒別的車子，也沒有交通警察。然後我想起這是最近想讓自己維持理智的方法：即使受到攻擊，我們也不能沒有禮貌；即使受到攻擊，我們也必須遵守規則。就這樣，因為我不闖紅燈，而維護了某種程度的尊嚴。

然後我看照後鏡，看到有其他車子開過來。我閉上眼睛祈禱，希望他們也停下來。如果他們不闖紅燈，就表示我們想法一樣。我知道你們有些人曾聽過黎巴嫩司機的橫行霸道……他們才不理會什麼紅燈。但是，各位先生各位女士，他們全都停下來了。

我睜開眼睛，淚如雨下。所有的車子都停下來了，每個人都遵守規則。這是我今天看到的一線希望，就是這些微不足道的小事讓人感到欣慰。我轉頭對其他駕駛點頭微笑，他們可能還誤以為我這個金髮女生在跟他們打情罵俏呢！

我不想寫我今天所遇到的慘事。這些慘事多到數不清，而我又如何能用適當的文字來表達我的絕望呢？

今天以色列軍隊轟炸糧倉，炸毀儲存小麥和蔬菜的倉庫，我聽到時忍不住落淚。以色列軍隊想把我們活活餓死嗎？以色列軍隊現在瞄準黎巴嫩軍隊前哨，準備攻擊，而這些黎巴嫩軍隊並未對他們開戰；以色列戰機低空飛過；每次砲彈從天而降，我的房子就震得不斷搖晃；我擔心食物和水即將匱乏；還有難民的損失無法估計，甚至有些流落街頭。這一切我都不想寫。

今天我們最害怕的是主要發電廠被炸毀，以色列幾年前就曾炸毀過。如果這個發電廠又毀了，我們就沒有任何電力供應。我記得那年夏天……又熱又漫長。我不知道如果又沒電沒網路，我該怎麼辦。親愛的朋友，如果在這封郵件之後，你們就沒有再收到我的消息，就表示我沒網路可用。

每次我聽到死亡人數增加，我就心痛不已，而這當中又有那麼多無辜的孩子死亡，我不想寫這些事！我這輩子努力的一切，在短短幾天就被摧毀殆盡，才短短幾天，我的整個人生就變色，我也不想寫這些！

我不求改變，而我的人生卻變了，完全沒有經過我的同意。只因為某些人擅作主張，就改變了我的人生。是誰准他們這麼做？為什麼他們沒有問過我？這個星期，我本來應該在山上露營。我本來應該努力寫企畫，在明年夏天讓某個紐約藝術家來訪，這本來會是個驚喜，由我一人獨自策劃、爭取經費，然後讓他驚喜。有人跟我購買藝術作品，我本來應該兌現這些支票，我本來應該交出藝術作品。

兩顆砲彈爆炸，我的窗戶不停晃動。我怎麼這麼笨啊，怕蚊子飛進來，居然把窗戶關著，謝天謝地窗戶沒破。我的心情……我的心情又是另外一回事。

我們每個人都盡力幫助需要幫忙的人，我們都努力做各自該做的事，並努力找事來做。我的姊姊在齊科堂（Zicco House）／赫任（Helem）救援中心工作。他們有個銀行帳戶接受捐款，讓他們買食物、藥物、水、棉被和床墊。衛生部門和社福部門一點用都沒有，現在只能靠民間社團幫忙。

你們的來信，我感激不盡，這些信件是我生命泉源。請幫我轉寄訊息……我已經筋疲力盡了。但是只要我有電有網路，我就會繼續寫，寫到我瘋掉為止……或許瘋掉之後，我就能回到我的工作室繼續作畫。

如果有以色列朋友讀到這封信，我想告訴你們，我並沒有因此而學會憎恨。我仍然相信人性。暴力只會導致更多暴力，而我知道你們有些人也是反暴力的。

謝謝大家

琪娜．艾凱利爾

願衝突的黑夜消逝、希望旭日東升。願敵意消散、分歧日落西山，願黎巴嫩再次綻放和平的光芒。

——教宗方濟各

敘利亞

| Syria |

風暴靶心

敘利亞內戰摧毀不少人的家園。

左｜大馬士革舊城一餐廳：首都生活較不受戰爭影響。
右｜敘利亞保有最完整的基督教遺址，戰時成「伊斯蘭國」打擊目標。

戰爭中流離失所的敘利亞孩童在困境中受教育。

作者與敘利亞作家穆沙維合影。

有件事必須弄明白：我並未說過任何不尋常或驚人的話。不尋常的話在我停止時才開始，但我已經無法說出口。

——墨希斯．布朗肖（Maurice Blanchot）

做為「抵抗軸心」的敘利亞，一早被美國定性為「邪惡軸心」而大加制裁之。伊朗一九七九年的伊斯蘭革命，可謂是改變了整個中東地區的地緣政治，同時也把敘利亞拉了進去。

原來伊朗革命前的巴列維王朝，不僅是美國盟友，同時也與以色列保持友好關係。可惜世俗的國王巴列維，貪污統治令到社會極不公平，人民遷怒美國，並回歸信仰尋求出路。革命進行時，示威者挾持美國大使館人質四百多天，徹底推倒美伊關係，交惡至今未息。

由世俗社會復興黨主政的敘利亞，竟第一時間承認伊朗伊斯蘭革命，並屏棄意識形態分歧，與伊朗神權越走越近。自二〇〇三年美國聯軍入侵伊拉克後，敘利亞和伊朗共同抗議美國，其後更簽署軍事合作協議和反美聯盟。

由於以色列在六日戰爭中吞併了敘利亞半個戈蘭高地，而美國又是以國親密盟友，因此敘利亞的反以反美立場早定了型，和同是什葉派的伊朗一拍即合。而且長期受其軍援，特別是「阿拉伯之春」爆發，敘利亞隨即陷入殘酷的十年內戰，伊朗立刻站在阿薩德政權一邊，提供大量軍事援助，畢竟敘利亞對伊朗而言，在地理上是她的天然屏障，不能倒。

俄羅斯後來也介入支持阿薩德。而與阿薩德為敵的美國、以色列、阿拉伯遜尼派和土耳其等，則支持敘國反對派，令內戰成為地緣博弈的一場大混戰，並且製造了讓世界聞風喪膽的恐怖組織「伊斯蘭國」，也是敘利亞人的噩夢。

問君歸期未有期

可憐內戰造成大批敘利亞人流離失所，僅是逃到鄰國已有六百多萬，他們在不同收容國有不同的命運。接收了三百多萬的最大收容國土耳其，在二〇二三年最新一次大選中，不同派系的政客們都把敘利亞難民擺上台，主張遣返他們回原居地。我到土耳其東南部城市烏爾法（Sanliurfa）採訪大選情況，當地聚居了最多的難民。

不少當地難民向我訴苦，土耳其社會視他們為經濟包袱，對他們的歧視越來越高漲，國際社會又早遺忘了他們，有不少年老弱衰的難民選擇回國，但年輕人怕回國後會被各武裝組織包括政府軍方強行徵召，唯有在土耳其見一步行一步。

一名在麵包店工作的敘國難民告訴我，外界以為敘利亞已結束戰事，其實只是由大規模變為小規模內戰，為家人安全，他們寧願忍受歧視和剝削，但現在恐怕埃爾多安連任後要兌現競選承諾，會對他們進行有秩序的遣返。

正所謂前無去路、後又有追兵，這是大選對滯留在土耳其的敘國難民殘酷寫照。

當敘利亞年輕難民因恐懼不願回國之際，敘利亞政府在內戰結束不久，因需外匯而向遊客張開雙手，大呼：歡迎到敘利亞來，但外國人必須光顧敘國官方旅行社，以保障安全。愛獵奇的外國旅客爭相進入大馬士革。

我在安曼便碰上好些剛從敘利亞遊玩完畢回來的西方年輕人，他們異口同聲表示，大馬士革已回復社會秩序，比紐約、倫敦安全。其中一位指敘利亞政府努力在廢墟上重建國家，企圖激活經濟，旅遊業是重要產業，正受政府大力推動。但物價異常昂貴，人民在戰後深受如火箭飆升的通貨膨脹影響。

黑暗的盡頭是黎明，旭日如常照耀整個大馬士革城。叮噹、叮噹、叮噹……身穿民族服裝、背著高高銀色的阿拉伯茶壺那個賣茶人，搖著手中的鈴，我在戰前見他穿梭於大馬士革舊城的大街小巷，戰後他可還安好嗎？

當我拿起一枝筆再寫敘利亞，那一次敘利亞之旅在我筆尖下已變成值得懷念的歷史初稿，可讓我了解該國的過去，為的是可以好好理解及梳理今天的她。

阿拉伯之春前的敘利亞

大馬士革的榮耀與哀愁

從黎巴嫩貝魯特到敘利亞首都大馬士革，兩小時的車程，就好像從這條街跑到另一條街這麼容易。當然，這只是對兩地人民而言。

正當二〇〇三年伊拉克戰爭如火如荼之時，我籌備前往敘利亞。那一次初訪，讓我更深入了解複雜的阿拉伯世界。那是一趟人文之旅，每刻都讓我落入沉思之中，她的文化、她的歷史和創傷，還有做為阿拉伯最古老城市之一的大馬士革。在黑沉破舊的貝魯特長途客運總站裡，司機不時大叫：大馬士革、大馬士革……

有些乘客帶了大包小包的行李，有的則一派輕鬆樣，手拿著的不是護照，而是一張通行證。我看著這個情景，想起香港人到深圳，可以做一日遊，也可以從事各種活動、探親，或是去談生意、度假透透氣。

不過，如果是外國旅客的話，就沒那麼容易了。

我初訪時的二〇〇三年，敘利亞仍視黎巴嫩為一個省，並沒有在黎國設大使館，這可難倒未在原居地先申請敘利亞簽證的外國人。

能否拿個落地簽證？這真要看看當時敘利亞對外的情勢如何。說穿了，要視心情而定，一如天氣。

很快我便抵達大馬士革市中心，正值下班時間，到處車水馬龍。

雖然噪音嘈雜令我不勝其煩，但第一眼卻已看到這個城市所散發出的吸引力，嗅到了濃厚的歷史氣息。

賣茶人背著差不多與他一樣高的銀色阿拉伯茶壺，在「烈士廣場」（Martyrs' Square）、舊城門外或漢志（Hejaz）火車站附近兜攬生意，不時搖搖手上的鈴鐺：叮噹、叮噹、叮噹……聲聲回應著古老清真寺傳來的頌禱聲。走在朦朧的晨曦、日落的黃昏中，總不禁教人發思古幽情。特別是舊城外，長長的古羅馬城牆，穩固地圍住大馬士革輝煌的過去。

大馬士革是迄今世界上連續有人居住的最悠久城市，西元前五千年已人煙稠密，後來成為波斯帝國的首都，接著又落入亞歷山大大帝手中，搖身一變，成為希臘中心，然後又成了羅馬帝國的主要城市。

隨著拜占庭勢力的沒落，阿拉伯的伊斯蘭王朝也伸展至此，期間曾經歷蒙古的入侵，最後受到奧圖曼帝國長期的統治，直至第一次世界大戰後，又成了法國殖民地，到一九四六年四月十七日，敘利亞才正式獨立，真是有說不完的歷史。

鋼索上的生活

賣茶人的叮噹聲持續，路邊小販叫賣聲此起彼落，販售影音產品攤位的老闆把卡式錄音機音量盡情調高，播放出最熱門的敘利亞流行音樂，年輕人則隨音樂節拍搖晃著身體。我一經過，他們都會好奇地呼喊問：「嗨，是從日本來的？」

大馬士革雖然破落古老，顏色灰灰沉沉的，看似一九六〇年代的廣州，但卻有著大城市的氣勢。二〇〇〇年小阿薩德（Bashar al Assad）上台後，致力於經濟開放改革，年輕人都想藉機擺脫傳統，一飛沖天。他們的蠢蠢欲動，更為大馬士革增添了活力。

音樂聲實在震耳欲聾，我掩著耳朵，他們問我：是否來自日本？我隨便點點頭，便匆匆忙忙地走進一間網咖。

這些網咖多由年輕人經營，顧客也大都是年輕人。他們可以在電腦前花上好幾個小時，這是他們與外界最直接的聯繫方法。

小阿薩德開放經濟，但在政治上還是抓得很緊，連網上亦有禁區，屬於美國的網站「雅

大馬士革雖然通訊管制嚴密，但居民仍可自由安裝衛星電話接收器，家家戶戶的屋頂上出現一支支的衛星大碟。

虎」和「熱郵」（hotmail），一律無法登入。

敘利亞是抗衡以色列的前線國，因此對於以色列的親密盟友美國一直是步步為營。小阿薩德認為，網路電子郵件可能成為間諜傳遞消息的途徑。

不獨是電子郵件，所有通訊系統都是危險的。一天，我跑到郵政局光顧他們的傳真服務，負責的職員板著臉說：「給我一份你的護照副本！」

我瞪大眼睛，大惑不解地問：「我來傳真，為什麼需要護照副本？」

「這是規定，如果沒有的話，請到外面的文具店影印吧！」

我停止辯論，並按他的指示呈交所有文件，心裡嘀咕，簡單如傳真都搞得如此複雜。

傳真完畢後，那位職員把我的原稿收起，我又瞪大眼睛不禁大叫，「這是我的原稿啊！」

「對呀！這也是規定，所有傳真出去的原稿都需收稿檢查。」

都說小阿薩德與父親一樣管得嚴。政府大樓、公共設施、大街小巷，已故的老阿薩德和小阿薩德的肖像無處不在，父子倆那帶點憂鬱的眼神窺探著每一位路過的人[1]。

「在這裡，人們不會在公共場合高聲談論政治，隔牆有耳。即使在路邊打掃的清潔工人，也有可能是國家特務，大家對政治噤若寒蟬。」

一位義大利人弗列德里柯這樣對我說，他只是一名旅客，也知道在敘利亞談論政治是禁忌。

我們坐在路邊的快餐店閒聊，阿拉伯早、午、晚三餐的飲食內容都差不多。我們大口咬著手上的阿拉伯大餅，夏天早晨的和風吹拂著，頗為愜意。一名清潔工人突然出現在我們面前，低下頭不停地掃，我望著弗列德里柯，他也望著我，不禁相視大笑起來。

在旁的敘利亞年輕人正在試用著手機，藉機炫耀一番。

二〇〇三年開始，政府才逐步讓國民使用手機這個通訊工具，但押金和電話都十分昂

1 老阿薩德（Hafiz al Assad）於二〇〇〇年六月去世，結束了近三十年的統治生涯，其兒子小阿薩德（Bashar al Assad）接替父親登上總統寶座，繼續在敘利亞的家族政治權力。

貴。無論如何，還不失為一個好現象。經濟開放，通訊也要開放，但要到什麼時候大家才可以談論政治？

美經濟制裁，老百姓叫苦連天

不過，敘利亞人不敢談政治，國家卻一直處於動盪是非當中。當伊拉克戰事還未結束，美國已開始羅列敘利亞的「罪證」。從布希、萊斯（C. Rice，時任美國國務卿）到鮑爾（C. Powel，前美國國務卿），指控排山倒海而來。從包庇恐怖組織、收藏大殺傷力武器到煽動伊拉克抵抗運動等，所有罪名加起來足以構成美國另一場反恐之戰。

事實上，美國已悄悄於二○○四年五月十一日對敘利亞實施經濟制裁。對敘利亞經濟打擊最深的，要算美國在控制了伊拉克後，便狠狠地封閉了伊拉克至敘利亞的輸油管，一隻強而有力的手緊緊地掐著敘利亞的咽喉，然後在其耳邊厲聲說：不是我們的朋友，便是我們的敵人！

溫暖的夏天突然讓人感到深秋的肅殺氣，街上的行人緊繃著臉，他們知道美國的第一輪經濟制裁只是牛刀小試，往後的發展還等著瞧呢！

小阿薩德在經濟改革上的宏圖大計，就好像被半途攔截，迫不得已只好來個緊急煞車，我碰到的老百姓都叫苦連天。難得的是，在大馬士革舊城門外一帶擺攤的年輕人，仍然隨著強勁音樂搖擺著身體，一副樂天知命的樣子。

生活在大馬士革的中國留學生可沒有這種心情呢！

一天晚上，我跑到大馬士革市中心一條最熱鬧的大街。這裡一如香港的女人街，又如台北的華西街，又或北京的西單，有不少流動小販叫賣著。我竟然發現了一大群中國臉孔的小販，詢問之下，果然是來自中國的回民地區，包括甘肅、雲南、青海、蘭州等地。

內戰前中國穆斯林學生愛到敘國留學，晚上出來擺攤賺生活費。

這群在街頭擺賣的留學生有男有女，女的一看就知道是回民，用白頭巾整整齊齊包著頭，一看見我，羞澀地笑了笑。我向其中一位搭訕，就此打開話匣子，東拉西扯起來。她告訴我，他們白天上課，晚上就到這裡賺點生活費。

他們賣的全是中國製造的文具、小飾物和擺設，部分透過跑單幫從中國帶來，但主要貨源則是來自一個阿拉伯批發商。他們說，敘利亞人愛中國貨，前幾年他們還可以靠此維持生活，但自伊拉克戰爭後，經濟一落千丈，購買力下降，生意也大不如前。

一位來自甘肅的黃同學告訴我，以前他們來敘利亞進修伊斯蘭宗教文化，不用繳學費。自「九一一」發生後，布希指稱阿拉伯世界的宗教學校有培養恐怖分子之嫌，嚇阻了歐美伊斯蘭宗教組織，不敢再捐款支持伊斯蘭國家的宗教教育，以避瓜田李下之嫌。這可苦了這裡的宗教學校，在缺乏海外經費下，只有向留學生大幅收取費用。

這批中國留學生被迫走上街頭當起小販，生活艱難。黃同學嘆口氣說，那些恐怖分子不是真正的穆斯林，但外界一竿子打落一船人，讓真正的穆斯林也一同受罪。

最讓黃同學憂心的還不是學費，也不是小買賣，而是敘利亞在美國軍事恫嚇下充滿不可預測的變數，成為留學生不宜久居之地。

「我希望在此完成學業，但家人不斷催促我回家！」

戰爭傳聞不絕於耳

當然，在敘利亞這個消息封閉的社會，小道耳語成為老百姓的新聞來源，大家都議論紛紛，目前種種跡象是否意謂美國已向敘利亞敲響戰鼓？張三李四各有不同聽聞，有各樣的詮釋，雖然他們不敢說，結果還是說了。

例如，我下榻的那間旅館，老闆總是強調只談風月。他以前是飛機師，有不少值得炫耀的經歷，十年前看好大馬士革的旅遊業，特別是年輕人越來越多，但大馬士革缺乏價錢相宜的小旅館，他與家人便開辦了這間令人賓至如歸的家庭式旅館。

在旅館公用小客廳裡，老闆總是在我不留神時遞上一杯薄荷香味撲鼻的阿拉伯茶，有時間則會坐下來，問我當天過得如何？其實他是想打聽，我有否挖到獨家消息？

他知道我是記者後，遞茶的次數更頻繁。他不願評論，總靜靜傾聽，而我則乘機抱怨在敘利亞採訪有多苦惱。滿頭白髮、滿臉白鬍子的老闆壓低聲音勸告我說：「你得要事事小心啊！」

敘利亞有點像戰前的伊拉克，暴風雨前夕，唯一可以做的是繼續維持正常生活，無論你心裡有多麼忐忑不安。政府官員也一樣，那趾高氣昂的臉孔仍在，或者我應該說，他們仍然充滿自信。畢竟，他們認為敘利亞在阿拉伯世界中曾是舉足輕重的國家。

一九四五年三月，即敘利亞正式獨立的前一年，它已是阿拉伯聯盟（The Arab League）的創始會員國，而且一直積極推動建立泛阿拉伯單一國家。直至一九五八年，敘利亞與埃及結盟，兩國合併成立阿拉伯聯合共和國，希望藉此抛磚引玉，最終能統一阿拉伯世界。雖然此夢想夭折，但當時敘利亞在阿拉伯地區可說已成為主導勢力之一。

敘利亞新聞局的里德．薩胡（Raed Al Sahou）很喜歡向我講述其國家過去的英勇歷史。他在新聞局專門負責接待外國傳媒，我是外國記者，如要採訪政治新聞就必須先向他們報到，遞上採訪計畫，再由他們安排。

老實說，連在郵局傳真也必須經過審查，更何況是外國記者的採訪？當然有必要認真「照顧」。

政治獨裁，社會文化多元

薩胡表現還算友善，他見我來自中國香港，興奮地告訴我：他們新聞局裡有個同事在北京留學過，通曉普通話。

敘利亞與中國在外交上不見活躍，可是民間卻有往來，從經貿到教育很頻繁。敘利亞人很喜歡到中國留學。北京有一家名叫「一千零一夜」的阿拉伯餐廳，老闆便是從敘利亞來的。

薩胡菸不離手，告訴我兩國深厚的友誼，待在煙霧彌漫的辦公室，我有點心不在焉，更何況坐在他辦公室的其餘三位客人一邊抽菸、一邊打量我。

未幾，薩胡口中能說普通話的同事進來，三十出頭，普通話不但流利，並且能寫中文，令我意外。

他有一個中文名字：納賽爾，姓氏為卡爾塔，自此，我就被交到他手上了，由他負責安排我的採訪、擔任翻譯等等。

納賽爾處處表現出他的聰明、圓滑，加上敘利亞民族本身的好客熱情，使我很快就忘記了他的官員身分。即使在星期五假日，他也會致電到旅館來問候我，看看有什麼可以幫得上忙？

我說：「今天是假日呢！」但他總是這樣回答，「不過，你是我的客人，假日也不例外……」

敘利亞被美國描繪成小魔頭，是危險之地。但是到達之後才發覺，無論在治安和人情方面，敘利亞絕對讓你安心。

旅館裡的西方旅客與我閒談時，總會提及他們國家向計畫到敘利亞旅遊的國民發出警告，他們對此大惑不解。

當我準備出發到敘利亞時，朋友曾打趣問我，「嘿，你是否也要包頭巾呢？」

敘利亞在政治上獨裁，但社會還算開放，雖然規定總統必須是穆斯林，可是伊斯蘭卻不是國教。世俗化的政策使得這裡的生活變得多元化，我旅館的那條街上，轉彎處便有一間色情影院，門外掛滿香豔劇照，看得我目瞪口呆。

這裡與埃及沒有分別，伊拉克也一樣，傳統的、現代的可以並存，並不是我們想像的封閉。婦女不一定全都包裹頭巾，男士也不見得都穿長袍，雖然不時也可看到全身包裹的婦女，以及頭頂黑布帽、滿臉鬍子的什葉派教士，但時髦的男女依然滿街都是、隨處可見。

社會復興黨的影響力

總統阿薩德家族所屬的阿拉威派，是什葉派中一個小眾流派，不過，阿薩德受執政社會復興黨（The Ba'athe Party）的影響比宗教更深，因此他捨棄了神權，選擇了世俗。

阿薩德經常為自己的政黨感到自豪，在他眼中政黨代表了進步。原來，敘利亞的社會復興黨乃阿拉伯世界第一個成立的政黨，一方面承襲了一九四〇、五〇年代蔓延的社會主義思潮，強調平等與計畫經濟；另一方面卻又主張選擇自由：新聞自由、言論自由、集會自由等西方民權思想。但也由於它的進步理念，很難被阿拉伯世界接受[2]。

該黨建於一九五三年，創辦人為阿弗拉克（M. Aflak），是一位具有超凡魅力的馬克思主義革命家。除了馬克思的社會主義外，他也提倡民族主義及人道思想，受到社會各階層廣泛支持。

不過，社會復興黨當初成立時所信奉的人道自由信念，到了一九七〇年阿薩德掌權後，已開始變質。

無論如何，社會復興黨能夠發揮其影響力，當然有其時代背景，而且它曾試圖跨越國界整合阿拉伯世界，在阿拉伯史上占有一定位置。

對於外界而言，敘利亞總是對西方懷有強烈敵意，同時又是極端反以色列的國家，它所支持的黎巴嫩真主黨、巴勒斯坦的哈瑪斯和伊斯蘭聖戰組織等等，矛頭都直指以色列，而美國的矛頭又指著敘利亞。在美國眼中，敘利亞就算不是「邪惡軸心」的核心國，也算是流氓國家，威脅著中東地區安全。

向來對美國的中東霸權懷有不滿的法國，在敘利亞問題上竟然與美國站在同一陣線。二〇〇五年情人節，黎巴嫩前總理哈里里被暗殺後，所爆發的一連串要求敘利亞撤出黎巴嫩的反敘浪潮中，法國便與美國齊聲指責敘利亞，這實在觸痛了敘利亞人心中的傷口。敘利亞人對法國、美國的新仇舊恨突然一起湧現，甚至連一直挑戰敘國獨裁政府的敘利亞人權律師黑蘭．馬雷（Hay Them al-Maleh），也暫且把對政府的批評擱置一旁，轉而指責法、美的偽善。

大馬士革的人權鬥士

黑蘭．馬雷這位居住在大馬士革的人權鬥士，現為敘利亞人權協會主席。品性淳樸、敢怒不敢言的敘利亞人，一提起他都會肅然起敬。他說了他們想說但不敢說的話，並為此付出代價，嘗盡牢獄之苦。

> 世界讓我遍體鱗傷，但傷口長出的卻是翅膀。向我襲來的黑暗，讓我更加閃亮。
>
> ——阿多尼斯（Adonis）

2 敘利亞社會復興黨簡介，可參考周煦編著的《敘利亞史：以阿和平的關鍵圖》，台灣三民書局。

平靜的大馬士革突然颳起一陣風，已屆退休之年的馬雷仍然火氣十足。他一接受訪問即指著美國的鼻子表示，「我們於一九四五年以民主政權建國，但美國大使館卻在我們的國家製造獨裁者。大馬士革出現的第一個軍事獨裁就是由你們的大使館所創造的，從一九四五年直到現在，出現好幾個獨裁軍事政權！自一九六三年起，我們一直在《緊急狀態令》下生活，已超過四十二年了。在《緊急狀態令》面前，任何法律都得讓步，身為老百姓，承受了不少來自政府的壓力……

「但另一方面，我們也不相信美國想為我們帶來民主方向，因為我們知道，美國做為一個霸權，是不相信政治，只崇尚武力。所以美國可以在沒有法理證據和聯合國同意下跑到伊拉克，那麼我如何能相信，當今這個超級大國能夠又或者會幫助我們發展民主，而不是為了美國自身利益？在敘利亞，我們都認為美國不是為了反恐而攻打阿富汗和伊拉克，而是為了控制經濟，不是為了創造民主……

「我們一直反抗獨裁，就是為了想從獨裁者手中解放出來，以改變我們的命運，邁向自由、民主。但在過去，美國乃至西方卻三番兩次支持我們的獨裁政府，那麼，這又怎能相信他們會協助我們改變命運、帶來民主？現在，更可以看到利比亞總統卡達菲（Colonel Khadafi）仍然實行軍人獨裁統治，但在美國政府眼中卻已變為好人（卡達菲聽命美國，公開宣布放棄大殺傷力武器）。我們需要改變，如果美國真的有誠意協助我們，就應該停止支持這個地區的獨裁政府，這十分重要……」[3]

他的兒子伊雅斯（Iyas Maleh）插口說：「在一九七〇、八〇年代，敘利亞存在一股很強大的反對力量，最後被鎮壓下來，但國際傳媒沒有報導一九八〇年代發生於哈瑪城的大屠殺。西方社會連看一眼也沒有，因為這個屠殺人民的政權是他們所扶植的。」

父親馬雷接著表示，「現在，在敘利亞有個很大的問題，四十二年來《緊急狀態令》下，我們一切都被毀了，敘利亞政權變得很虛弱，面對外在的壓力，更是神經兮兮。我擔心的是，政府可以這樣說：ＯＫ！我們正受外來的威脅，因此，有必要維持《緊急狀態令》。另一方面，伊拉克使我們的生活更為緊張，我們不希望敘利亞變成伊拉克，政權被摧毀了，國家也被摧毀了……」[4]

馬雷的沮喪也代表了阿拉伯世界中為民族奮鬥的人權人士的沮喪，他道出了阿拉伯人對西方的不信任是有歷史根據的。

儘管我們從美國政府的口中、西方媒體的報導，得到的敘利亞印象如何負面，但她所走過的歷史卻是蒼涼的。

---

3 二〇〇五年三月三日，黑蘭·馬雷接受美國 Democracy Now 另類電視主持人 Amy Goodman 電話訪問，詳細訪問內容可查看 www.democracynow.com。

4 同上。

反西方情緒高漲

敘利亞歷經奧圖曼帝國統治，到了第一次世界大戰，帝國瓦解，英、法等歐洲國家主導阿拉伯地區，敘利亞成為法國的託管地。法國極力打壓當地民族主義分子，並且違背了託管約定，破壞了敘利亞的領土完整，使得法國成為敘利亞人心中一個仇恨的刺。

法國與美國就黎巴嫩前總理被暗殺事件，一致譴責敘利亞占領黎國。聽在敘利亞人耳中，只感到法國是繼美國後，另一個對敘利亞別有所圖的國家。

敘利亞走向獨立之路可謂荊棘滿途，但其建國元首庫瓦里（Shukri al-Quwatli）由議會民主選出而成為共和國總統，使敘利亞在阿拉伯地區裡顯得獨特。庫瓦里於一九四六年四月十七日立國後，帶領國家走過內外交困的三年，於一九四九年三月在軍事政變中黯然下台。其後敘利亞發生連番政變，活像坐上亡命之車，局勢動盪不安。

軍人政權捱不到一九五五年的年中，就被人民推翻了，庫瓦里再度以文人身分上台。原本推行中立的外交政策，哪知卻不斷與美國所資助的以色列發生衝突，再加上伊拉克、土耳其與西方世界結盟，為了安全理由，庫瓦里不得不靠攏埃及和蘇聯，來抗衡英、法、美與以色列。自此，敘利亞人就滋生了深深的反西方情緒[5]。

即使如黑蘭．馬雷這樣的異議分子，雖然批評自己的政府，但並不表示他會因此支持美國。

「西方說一套、做一套，他們不是真的關心我們的人權，只是想控制敘利亞這塊具戰略地位的土地，特別是要維護以色列的安全，我們遂成為犧牲品……」一位敘利亞作家穆沙維（Walid Moshaweh）博士如是說。

他是一份官方文學刊物的總編輯。當初我向新聞局表示想採訪作家，他們便介紹了博士讓我認識。作家明明懂英語，但新聞局卻硬要派出納賽爾與我同行當翻譯。納賽爾英語水平有限，我唯有以普通話提問，納賽爾再用阿拉伯語向作家轉述，十分麻煩，但我知道新聞局的用意，就是提醒我們不要隨便亂說話。

一位作家的滄桑

結果，作家穆沙維博士還是向我講了真心話。不過，他邀請我到他家作客時，我卻在他家鬧了一場笑話。

當天去他家之前，正好我在郵局傳真遇到原稿被沒收的事，我感到有些擔憂，稿中有

5 如要進一步了解阿拉伯世界與西方之間的糾葛，可參考美國哥倫比亞大學中東研究中心主任 Rashid Khalidi 的《*Resurrecting Empire: Western Footprints & America's Perilious Path in the Middle East*》，Beacon Press，2005。

批評阿薩德的言論，這是否會帶來麻煩？

懷著這種憂慮，我恍恍惚惚地來到作家的家，作家太太早已準備了豐盛午餐，他們的熱情慢慢減輕了我的憂慮。

敘利亞人樂天知命的性格，作家夫婦表露無遺。他們的房子不大，甚至有點陳舊，這使我想起北京的公家房子，有限的空間裡還是讓我感到一種生命力。作家喜歡音樂，卡式錄音機不停播放著敘利亞的輕快音樂，音樂伴著作家太太做菜，她不時隨樂搖擺著肥胖身體，顯然樂在其中。誰會想到他們曾走過一段黑暗歲月？

陽光從窗外透過紗窗布照進來，微風輕輕吹著紗窗布，外面的樹影落在作家身上。我坐在他對面，有點看不清楚他。

他拿起以前編過的一份文學刊物，念了其中一篇文章，隨即說：「就是這篇文章讓我受盡多年的牢獄之苦，現在我們才漸漸尋回正常的生活……」

我聽得出奇。上次訪問他時，他明明告訴我一直享有寫作自由、國家尊重文字工作者云云。

作家大笑不語，一切盡在不言中吧！

我有些失落。很難解釋那種失落感覺，我早知他在訪問中一派官方說法，但他仍是受尊敬的作家。他無奈表裡不一，心裡竟然沒有留下什麼痕跡，即使終於訴說他的真實故事，聽起來也好像屬於別人似的，他依然在大笑。

吃午飯時，門鈴響了，作家打開門，一位二十歲出頭、穿著軍裝的小伙子站在門外，不知為什麼。我的恐懼突然回來，想到那一篇被郵局沒收的稿件。他是為此而來嗎？我過去看過的間諜小說出來作祟了，心想在這個到處有眼睛與耳朵的國家，我是否已被跟蹤了？

腦海裡實在太多的胡思亂想。作家邀請年輕軍人坐下來與我們一起進餐，並介紹說：「這是我姪兒，趁下午放假專程來看我們。」

聽了之後，我整個人猶如再次浮出水面來。我的天，我是怎麼搞的？黑蘭．馬雷的兒子伊雅斯曾向傳媒表示：四十二年來實施《緊急狀態令》，在街上可能隨時遭警察逮捕，然後送進獄中，面對一連串盤問、毒打，最後再碰碰運氣，他們是否會想出一個理由釋放你，抑或繼續囚禁。整個過程完全不需要驚動法院，並不需要先獲得法院的審理決定[6]。

我想到反恐政策，不也正是這樣嗎？

面對緊急法令又或反恐政策，人權也要靠邊站。

6 二〇〇五年三月四日，美國 Democracy Now 主持人 Amy Goodman 早晨訪問節目。

民眾擔心步上伊拉克後塵

如今在敘利亞，大家都很擔心。美國對敘利亞政府咄咄逼人，可能導致小阿薩德有藉口加強實施《緊急狀態令》。自美國點名指責敘利亞為流氓國家、伊拉克拉開戰幕以後，小阿薩德政策變得越來越敏感、脆弱，而二〇〇〇年上任後企圖推動較開放政策的嘗試，亦因此有所退縮。

「我們看到了瞬間的曙光，可是黑暗很快又再度籠罩這個國家！」

駐守在大馬士革的人權分子齊聲認為，戰爭手段只會促使敘利亞走向毀滅，就好像伊拉克。在這個千創百孔的社會，戰爭不但摧毀政權，也摧毀人民，整個國家將會垮掉。

我總是抓住機會與敘利亞老百姓攀談，去了解他們的憂慮。他們害怕自己國家會步上伊拉克的後塵。

一般敘利亞老百姓談起這個問題總是垂下頭，溫柔的聲音帶點憂鬱與無奈，很少像黑蘭．馬雷這樣火氣十足的，更遑論像埃及人、黎巴嫩人、巴勒斯坦人，甚至伊拉克人，可以激情又悲憤交集地指罵敵人。也許是敘利亞人習慣了逆來順受，他們傾向相信宿命，當他們說出「Insha'allah」（阿拉伯語，指一切聽從真神之意）時，比鄰國阿拉伯人更為認真。

黎巴嫩報紙《沙費爾》（*Al-Safir*）駐大馬士革的記者吉亞德．海達（Ziad Haidar）點頭，表示贊同我對敘利亞人的初步印象。吉亞德是黎巴嫩人，但在大馬士革工作，生活了十年以上，專門跑政治新聞。他對敘利亞政治有冷靜透徹的觀察，我很喜歡跟他聊天，幾乎可說是我在大馬士革的指路明燈。

一天，吉亞德與一大群記者齊聚一堂，高談闊論。我也是受邀的嘉賓，就在某位導演家裡，一棟古老的大宅，站在露台上可以眺望大馬士革的景色。

吉亞德劈頭就向我說：「身為外來人，又有西方文化背景，你可能對敘利亞很多方面不順眼。但你要知道，敘利亞正在改變中，從老阿薩德到小阿薩德，速度略嫌緩慢，畢竟小阿薩德所面對的是蘇聯式體制留下來的種種問題。老一代強硬派的官僚執著舊有的一套，政客在沒有監察制衡下貪婪腐敗，再加上社會主義經濟的體弱多病、缺乏效率等等，還有四十年來受壓抑的人民心靈、觀念，都不是一朝一夕可以改變的。因此你會在這裡看到很多不合理現象。不過，請相信我，已在慢慢進行中……」

我同意他的看法。但速度的確很緩慢；去郵局傳真要沒收稿件的蘇聯式政策仍在，特工處處，令人神經緊繃的警察國家式管制需要時間改善。或許可以寄望下一代，那越來越趨向個人主義的年輕一代，他們可為社會注入活潑的思想。

「對，蘇聯共產主義經過三代才垮掉。現在，小阿薩德只是第一代。」聚會中另一名敘利亞記者塔里克（Tariq）插口說。

一名敘利亞知識分子打趣表示，「我們得要耐心等候敘利亞的戈巴契夫出現吧！」在場人士不禁大笑起來。

大馬士革之春轉瞬即逝

不可否認地，小阿薩德一上台即以開明的姿態出現，釋放政治犯，又包容沙龍式的民間討論會存在，國內亦開始能夠公開辯論政府政策。在媒體方面，第一份民營報紙《點燈人》（*The Lamplighter*）為知識界帶來希望。敘利亞知識分子簽名要求更多改革。人們期待「大馬士革之春」的到來。

曾專訪過小阿薩德的外國記者都會對他留下不錯的印象，畢竟他不同於父親，他不是軍人出身，而是眼科醫生。曾任《華爾街日報》駐中東特派員的史提芬・葛連（Stephen Glain），形容經常穿著西裝的小阿薩德熟習西方禮儀、為人友善隨和，甚至散發出一種說不出的魅力。他留學西方，說一口流利英語，不避談改革，處處展現開明作風。對於西方記者而言，最重要的是小阿薩德有問必答。

只可惜小阿薩德政策不無反覆，人們不免懷疑他是否患上精神分裂症？一方面，他的確表現出有誠意進行改革，但另一方面，他又不敢走得太快。結果，「大馬士革之春」夭折，多人受到牽連，知識分子一再失望。

在外交政策方面，他也一樣搖擺不定。一位敘利亞外交官指出：西方喜歡把敘利亞塑造成強硬派，卻沒有察覺到小阿薩德與他爸爸其實不盡相同。他嘴巴硬，但願意做一點妥協，甚至可以向美國和以色列做出適度的讓步。他於近年公開表示，如戈蘭高地問題獲得解決，他可以承認以色列的生存權[8]，可說是主動打破了僵局，但卻使得國內強硬派認為他軟弱無能。不過，他有時的確也容易方寸大亂，特別是面對目前的情況，戰鼓作響，他的愁眉又再度深鎖了。

在美國眼中，小阿薩德的個人作風是一回事，社會復興黨又是另一回事。該黨是老阿薩德的幽靈，老阿薩德去了，但幽靈繼續主宰著敘利亞的命運，小阿薩德與社會復興黨之間的從屬關係也變得模糊了。無論如何，伊拉克的社會復興黨雖然倒下了，敘利亞的社會復興黨卻正構成美國大中東計畫的主要障礙，必須除之而後快。這不一定關乎民主，這是戰略。

黎巴嫩危機迫使敘利亞撤軍（見附錄），敘利亞在中東地區的唯一屏障都失去了，完全被親美力量圍堵，從伊拉克、以色列、黎巴嫩，一路到土耳其，政治上孤立，經濟遭制裁，唯一可以結盟的就是伊朗。二〇〇五年三月，敘利亞宣布與伊朗結盟，維護雙方的安全，促進兩地貿易往來。

---

7 葛連《*Dreaming of Damascus: Merchants, Mullahs and Militants in the New Middle East*》，John Murray Publishers，2004。

8 小阿薩德於二〇〇四年接受黎巴嫩報紙《*Daily Star*》訪問，公開表示如以色列歸還戈蘭高地，他便承認以色列的生存權。

哈瑪城悲劇事件

黨就是整個國家的權力象徵，在四面楚歌下，一定要設法求生存。社會復興黨建黨時充滿理想，經過多次內鬥與分裂震盪，一九七〇年，老阿薩德以國防部部長的身分發動政變，利用黨的聲勢做為其權力的後盾，展開長達三十年的獨裁統治。

老阿薩德所領導的社會復興黨，以狠見稱，充分反映了他的軍人性格。敘利亞本是遜尼派穆斯林占多數的國家，老阿薩德家族卻是什葉派中的阿拉威派，在敘利亞屬少數族群。因此他上任後即大刀闊斧剷除異己，扶植阿拉威派成為權力核心。

老阿薩德手起刀落，絕不手軟，為求鞏固權力不擇手段，完全發揮出阿拉伯沙漠部落式的殘酷政治之道，其中尤以一九八二年的哈瑪（Harma）大屠殺最令人聞風喪膽。

哈瑪位於大馬士革的北部，雖只有兩個多小時的車程，卻是截然不同的世界。我走在貫穿哈瑪城中心的奧隆特斯河（Orontes River）河邊，潺潺流水，河岸樹木茂密，時有花香飄來。虔誠的居民走在狹窄街道上，發出刺耳的腳步聲，打破了哈瑪城令我感到不安的寧靜。如果你不知道這裡曾經發生過大屠殺，或許會頗享受這個地方的平靜氣氛。它被稱為敘利亞最具吸引力的城鎮之一。

當年老阿薩德沒有看到哈瑪城的美麗，只知道這裡住了與阿拉威派為敵的遜尼派穆斯林兄弟會的成員。這是他們的巢穴，威脅到他的政權。這個基本教義派的「穆斯林兄弟會」

處處受到老阿薩德的打壓，而兄弟會則處處挑戰社會復興黨的專橫統治。

根據國際特赦協會的調查，那次哈瑪大屠殺的死亡人數在一萬至一萬五千人。老阿薩德的狠、先下手為強的手段，比以色列的夏隆有過之而無不及。當老阿薩德下達屠殺命令的時候，視線可曾落在這個美麗的城市上[9]？

現在的社會復興黨變成了阿薩德家族的遺產，老一輩的黨員沒有忘記老阿薩德的教誨，那就是「哈瑪規則」[10]。

泛阿拉伯美夢破滅

敘利亞支持黎巴嫩的真主黨及巴勒斯坦的激進組織，成為美國和以色列圍堵並孤立敘利亞的主要理由之一。

在世俗化的大馬士革街頭，披著黑頭巾長袍的婦女，還有戴黑布帽的大鬍子，偶爾從我身旁經過，都令我有所感觸；傳統的穆斯林與奉行社會主義的世俗總統，是多麼格格不

9 有關哈瑪屠殺事件的詳細報導不多，較詳細的有穆斯林兄弟會自撰的《哈瑪：我們的時代悲劇》（*Hama: The Tragedy of Our Time*），開羅出版。

10 湯馬斯・弗里曼在《從貝魯特到耶路撒冷》書中，就哈瑪規則有詳細解釋。

入啊！

伊斯蘭遜尼派的基本教義信徒「穆斯林兄弟會」在哈瑪遭殘害，屍橫遍野，敘利亞政府怎麼又與什葉派的基本教義激進組織「真主黨」成了最佳拍檔？而巴勒斯坦的伊斯蘭抵抗組織（哈瑪斯）、伊斯蘭聖戰組織（傑哈德）和解放巴勒斯坦人民陣線（人陣），為何都能在大馬士革祕密活動？

我不禁抬頭望去。大馬士革那些陳舊而典雅的樓房，是否有真主黨或哈瑪斯正在裡面密謀大計呢？站在酒店陽台上，突然聽到爆炸聲，轉瞬間一輛小貨車已經陷於熊熊烈火中。附近居民、商店老闆搶著撲滅火勢。敘利亞人看來頗為齊心，但事發原因照例是有待調查。一位旁觀者倒有很多陰謀理論，煞有介事地告訴我：這一定是以色列特工所為。

自「九一一」事件後，以色列以發現哈瑪斯等激進組織領袖出沒在大馬士革為由，曾向大馬士革做定點襲擊，砲彈橫飛，使得敘利亞政府又氣又怕。

一切從一九六七年中東「六日戰爭」談起。當時阿薩德上任國防部部長不久，即目擊阿拉伯國家在短短六日內被以色列打得潰不成軍，而敘利亞的大部分領土「戈蘭高地」亦落入以色列手中。面對這個慘痛恥辱，據說阿薩德曾把自己關在家中三天不見人。後來坐上總統寶座，便對以色列採取極端強硬政策，拒絕在「猶太人占領一寸阿拉伯土地」時與以色列言和。

阿薩德的強硬態度，與他的民族主義有密切關係。

大馬士革發生汽車大爆炸，美國指控大馬士革窩藏恐怖分子。

在大馬士革古城裡，有位敘利亞人指著一個頂棚對我說，那裡依稀可見的彈痕乃是當年勞倫斯（T.E. Laurence）率領阿拉伯軍隊英勇作戰的遺跡[11]。

自第一次大戰後，敘利亞一直希望統一阿拉伯世界，而敘利亞人亦因大馬士革長期成為中東文化及政治軍事中心為傲，深深建立起民族英雄主義，以推動泛阿拉伯政策為己任，因此敘利亞被稱為「阿拉伯民族主義跳動的心臟」。可是敘利亞振興阿拉伯的美夢，首先遭到英法瓦解，繼而以色列出現，與以色列交戰的三次中東戰爭，加上美國介入中東地區，使得敘利亞的復興美夢更是遙

11 T．E．勞倫斯（T.E. Lawrence），又被視為「阿拉伯的勞倫斯」，原本為英國上校，奉英國外交部之命與麥加薩里夫．候賽因談判成功，後來更與其子成為密友，協助阿拉伯人起義抵抗土耳其的奧圖曼帝國。在歐洲和會上為「阿拉伯王國」據理力爭，卻失敗而回，不過仍被阿拉伯人視為最真摯的朋友。好萊塢曾以他的事蹟拍成電影《阿拉伯的勞倫斯》。

遙無期，但它仍然孤獨地搖起民族主義大旗，死不讓步。

與此同時，敘利亞卻利用巴勒斯坦問題，將之變成推動泛阿拉伯政策的工具，大力支持巴勒斯坦抵抗組織，又通過與黎巴嫩真主黨的合作，以收對以色列的戰略平衡之效。以敘利亞做為軸心，連同黎巴嫩及巴勒斯坦，可以在地理上構成鐵三角來對抗以色列。因此，前美國國務卿季辛格（Henry Alfred Kissinger）就曾表示過：中東和平進程沒有了敘利亞，以色列才會實現真正的和平。

當美國的大中東計畫隨著伊拉克戰爭全面展開之際，敘利亞便無法逃避美國的槍口。在不斷受到圍堵與孤立下，國家實力逐漸衰退，較年輕的小阿薩德不得不對策略做出調整，除了與巴勒斯坦激進組織保持距離、在有條件下承認以色列存在的現實外，亦順應美國壓力，於二〇〇五年四月下旬完全撤出黎巴嫩。敘利亞手中對抗以色列的王牌一一滑落。

大馬士革古城一大清早依然傳出響亮的頌禱聲，但在響亮聲中隱隱聽得出淡淡的哀愁，畢竟大馬士革的輝煌時光已成為歷史的回憶了。

戈蘭高地相思何時了

我想探訪戈蘭高地，動機一如我曾到黎巴嫩南部一樣：因為這是與以色列接壤的前線地區，也是中東和平進程的一大障礙。

或許在我心底深處還有一個原因，那就是「戈蘭高地」這名字是這樣的美，令我興起許多聯想；在遼闊的高原上，身穿色彩斑斕民族服裝的姑娘引吭高歌，與對面山頭那位意中人對唱情歌，歌聲在山谷中迴盪，不經意溜進我的心坎裡。

想像中的戈蘭高地是那麼的浪漫，但現實中的戈蘭高地卻是另一回事。

水源之爭，戈蘭高地變色

一大清早，納賽爾已站在新聞局的大門口，手持戈蘭高地的通行證等待我的到來。一般外界人士不能隨便進出戈蘭高地的核心地帶，只能在外圍看看。記者則需有新聞局發出的通行文件，並有新聞官的陪同才能前往，因為那裡仍是一個敏感的戰場、一切衝突的源頭。

從大馬士革往戈蘭高地只有一個多小時的車程。納賽爾為人健談，一上車寒暄幾句後，我們便轉入正題——戈蘭高地的紛爭。

敘利亞人一提到戈蘭高地，無不咬牙切齒，更何況我身旁是一位政府人員，什麼民族大義、主權尊嚴，統統都搬了出來。

我並不覺得反感，其中的確有不少是歷史事實，還有他們的真情真意。就好比中國人說起釣魚台、韓國人談到「獨島」，總是慷慨激昂，沒有退讓的餘地。但在以沙漠為主的中東地區，大家把生存放在首位，水源也因此成了為生存而戰的理由。自以色列於一九四八年立國後，整個阿拉伯世界出現劇變，矛頭直指以色列這個野心勃勃的外來者，糾紛不斷。其中，水源更成為爭奪的武器。

敘利亞與以色列為鄰，衝突更是白熱化。早在一九六二至六六年間，雙方因約旦河爆發多次紛爭，敘利亞企圖分流約旦河上游的水源，使流向以色列下游的水量減少，戈蘭高地的位置便在這方面起了重要作用。敘利亞又利用該地的地勢來襲擊以色列北部屯墾區，還有加利利海（Galilee，敘利亞稱提比里亞湖）的漁民，這一切都加速了兩國關係的惡化，並為一九六七年的「六日戰爭」拉開序幕。

一九六七年，納賽爾還未出生，不過他對上一輩留下來的故事深信不疑：敘利亞永遠

敘利亞戈蘭高地兩旁被戰爭摧毀的樓房景象。

是受害者。當年為了打壓以色列向外擴張的野心，不得不先控制水源，並阻止屯墾區向敘利亞伸展，結果反被以色列藉機大咬一口。「六日戰爭」中，以國向東侵占埃及的西奈半島、向北吞併了具有戰略與資源優勢的戈蘭高地。

戈蘭高地，從此成為敘利亞的恥辱印記。

「六日戰爭」傷痕歷歷在目

我一直留意著出租車駛向戈蘭高地的沿途風景。離開了車水馬龍的大馬士革，進入了戈蘭高地所屬的庫奈特拉省（Quneitra），從高處眺望，可看到肥沃的土地和茂密林木，眼前景致令人心曠神怡。一旁的納賽爾指著一些嶄新樓房、市集，還有果園、苗圃、菜地，告訴我說這都是戰後重建的，他們決心從戰爭中再站起來。

此話不假，但亦不真。當天我們進入了戈蘭高地的庫奈特拉市，竟然一片荒蕪死寂，景象詭異，敘利亞人稱之為「鬼域」。這是「六日戰爭」的核心戰場，曾被以色列占領了一段時期，直至一九七四年在聯合國的公決下，以色列才不得不把三分之一的戈蘭高地歸還給敘利亞。庫奈特拉便是重回敘利亞懷抱的主要土地，只可惜已嚴重受創，背負著太多戰爭傷痕。但敘利亞政府一直沒有、亦不打算重建，就這樣讓它俯伏在高地上，增添高地的蒼涼，好讓敘利亞人記住以色列這場侵略，以及敘利亞所面對的潛在威脅，以合理化政府所實施的《緊急狀態令》。

原本話多的納賽爾一時間沉默了。在檢查站上，一名敘利亞軍人示意我們停車，跟著檢查通行函。納賽爾用阿拉伯語和軍人友善地交談了幾句，隨後車子停在一旁，他建議我下車拍些照片。

高地的風勢明顯較大，我站穩後才看清楚路兩旁是些東倒西歪、燒焦了的房屋，還隱約可見到房屋內的家具、器皿。想主人家必是慌忙逃走，來不及收拾，怎知一去不復返，一九六七年到現在，快要四十年了。據估計，當時約有十萬居民因戈蘭戰火逃離家園。

此時，又一陣風吹過來，呼呼作響，似在哀嘆。這些戰爭中留下來的房屋，就在這陣風的嘆息中苟延殘喘。

逗留了一陣子後，我們繼續往南行，沿途外圍有高達兩公尺的鐵絲網圍著，附近雜草叢生，偶爾有寫上ＵＮ（聯合國）二字的白色汽車經過，不久亦看到一座白色平房出現，插有湖水藍色的聯合國旗幟。原來我們到了非軍事區。

一九七四年，當聯合國裁定庫奈特拉必須先歸還敘利亞時，便在這裡劃出一條長達三公里、寬兩公里，即六平方公里的長廊做為非軍事區，由一千多名聯合國軍駐守，但主權仍屬敘利亞。

我在這裡竟碰上一名來自中國的聯合國軍人，他示意要堅守崗位，不便與我多交談。納賽爾特意帶我走到一座山坡上，山坡上鋪有混凝土看台，與對面山坡相隔著一個不大的山谷。山的對面設有以色列軍營和崗哨，飄揚著白底淺藍大衛星圖案的以色列旗幟。

就這樣，兩個分隔的戈蘭高地遙遙相望，肉眼即可看到軍營與崗哨背後那一排排別墅式的房屋，還有工整的小路，平靜地躺著，沒有半點戰火痕跡，與敘利亞這邊形成強烈的對比。

呼喊的山谷——荒謬的歷史悲劇

兩個截然不同的世界是這麼的近，從分界線至山下也只有五十公尺至六十公尺距離而已。我半開玩笑說，人們可走路越過山谷到對面山上探訪親友，納賽爾緊張地警告我，

戈蘭高地的「呼喊山谷」。敘國政府特意搭建了一個瞭望台，讓敘國居民向被以色列占領的那一邊呼喊親友的名字。

「你不要走下山坡，山坡布滿了地雷呢！」原來敘利亞所收復的庫奈特拉市仍在以軍的機關槍和迫擊砲的射程之內，而以色列方面更控制了戈蘭高地的至高點，連大馬士革居民也生活在其砲口之下，這使得不少敘利亞人處於憂患意識中。

總面積共有一千八百六十平方公里的戈蘭高地，以色列便占去三分之二的部分。這三分之二乃軍事戰略要衝，與約旦、黎巴嫩、巴勒斯坦相鄰，居高臨下，同時還享有戈蘭的水源，目前供應以色列百分之三十的用水量。

以色列前總理梅爾夫人（Golda Meir）早已言明：戈蘭高地是以色列不可分割的部分。一九八一年以色列正式併吞戈蘭高地時亦一再申明，基於安全理由，他們不會在這個問題上讓步。此外，他們更不理會聯合國的反對[12]，逕自在高地上擴建猶太屯墾區，成為以、敘兩國難解的死結。

那麼，戈蘭高地兩邊的居民，便注定要長期相思、遙遙相望了。每逢假日，他們便隔著山谷用擴音器互相問好、用望遠鏡看清對方的面容，又增添了多少歲月的痕跡。

「當年一場戰爭把原來好好完整的敘利亞家庭、親友拆散了，他們毫無選擇、不知原因，霎時間便異地相隔。有不少敘利亞人一夜間成為以色列占領區的另類居民，回不了家，失去了身分，日夜期待，只盼與親友重逢的日子。我的叔叔、阿姨便在對山那邊，而我的爸媽唯有每星期到這裡來，拿著擴音器、望遠鏡，一解相思之苦……」

我回望身處的混凝土看台，才恍然大悟為什麼這裡有個看台。納賽爾指著這個山谷，敘利亞人稱為「呼喊山谷」（Screaming Valley）或「哭喊山谷」（Crying Valley），我心一涼，中東紛爭的荒謬，一切從這個山谷開始。

「嗨！你好嗎？兒子長高了多少？叫他出來讓我看看吧！」

「我們一家人還算不錯，但總掛念著你們那邊的情況。」

12 早於一九四九年第四日內瓦公約，便已限制以色列在戈蘭高地興建屯墾區，而聯合國二四二和三三八決議案亦宣布，以色列占領戈蘭高地屬非法行為。

擴音器陣陣回音慢慢在山谷中消失，他們卻繼續呼喊，直至肝腸寸斷。納賽爾模仿他爸媽呼喊時的模樣，重現當時的情景。

團聚日遙遙無期

現在以色列那邊的戈蘭高地共有一萬兩千名猶太人，分別居住於三十二個猶太屯墾區，阿拉伯人也有一萬兩千名，主要都是被迫留在以色列的敘利亞人。

不過，居住在以色列的敘利亞年輕人，如今已在紅十字會的安排下回到敘利亞就學，大多數會進入伊斯蘭學校，但學成後必須返回以色列。對此，一些國際人權組織早已指出：這種現象有違人權，呼籲聯合國和以、敘兩國盡早解決戈蘭高地的紛爭，讓家庭團聚。

二〇〇三年，美國推出中東「和平路線圖」，但戈蘭高地卻沒有提上議程。國際社會指出，要落實中東和平，不能忽略戈蘭高地的紛爭，這也是引發敘利亞人和周邊伊斯蘭激進組織抵抗情緒的源頭。

阿拉伯之春後的敘利亞

內戰爆發，所為何事

在中東地區，牽一髮動全身，「阿拉伯之春」是最佳的例子。當敘利亞人面對內憂，又有外患，和平何其脆弱，他們總得要戰戰兢兢見一步行一步，誰會想到突然平地一聲雷。雖說是春天的驚雷，但其後帶來卻是一場狂風與暴雨，人們根本走避不及。

我在約旦遇上一對畫家兄妹，他們從家鄉霍姆斯（Homs）幾經艱辛逃難至約旦。霍姆斯是敘利亞第三大城市，「阿拉伯之春」爆發時為首個起義反阿薩德政權的城市，遂有革命首都（capital of revolution）之稱，後來成為內戰的主要戰場。

可是，畫家兄妹同聲表示，霍姆斯只是個普通的城市，當時有好些居民為受襲的少年人討個公道而已，他們不明白何以突然有不明來歷的人進城大叫「阿薩德下台」的口號，旋即把霍姆斯燃燒起革命之火。他們房子受波及，唯有慌忙逃離，來不及把過去的畫作帶走，眼巴巴看著自己的作品化成灰燼，難過極了。

我在多年前於北京認識一位年輕的敘利亞學者巴拉巴迪，因太太懷孕，舉家返回大馬士革。巴拉巴迪太太產後以週記形式，發電郵給朋友，分享家庭樂。

即使前年人民起義開始，她還堅持寫週記，但近年已再沒有收到她的電郵了，給他們電郵亦如石沉大海，而他們的兒子在內戰爆發時剛好五歲。他們怎樣也想不到，兒子竟然要在戰亂的環境中成長，甚至朝不保夕，誰都不敢想將來。

她上一次電郵是二〇一二年四月，內戰打了近一年，她當時抱怨反抗軍與政府軍沒兩樣，同是自私與殘暴，摧毀了人民最卑微的生活期盼。

隨著戰事的發展，讓我們越來越清楚，敘利亞內戰說穿了其實是一場代理人戰爭，不是正邪對決，也難分黑白。

敘利亞前線有政府軍和反抗軍在打，背後有美國與俄羅斯的地緣角力，中間還夾雜著遜尼派與什葉派的宗教派別惡鬥：沙特阿拉伯、土耳其和卡塔爾等國家武裝敘利亞反對派，與支持敘利亞什葉派政權的伊朗和黎巴嫩真主黨來一場生死決。

相信有人會這樣問，當初不是一場隨「阿拉伯之春」而起的民主革命嗎？

邊緣化遜尼派首先發難

二〇一一年初，從突尼西亞到埃及，人民在極短的時間推翻久在權力核心的獨裁領導人，他們對自由與民主的呼喊，透過衛星電視傳遍世界，加上社交媒體普及化，令不少阿拉伯人突然感到變革是有可能的。一直受邊緣化的敘利亞遜尼派，占人口百分之七十四，他們首先發難，走上街頭。

在敘利亞，傳統的、現代的可以並存。可是，在表面包容的背後，卻有一股噪動。這可追溯至一九八二年的哈瑪（Harma）大屠殺。哈瑪城為遜尼派穆斯林兄弟會的巢穴，他們處處受到老阿薩德的打壓，而兄弟會則處處挑戰社會復興黨的專橫統治。結果，老阿薩德向兄弟會大開殺戒，在政治上埋下深刻的裂痕。

因此，當北非革命遍地開花，哈瑪居民借此發起起義行動，卻遭到政府無情鎮壓，這激起敘國其他地方人民聲援，並高喊人權、自由與正義，這固然有政治原因，但也不無經濟因素。

奉行社會主義的社會復興黨回應「九一一」後，美國向敘國制裁所加速的經濟困難，他們欲推行經濟改革改善情況，怎知私有化政策反而令財富迅速流入與復興黨有關的經濟菁英手中，增加經濟不平等，通貨膨脹與失業率節節上升，人民怨氣一觸即發。而復興黨亦無復獨立初期在人民心中的地位。小阿薩德上任不久曾有意推行政改，卻碰上伊拉克戰爭，來了個急煞車，繼續受制於復興黨。

經濟差，再加上旱災，敘國民眾禍不單行。發生在二〇〇八年的旱災持續至今，東北部農民失收，湧至城市謀生，加劇城市貧窮化。人們不滿政府無力改善經濟，加上軍隊及警察部門貪腐成風，造成人民生活雪上加霜，只要有人振臂一呼，抗議政府種種不是，自然會有不少人響應。

上述均是敘利亞人民跟隨「阿拉伯之春」起義的內因。至於緣何發展至內戰，主要由外因促成。敘利亞人民和平起義的良好願望，很快便遭各方利益所騎劫。

眾所周知，當美國的大中東計畫隨著伊拉克戰爭拉開，敘利亞一直是美國針對的目標。自以色列立國而與之交戰的三次中東戰爭中，敘利亞最終因失去戈蘭高地憤憤不平。

與此同時，敘利亞卻利用巴勒斯坦問題，將之變成推動泛阿拉伯政策的工具，大力支持巴勒斯坦抵抗組織；又通過與黎巴嫩真主黨的合作，以收對以色列的戰略平衡之效，令以色列心裡有感敘利亞是個真正威脅；而美國對阿薩德政權一直欲除掉之，更何況阿薩德的緊密盟友伊朗，乃是美國的心腹大患。過去不時有傳聞，指美國和以色列有計畫攻打伊朗。

與此同時，一早蠢蠢欲動的海外反對派，無論世俗或宗教派系，一致主張武力推翻阿薩德政權，而海外世俗派系以在土耳其成立的「敘利亞全國委員會」（敘委會）為主，聚集了上百個親西方反抗組織。他們由於與國際媒體保持友好關係，當敘國國內爆發起義行動，他們隨即在海外壟斷有關行動的話語權，表示沒有政治解決空間，要求西方及早軍事介入。

此際，與敘委會有共同敵人的沙特阿拉伯和海灣國家，立刻以武鬥來配合敘委會的文攻，除向敘國境內的好鬥遜尼派如「敘利亞自由軍」源源輸入作戰武器外，亦派出武裝分子偷入敘國支持，「基地組織」（蓋達）也不甘後人。他們的共同目的，是要建立一個以遜尼派為主的泛伊斯蘭地區。

另一個組織叫「努斯拉陣線」（Jabhat al-Nusra），被視為反對派中戰鬥力最強，成員來自世界各地有戰鬥經驗的遜尼派穆斯林，他們聲稱要進行一場聖戰，如是者，世俗反對派很快被迫讓路給武裝組織。

局勢發展超出西方計算

局勢發展已超出西方的計算，他們想不到這些原被視為「恐怖分子」的武裝組織喧賓奪主，恐怕他們會藉西方軍事介入，乘勢奪權。

俄羅斯和伊朗也不示弱，大力軍援阿薩德政府。真主黨領導人哈桑．納斯魯拉（Hassan Nasrallah）警告，阿薩德政府不可倒，激進遜尼派奪權將威脅真主黨與黎巴嫩；以色列亦會藉機入侵黎國，巴勒斯坦也不穩。事實上，以色列已一早不時局部空襲敘利亞。

上述外因令到敘利亞內戰停不了，而且越演越殘暴。聯合國指交戰雙方都嚴重違反人權，這不禁令人哀嘆，沉重的戰爭代價將由無辜老百姓支付，大家都希望能看到戰爭的盡頭。當傳媒拍下一名僅三歲的小艾藍，隨著家人投奔怒海前往土耳其，卻葬身在地中海，嬌小的身軀被沖到土耳其海岸線而伏屍在沙灘泥沼上，世人震驚，高呼敘利亞各方停火。

事實上，敘利亞戰爭已令全世界都在揪心，這可謂是一場微型的世界大戰，因為這場戰爭的問題，不僅牽涉敘利亞內部政治權力的重組，也涉及全球大國的權力競逐，從美國為首的北約到俄羅斯，再到中東列強包括伊朗、土耳其、沙特阿拉伯、卡塔爾等，全都參與其中，這還能說是內戰嗎？

敘利亞戰爭自二〇一一年發生以來，已製造了二戰後最嚴重的難民潮，二十一世紀最悲慘的人道災難。最近，打得最激烈的敘利亞北部城市阿勒坡，這個曾繁榮一時的敘利亞第二大城市，同時又是一大商業及文化名城，而且是個最靠近歐洲的戰略之地，各方都虎視眈眈，因此該城很快成為戰爭的核心漩渦，自二〇一二年起該城市東部落入反對派武裝，與西部的政府軍陷入苦戰。後來政府軍雖收復大部分失地，但至今反對派武裝仍控制一部分阿勒坡領土。

失去阿勒坡，反對派自然心有不甘，難道革命的努力要付諸流水？這不期然令我想到二〇一五年參加在突尼西亞舉行的「世界社會論壇」，我特別去參加一個有關敘利亞的會議，由「聚焦敘利亞」（Focused on Syria）主辦，他們都是支持敘利亞反對派革命，因此會內的討論形式多於實際，不時高喊口號，什麼要國際團結、繼續支持革命等等。對於如何解決敘利亞難民問題、怎樣協助停止戰爭，卻沒有人去談論和關心。

與會的加拿大獨立女記者伊娃·巴勒蒂（Eva Bartlett），忍不住站起來表示，她前一年三次採訪敘利亞，在不同地方與不同陣營的老百姓接觸，她指老百姓都異口同聲認為先結束戰事。在場人士之間爭論，如果一場革命令老百姓連生存權也失去、歷史文物遭嚴重破壞，並讓帝國主義有機可乘，這還算是革命嗎？國際社運圈的天真理想，卻要該地老百姓付出沉重巨大代價，這也是革命所追求的嗎？

事實上，英國《衛報》早於二〇〇五年十一月六日發表史蒂爾（Jonathan Steele）一篇報導文章〈美敘交戰將以災難收場〉（US Military Action Against Syria Would Lead To Disaster: The opposition wants reform. but America is more interested in changing the Damascus regime's foreign policy），作者指出，人民要求的是改革，而不是不惜一切透過戰爭手段去改變政權。

附錄
阿勒坡和「伊斯蘭國」的崛起

二〇二三年初，土耳其南部和敘利亞北部接壤邊境上的大地震，從多國前來的救援隊伍，大部分湧到土耳其災區進行救災，敘利亞北部災區的國際救援卻寥寥可數。當過了一星期，土耳其救災工作仍未停止，而且傳來救出被困者的消息，反觀敘利亞那邊，人道組織「白頭盔」表示，救出生還者已渺茫，呼籲集中資源處置被救災民，兩地差異反映了什麼？

有傳媒不禁哀嘆，我們還記得有敘利亞人嗎？

至於敘利亞北部城市阿勒坡，即今次地震的重災區，原來也是內戰的重災區，反對派武裝曾多年控制這個古城，並視之為基地。阿勒坡是敘利亞第二個大城市，僅次於大馬士革，屬人類最早的定居點之一，位處於當年阿拉伯帝國的核心地帶「黎凡特」地區。而在內戰中崛起的遜尼派恐怖組織「伊斯蘭國」，他們曾口口聲聲指要收復黎凡特，建立哈里發伊斯蘭王國，阿勒坡便成為他們的兵家必爭之地。

說到「伊斯蘭國」的崛起，諷刺的是，正是由於二〇〇三年一場戰爭，美國追殺遜尼派所致。

「伊斯蘭國」曾與「基地」合作，當中成員有不少是已故前總統薩達姆政權，和社會復興黨殘餘的黨羽。他們可以說是伊拉克戰爭的產品，還有藉敘利亞內戰乘勢而起。

事實上，敘利亞反對陣營的遜尼派藉「阿拉伯之春」起義，有消息指出，他們獲科威特、卡塔爾和沙烏地阿拉伯暗中資助，遜尼派得以重整勢力，而且越戰越勇猛和越激進，「伊斯蘭國」就在這個大環境應運而生。該組織可以說是武裝遜尼派基本教義者聯盟，他們企圖征服敘利亞和伊拉克地區，再向外擴張，建立以遜尼派為主的大伊斯蘭國，庫爾德自治區首當其衝，從此不得安寧。

「伊斯蘭國」看中阿勒坡是「黎凡特」核心地區，因此一直盤據敘利亞北部，並以阿勒坡為其活動中心。

戰前阿勒坡居民一直享有的富庶和獨特的文化生活。土耳其東南部一帶的烤肉在土耳其最為有名，特別是加濟恩泰普（Gaziantep），當地烤肉菜式（kebap）原來入了 UNESCO 名單，有「美食之城」美譽。但有一點我們可能不知道的，就是加海恩泰普的烤肉，會令敘利亞難民想起阿勒坡，兩地曾是一家，阿勒坡的烤肉也頗有名氣，如果沒有戰爭，那麼兩地人民便可以很開心談美食。

此外，還有阿勒坡的橄欖樹，一般樹齡都擁有三、四千年以上，令到阿勒坡橄欖油含有獨特神奇的護膚作用。阿勒坡人喜歡用這些橄欖油製成手工肥皂，再加上月桂油，成為遠近馳名的阿勒手工肥皂，近年更在香港流行起來。據聞歷史上埃及女王和敘利亞女王都有使用過這類肥皂，很多阿拉伯人相信阿勒坡肥皂可舒緩多種皮膚病。可惜多年戰火再加上大地震，已摧毀不少當地特有的橄欖樹，進一步打擊他們的經濟。

當我在土耳其時，當地友人安排我訪問一個從阿勒坡逃難至土耳其的家庭，他們租住在一間破舊不堪的房子，可謂是家徒四壁，因沒暖氣而令室內一片冰冷。

一問之下，原來他們在阿勒坡市中心本來經營超市生意，有店鋪，也有不俗的大宅，怎知一場戰爭，店鋪與房子都給燒光，唯有躲到村落去，怎知村落又落入「伊斯蘭國」手中。在他們的控制下生活如何？男主人告訴我，一夜之間周圍都插滿黑旗，但只要乖乖聽話仍能苟延殘喘，怎知未幾又來了庫爾德族武裝，把「伊斯蘭國」打敗後，他們四處強搶民居，男主人感到無容身之地，家人生命也受威脅，無法不放棄老家逃命。

想不到阿勒坡居民從天堂迅速滑落到地獄，當中折磨不足為外人道。原本是大好家園，卻淪為內外慘烈撕殺的殺戮戰場。經過數年激戰，政府軍終於奪回阿勒坡大部分的土地，但和平是否會隨之而來？

一位敘利亞朋友告訴我，盤據敘利亞北部的激進武裝組織包括「伊斯蘭國」，他們換了個身分，更換了旗幟，繼續偷偷存在，還有他們成員遺留下來的孩子，人道組織正頭痛如何安置他們。

大地震發生後，當時有消息指遜尼派激進組織欲藉大地震政府虛弱之際，再次蠢蠢欲動；而美國面對大地震也不欲放棄制裁的原因，正是希望加深老百姓的絕望境況後，向政府來個大反撲，迫使阿薩德政權車毀人亡。

內戰雖暫結束，背後暗鬥卻並未停止，看來人禍可能比天災更可怕，而在多番天災人禍，可能快將阿勒坡這個名城從地圖和歷史上抹走。

伊拉克

Iraq

潘朵拉的盒子

美伊交戰期間，伊拉克人仍勇於奏出結婚進行曲。

左｜伊拉克孩童在戰爭中成長。
右｜位於伊拉克北部的巴比倫，曾被美軍用作軍事基地。圖為作者與巴比倫村落居民攝於雄獅像前。

美軍在二〇二一年撤出伊拉克，只餘少部分，主要駐守首都和北部。

首都巴格達市中心。

伊拉克，動盪之源

二〇〇三年伊戰後的伊拉克仍混亂至今，但國內北部竟出現一個自成王國的「庫爾德斯坦」，並成為戰爭最大得益者，享有一段富足和平的日子，有「黃金時代」之稱。這個「庫爾德斯坦」更在歐美多國設立代表處，猶如大使館，並可繞過伊拉克政府，自行管理外國人出入自治區的簽證，還設有由海外直達其首府艾比爾（Erbil）的航班。

現在，這個「國中之國」擠滿了世界各地的國際組織和外交使節，西方遊客絡繹不絕，人在此地猶如置身《北非諜影》（Casablanca）的好萊塢電影中。該地區早在薩達姆時代已是個自治區，卻不時面對打壓，甚至屠殺，遂早有獨立之心。當〇三年美國攻打伊拉克，他們重施殖民者拉一派打一派的故技，庫爾德人成為被招攬對象。

《紐約客》知名記者Seymour Hersh早在〇四年揭露，以色列伊戰前祕密向庫爾德領導層開出條件，如果他們支持戰爭，並讓以色列在庫爾德地區設情報中心，那麼，以色列可扶助他們建國。當然，立國只是餌，但仍給予他們建國的幻想，例如伊拉克過渡政府在新憲法中全國實行聯邦制，庫族人在新政府中被委以重任，他們便錯覺地認為這是建國的第一步。

此外，以色列有媒體揭露，以國早向伊國的庫族人地區提供先進裝備，且派遣專家加強其軍事訓練；以色列企業更在該地區投放大量資金援助發展，令他們轉成親以地區。該地區親以亦親美，戰後不久，他們匆匆自行通過《石油投資法》，並與美國石油巨頭亨特石油公司簽署了巨額協議，而以色列也推動恢復一九四八年時關閉的一條從基爾庫克通往以色列海港的油管。

庫爾德自治區儲油量占伊拉克六至七成，農牧產品亦豐富。在美、以的扶助下，他們擁有軍事實力、政治權力和資金。可是，這同時也為伊拉克的穩定埋下禍端。由於庫爾德地區已變相成美、以情報中心及用來對付伊朗和敘利亞的前沿地，伊拉克境內的遜尼和什葉派對此早有不滿。在以哈戰爭期間，伊朗便曾襲擊這個庫族地區，讓本以複雜的伊拉克局勢更為複雜，這一切可從〇三年的戰爭說起。

伊戰的禍端

〇三年對伊拉克而言，是個重要分水嶺，就在三月十九日深夜，全世界的電視台攝影機對準巴格達，大家都在等待，等待美國發出第一枚事先張揚的導彈。在漆黑一片的上空，星星如以往般閃耀，底格里斯河和幼發拉底河如常靜靜地流淌著。這兩條古老的河流見證了多少歷史的波濤與暗流，如今依然保持一貫的沉默。

特別在這一個「一千零一夜」的城市，巴格達的居民可睡得安好？他們正在踱步倒數計時？惶恐地瑟縮於一角？是無語問蒼天，還是坦然面對「救世主」的大駕光臨？

從電視畫面上無從得知。攝影師只對即將到來的導彈更感興趣，記者與觀眾的心裡可能極不道德地暗叫：快來吧！

我聽到在旁的電視主持人與評論來賓緊張的呼吸聲，他們對這場戰爭的報導安排早已就緒。

《一千零一夜》開始時，那位擅長說故事的莎赫札德姑娘不見了。沒有了莎赫札德姑娘，伊拉克人已失去了阻止「毀滅」的力量，大家都無法拖延，不能再繼續天方夜譚，「下回」就在此刻分解。

當我們都屏息以待之際，很快的，天空來了一道快速的閃光，果然「不負眾望」，各大傳媒又開始緊張繁忙地工作了……

美伊戰爭舞台，座無虛席

《華爾街日報》記者史提芬．葛連在他的新作《夢想大馬士革》（*Dreaming of Damascus*）中，形容伊拉克是一場表演、一個大舞台。他這樣形容「Iraq：The Show」，有不少人正為這個國家與人民撰寫劇本，搶著站到舞台上表演一番，無論是開戰前或開戰後。

我不知道我是否也在此一情況下來到了巴格達？二〇〇三年的二月，戰鼓隆隆，伊拉克鄰國首都安曼打破了過去幾年了無生氣的平靜，難得一見的熱鬧。過客從世界各地、四面八方蜂擁而至，他們或許帶有不同的工作，但目的卻是一致，就是勇闖伊拉克。安曼是唯一的中轉站，他們也不介意在這個胡笙王族（Royal Hussein Family）的國土上先來個熱身。各式各樣的人，有外交使節、聯合國人員、新聞機構、人道救援工作者、和平組織、人肉盾牌，當然還有特工。此時、此刻、此地，政治名人、傳媒明星就這樣齊聚一堂。

戰爭活像磁石，將大家吸了過來，又發揮指南針功能指出了方向。又或者戰爭根本是一個黑洞，那些早已知道或不可知道的，都讓人墮入不見底的荒謬與空虛當中。在人性深處，無法不被毀滅迷住。

毀滅帶來瘋狂，瘋狂也造就毀滅。一位美國大兵高呼「我們是被派到這裡來殺人的」。我留意到，他呼喊的時候眼睛都變紅了。紅了雙眼，便可啟動身體這副機器去殺人，而我們竟成為觀賞別人廝殺或被殺的旁觀者。從安曼出發到巴格達，我們可更貼近舞台，甚至成為舞台上的一個角色。那些慌慌張張的人道工作者，那些慷慨激昂的人肉盾牌，聯合國人員則有如喪家之犬般，因為一切斡旋終歸失敗，他們的身分與地位變得十分尷尬。只有趾高氣昂的美國大兵，在科威特、阿拉伯海灣，站在他們後面的是一批批整裝待發的隨軍記者。

這是一個何等「偉大」的場面。布景已經搭建完成，舞台就在眼前，而且全場客滿、座無虛席，大家都在等待「救世主」發號施令的一刻。

戰爭前夕，點燃記者騷動的心

這或許是最後一晚吧！風，陣陣吹來，還帶著一點點的濕雪。安曼在冬天時節原來可以很冷的，更何況出發在即，從約旦到伊拉克那一條高速公路名叫「死亡公路」[1]，大家得在那公路上花上十小時。

其實，無法迴避的是英文《約旦時報》記者阿里（Tariq Ayoub），前一年我就是在安曼三環路（Third Circle）上那家「書香咖啡室」（Books Cafe）認識他的。那裡是安曼文人雅士喜歡流連的地方，附近還有一間高檔露天酒吧，讓人醉生夢死。一次，在離開之際，我竟然碰到黎巴嫩總理的女兒，在旁的約旦友人蘭達（Randa）幫我介紹。在那酒吧流連的人非富即貴。

安曼就是這樣。這個小小的山城，從市中心開始，一圈一圈共五環往山上攀高，住得越高越富貴。「書香咖啡室」在三環，就可想而知了。

蘭達是在約旦出生的巴勒斯坦人，在一所屬於文教性質的非政府組織工作。因為她當過《約旦時報》的記者，所以我透過她認識了阿里。

我記得很清楚，那個晚上他不斷抽著菸，焦慮之情隨著一圈圈的煙霧上升。面對伊拉克隨時降臨的戰爭，他表示希望有能力阻止，即使不能，至少也要揭發戰爭的可怕。

約旦，一個與以色列有邦交的阿拉伯國家，極力保持中立，卻因鄰國的是非吸引了一大批記者前來。他們多數為獨立採訪的記者，需隨軍的都去了科威特。在這個山城談戰爭，窗外還有飄飄細雪，我不禁打了一個寒顫。

戰爭前夕，再見到阿里時，他已初為人父，並轉換了工作機構，為半島電視台工作。他對電視工作存有一些幻想，總以為傳播速度夠快、衝擊大，更何況「半島」被視為阿拉伯的聲音。他一加盟，即要求前往伊拉克採訪，太太擔心卻難開口阻止，在懷裡的嬰兒呱呱地哭啼。

我明白他的要求，相信他的誠意，戰爭總是騷動著記者的靈魂深處，但有人是為了大展身手而來。我認識一名中國大陸的年輕記者，二十多歲，出道才九個月，卻懷有這樣的目的前來，興奮得難以入睡。對他而言，巴格達是他夢寐以求的舞台、成名的機會。不過阿里不同，他受到騷動的是藏於內心那股民族感情，做為阿拉伯人，好歹也要出一分力。

我們此次重逢，竟然沒有了前一次的天馬行空，大家變得非常務實，只談裝備，評估風險，以及擬定對策。不過我們交談機會也不多，大家各忙各的工作。

臨行前，我承諾如果下次再來，一定帶一塊中國玉墜子給他兒子保平安。他一直緊繃的臉突然露出半信半疑的調皮表情，揮手說一句「Insha'llah!」（聽從真主的意思），我也向他說聲「再見」，就先行一步去了巴格達。

1 貫穿約旦與伊拉克的一條公路，貨車司機往往玩命駕駛，經常發生車禍，故有「死亡之路」的別稱。

從死亡公路前往巴格達

在進入伊拉克的邊境上，一大批外國人正等候過關。一箱又一箱的行李、採訪器材、救援物資，還有示威抗議所用的擴音器、布條、反戰宣傳物品，人與物擠在一起，好不熱鬧。當中更夾雜了高談闊論的聲浪，大家好像要去觀摩一場競賽，又或者去參加一場世紀派對。老實說，這種節慶氣氛竟然讓我們暫時忘卻了恐懼。即使走在那條筆直、長長的「死亡公路」上，一如這場「反恐」戰事，不見盡頭，也不知道將會發生什麼事，但心中卻沒有一點點的害怕。難道戰爭前夕本該如此？又或者是當身處死亡中便不再感到死亡的可怕？我想，伊拉克人就是這樣度日的吧？

看來，他們不再視戰爭與死亡是一回事，我問的每一位伊拉克人都只是聳聳肩，一是懶得回答，一是反問「我們還有什麼選擇？」，或是表示他們習慣了。伊拉克人很少表現出歇斯底里的憤怒，那種精神狀態只會在公開的示威遊行中出現。

旅途中經過費盧杰（Fallujah），一座再平常不過的村落，村民很少說話，只是以奇怪的眼光凝望每一位外來旅人。想不到戰後這裡竟然上演了激烈的廝殺，一夜間成為眾所周知的伊拉克城鎮。另一方面，費盧杰又有多少不為人知的故事？我們只知道它是遜尼派的三角地帶[2]。等到太陽西沉，我們一行三人（司機、攝影師、我）才抵達巴格達。

汽車經過底格里斯河，黑沉沉一片，沒有想像中的粼粼波光，天上也沒有閃亮的星輝相映，這條河更像一位沒有力氣的老人，經歷太多了，可否沉睡一會兒？

的確，太多了，從燦爛走到蒼涼。還有幼發拉底河，早在中學課本中就認識的兩條孕育人類最早文明的河流，一直只是個名字，怎麼就在我眼前出現了。

雖然聽不到川流水聲，但仍感覺到綿延不絕的大河正翻滾著無盡的歷史。在這個漆黑神祕的夜晚，它要向我傾訴，要傾訴的不但是巴格達的無常，也是人類的無常。

從土耳其開始，雙雙朝東南方向奔流的這兩條名河，流貫出長達將近一千公里平坦而肥沃的兩河流域，美索不達米亞平原就在兩河之間產生，然後出現了蘇美文明，人類的歷史從此展開。偉大的發明伴隨著血腥的鬥爭、掠奪，文明更替的劇本不斷上演。從蘇美、亞述再到巴比倫王國，隨後又消失，而且消失得無影無蹤。到了阿拉伯帝國，他們根本不知道這裡曾出現過多個輝煌的古老文明，雖然阿拉伯帝國也不甘人後，為伊拉克帶來了一個燦爛的時代。

我所入住的曼蘇爾（Al-Mansur）酒店，便是以阿拉伯帝國阿拔斯王朝（The Abbasid Dynasty）第二代的哈里發曼蘇爾（西元七五四至七七四年）命名。巴格達有不少街道、區域、酒店及機構建築，都以阿拉伯帝國的偉人命名，在每個轉角處都可能出其不意地讀到歷史痕跡。

2 費盧杰位於遜尼派三角地帶，成為美軍攻擊的重點目標。

不過，以薩達姆．海珊（Saddam Hussein）命名的也不遑多讓。從機場開始，到學校、醫院，加上到處懸掛的肖像，還有他的語錄。打開電視機、收音機，無時無刻不聽到海珊講話。更妙的是，即使在巴比倫遺址上，海珊也不忘把他的名字刻在城牆磚上，「巴比倫雄獅海珊」、「偉大領袖海珊」……

戰前的伊拉克

開戰前的一個月，街頭示威無日無天，示威者高舉海珊的照片，高喊「海珊萬歲」、「打倒美國」、「打倒美國走狗」。

台上一套，台下又是另一套。我的翻譯對此嗤之以鼻，他生長在一個什葉派家庭，家族曾受海珊政權的迫害，他討厭極權，以及當時受到制裁的伊拉克，很想遠走高飛。

高高瘦瘦的穆罕默德三十歲出頭，卻滿臉風霜，整天神經兮兮。他是我在戰前認識的伊拉克人中最敢批評海珊的，當然，這只限於私下談話時。至於其他老百姓，一聽到我問他們對海珊的評價，即感到受冒犯，慌忙回應說：「你怎麼可以問我這個問題？要我評價我們的領袖，這不是很有禮貌吧？」

巴格達的知識分子算是最願意講點真心話的一群，只可惜他們被貧窮的生活和緊張的政治環境折磨得心力交瘁，就好像底格里斯河和幼發拉底河一樣，由於太乏力而泛不起一點點的漣漪。

美國《新聞周刊》主筆札卡里亞（Fareed Zakaria）[3]形容戰後的伊拉克為一個「沒有氧氣的國家」，指的是缺乏安全。他說，一進入巴格達，四周破舊的景況完全不像是豐富產油國的首都，反而像極了東南亞或非洲某個落後的城市，看不出石油帶來什麼財富痕跡。沒錯，海珊的富麗行宮到處可見，其中有不可原諒的罪行，但導致人民生活不堪的不只海珊一人。

巴格達是伊拉克第一大城，即使不是阿拉伯世界最大城市之一，也曾是個富裕首都，特別自一九七三年從外國油商手中奪回石油資源，重歸國家擁有後，國民平均收入曾一度高達兩千美元，教育水平亦為阿拉伯世界之冠。一位擁有多個學歷頭銜、從事貿易的伊拉克女士雅娜兒（Yannar）這樣告訴我，她還帶我到頗現代化的商業區 Sharia Sadoun。這裡不乏優雅的露天咖啡餐廳、昂貴的名牌店，並有日本、韓國等科技產品的霓虹閃動著，附近是漂亮的獨立住宅樓房。雅娜兒指著其中正在興建的一棟，告訴我這是她所投資的。我大惑不解：戰爭前夕，竟然還有人進行投資活動？

雅娜兒理直氣壯地表示，「我勞碌了大半生，現在只希望在自己的家鄉有個安樂窩。戰爭或許不會來，最好不要想它，一想就什麼事都不能做了。」

她與丈夫離異，兒子有自己的生活。在經濟制裁下，過去十年來她唯有遊走在約旦、伊拉克之間，花了大半時間在外面，最後心願是告老還鄉。她說，在巴格達不談政治，什麼都好辦。

---

3 《新聞周刊》（*Newsweek*），二〇〇五年五月十六日。

我們在 Sharia Sadoun 一邊漫步、一邊聊天，我驚訝巴格達還有這個如世外桃源的富人區。在任何情況、任何地方，始終都有貧富兩極的分別。

天暗了，她還邀請我在該區一間非常氣派的中國餐館吃飯，算是最後的晚餐吧！在昏暗的燈光下，就請盡情吃喝，她點了滿桌菜餚，狼吞虎嚥。

這個中國餐館的中國老闆早已離開伊拉克了，易手給本地人，但來光顧的客人已不多，大都為外國人。社會復興黨的官員偶爾前來，雅娜兒不敢怠慢地向他們打招呼，甚至寒暄一番。

伊拉克穩定富足的黃金時期

曾經雄霸一方的社會復興黨，在伊拉克已經走到盡頭。

社會復興黨的創始人是阿弗拉克，於一九一〇年出生於大馬士革一個信奉希臘正教的小康家庭，建黨志在統一阿拉伯世界，這樣阿拉伯世界才算一個「國家」。在這個國家概念下，其他國家只不過是一個「區域」。熱中於推行這種泛阿拉伯主義的敘利亞和伊拉克，在一九六〇年代與埃及同時積極推行社會主義，共同投靠蘇聯，抗議英、美只一味地支持以色列。這三國更計畫組成聯邦政府，實現大阿拉伯夢想。可是，敘利亞社會復興黨裡的泛敘利亞主義抬頭，政變頻頻，連創黨人阿弗拉克及其他泛阿拉伯主義者要員也一起遭逮捕，導致敘利亞與伊拉克兩國之間的社會復興黨分裂，兩國關係也從此處於敵對狀態。

不久，與敘利亞分裂後的伊拉克社會復興黨，在一九六八年七月十七日發動了一場不流血政變，推舉巴克爾（Ahmad Hassan al-Bakr）全面接管權力。巴克爾時代的伊拉克，在雅娜兒口中是一個美好的時期。對於其他較年長的伊拉克人來說，巴克爾也是值得懷念的，他為美好的一九七〇年代帶來穩定與富足。

巴克爾政府與伊朗政府於一九七五年共同努力解決邊境的分歧，沒有了邊境衝突，伊朗答應不再資助伊拉克境內的庫德族對抗政府。而巴克爾也給庫德族人更多自治，庫德語成為官方語言之一，伊拉克北部出現庫德吉斯坦自治區，伊拉克境內的主要民族糾紛因而出現了和解希望。

內外得以安定後，巴克爾政府專心發展石油工業，伊拉克經濟達至前所未有的高水平，人民享有石油帶來的財富成果。那是伊拉克自一九三二年獨立後，在一九五八年推翻封建王朝、正式成立共和國以來，最國泰民安的黃金時期。

「我們衣食不愁，走起路來昂首闊步……」雅娜兒思潮飛到一九七〇年代，更模仿該年代的走路姿態，大有故國不堪回首月明中之嘆。

那一個晚上，突然顯得非常沉重。

我想起在白天所遇見的伊拉克老教授，為求一口飯，如何沒有尊嚴地典賣書籍；市集收市後，一些身穿黑袍的婦女靜悄悄地撿拾地上的殘渣，看見我時立刻轉頭離開之際，揚起的黑袍發出陣陣霉酸味；一般老百姓手裡拿著每天不到一美元的工資，盤算怎樣花費最適宜；但最不忍心的，就是眼看著醫院裡受貧鈾彈傷害而呻吟的小孩子，他們是海珊的犧牲品或是美國的犧牲品？大家都說不準。

海珊崛起，爭戰不停歇

外面的抗議聲再起，他們口裡罵著美國，心裡可能同時罵著海珊。

「該死的美國！該死的海珊！」

一九七九年，伊朗發起伊斯蘭革命，海珊也同時迅速竄起，取代了巴克爾，隨即推翻了巴克爾一九七一年與伊朗簽訂的《阿爾及爾協議》，並對國土境內的什葉派更加懷疑，他們能否擋得住伊朗什葉派的藉機起義？

一九八〇年九月二十二日，海珊揮軍侵占伊朗五百公里長的邊境後，長達八年的兩伊戰爭正式爆發。

這是疆土之戰？民族之戰？宗教之戰？還是大國利益之戰？

在美國眼中，海珊正好是打擊他們深深恐懼的伊斯蘭革命領袖柯梅尼（Ayatollah Ali Khameni）的最佳人選，美國遂向伊拉克輸出大量武器。其他阿拉伯國家也支持海珊，唯獨敘利亞靠向伊朗，因此，敘利亞與伊拉克的世仇進一步加深。

美國官員、國會議員，一個接一個訪問巴格達，當時身為美國特使的唐納德．倫斯斐與海珊親密握手的一張照片，成為日後的經典照。

美、歐各大公司企業各就各位，準備搶先發這批二次大戰後最可觀的戰爭財。無論在伊拉克或伊朗，協助產油國家的戰後重建，簡直是難求的一塊肥肉。

據聞，美國知名工程顧問公司貝克特爾（Bechtel）曾助海珊興建化工廠、研製武器，有人憂慮這是海珊獲得化學武器的途徑[4]。

一九八八年三月，海珊向伊拉克北部的庫德游擊隊先發制人，其後更用上化學武器毒害了近五千庫德人，包括平民百姓在內。海珊對此一直否認，但證據很快被挖掘出來。當時英美卻沒有評論一句，政治交易繼續，商業行為依舊，直至海珊好大喜功、不受控制，致使美伊兩國關係生變為止。

當兩伊這場極為血腥而持久的戰爭結束後，又有美國因海珊吞占科威特而發動的第一次波斯灣戰爭，跟著是美國帶領聯合國對伊拉克進行制裁超過十年之久，國家和人民已經不堪一擊，再來一場二〇〇三年美國先發制人的反恐戰——第二次美伊戰爭，其殺傷力可想而知。

無情戰火，故人何在？

在曼蘇爾酒店對面有一間天主教聖堂[5]，剛巧在新聞局後面。聖堂旁側有一間小屋，住

4 參考二〇〇三年六月號《*Corpwatch*》，〈Bechtel: Profiting from Destruction: introduction and executive summary〉、〈Doing Business with Dictators: Bechtel's History in Iraq〉，http://www.corpwatch.org.

5 天主教教徒占伊拉克人口約百分之五，他們與當地占多數的穆斯林教徒發生爭執。

了一家五口天主教徒，丈夫兼父親的約瑟五十歲了，太太則比他小二十歲，大女兒才五歲，另兩個兒子是雙胞胎。

約瑟在兩伊大戰中曾是一名陸軍，死裡逃生過無數次。他不知為何而戰，只知一切要為國家、為民族。停戰後，他拿著微薄的退役軍人津貼無以為繼，孑然一身，幸好有位孤女不嫌他年紀大，願意與他建立家庭，也就是他現在的太太，由教會出面協助，提供棲身之所，他則在教堂的小書店裡做些雜務。

又打仗了，約瑟向我展示埋在地底的儲糧，這是政府分配給國民以應付戰爭的。我問他還可以做什麼？

他一拐一拐地帶著太太與兒女走進教堂裡，一家五口在聖母像面前跪下來，然後對我說：「這是我們唯一可以做的，就是向聖母祈求平安。我們是窮人家，沒能力離開，但我們相信天父會守護著我們。」

訪問結束，約瑟把掛在他們家大門上的一塊橄欖木牌送給我，上面寫著「甜蜜家庭」（Sweet Home）。道謝後，踏出大門，我的心突然一陣絞痛，又回頭望了這一家人，說了一聲「Masalama」（阿拉伯語「再見」之意），不算數，又再說一遍。

離開巴格達的前一個晚上，約瑟一家再次浮現腦海裡，攝影師也一樣惦記著這家人。我們特地跑到一家商店買了不同口味的巧克力、乳酪，還有一些小玩意兒，送到約瑟家裡。三個孩子蹦蹦跳，立刻把巧克力塞進嘴裡，弄得滿臉巧克力。我又好氣又好笑，告訴約瑟：

這都是要留給他們在打仗時吃的，多點食物在身，不能走也總得要夠吃。

臨別依依，約瑟太太緊握著我的雙手，生怕沒有再相見的一天。三個小孩眼睛又圓又大，滿頭鬈髮，滿手滿臉都是溶掉的巧克力，與他們的爸媽一起向我們揮別……

命運之神有時也太殘酷了。二〇〇三年七月，我返回巴格達，第二天就跑去探望約瑟一家，沿途看見的盡是倒塌的建築物，政府大樓更是無一倖免。上次入住的曼蘇爾大酒店整棟焦黑一片。

我想起那位酒店經理，他說曼蘇爾能夠在第一次波斯灣戰爭中生存下來，深信第二次也可以，還安慰我不用怕，就好像安慰他七歲的兒子「這全都是一場虛擬的星球大戰」，小兒子遂化恐懼為興奮，與爸爸躲在家裡窗簾背後「觀賞」火光四射的導彈飛過。那是一九九八、九九年間美國間歇轟炸伊拉克時，經理為了讓兒子安心過日子，遂編了一個「星球大戰」的謊話。

圖中兩個小孩已在戰爭中犧牲。

一切都是真實的虛擬。

但是這次恐怕謊話已經戳破了。

經理，經理，你和兒子如今在哪裡？

我轉身望向另一邊，果然不出所料，新聞局是重點襲擊目標之一，可是它後面那間天主教堂、約瑟的家，怎麼也是一堆斷瓦殘垣？

曼蘇爾的守衛說他們全都死光了，說時面無表情，這反正是眾多相同故事的其中一個。

娘。

廢墟真多，

國家太亂了。

娘，我想回到小山村，

一碗一碗，

吃下你做的飯菜。

性命是你給的，

我也不想送給別人，

天暗下來了，

娘，讓我接過，

你背上的柴塊。

外面的路太長了，
腳印踩腳印，
你也累了歇一歇吧，
我遞上滿杯白酒，
灑在青草覆滿的墳頭。

躺下靜靜思量，
接下來你要去哪兒？
娘，你要去的地方我也會去，
只是現在——
你不能再為我加件衣裳。

——伊拉克無名詩人

此時太陽熾烈，這個夏天的下午，巴格達氣溫高達五十度，跟烤爐一樣，焦土散發出陣陣煙霞。在矇矓景象中，我努力尋找故人的身影，心裡大喊他們的名字，口裡卻說不出一句話。

不斷上演的死亡事件

太陽實在太熾熱了，我請司機駛回酒店。這次我們入住的是一間小型酒店法納爾（Al-Fanar），就在巴勒斯坦酒店對面，老闆是伊拉克人。

下榻這間酒店，緣起於一個約會。

出發到巴格達之前，在約旦安曼的酒店裡結識了為英國第四台製作特輯的攝影隊、監製米高、攝影師李察．威德（Richard Wild），還有從比利時來的醫生。醫生是特輯的主角，將帶領攝影隊重走一遍他走過的路。他從二〇〇三年一月開始一直留守巴格達，在戰火中以個人名義執行醫療急救工作。

他告訴我，他是醫生，也是人肉盾牌。他反戰，一如醫生要阻止細菌入侵身體，屬於預防醫學（preventive medicine）的原理，因此醫生走上戰場反戰也就如此的理所當然。高大的攝影師李察卻一臉稚氣，畢竟才二十四歲。他是劍橋大學畢業生，一頭漂亮金髮。他一走過來，大家就會取笑他：一出道就跑到伊拉克，難道是初生之犢不畏虎嗎？李察被人揶揄時總是羞澀地微笑。他在約旦只留了兩天就先行前往巴格達，表示要在拍攝前先視察環境，約我在法納爾酒店見面。米高和醫生不久也跟著離開了，他們拍拍我說：「在法納爾見，到時再討論、再聊聊。」

我比他們晚出發，出發前想再見見半島電視台記者阿里的太太和兒子。想不到戰前與阿里的最後一次會面，也是人生的最後一次，美軍攻入首都巴格達之後，向住滿記者的巴勒斯坦酒店攻擊，那又怎會錯過半島電視台的辦事處？

阿里成了犧牲者。我曾答應要送他兒子玉墜，並未遺忘這諾言。阿里，你還記得嗎？料理完這樁私事之後，我終於走到了法納爾。一踏入酒店，只見米高已坐在大廳裡，寒暄幾句之後，他隨即緊握我的手，請我鎮定一點，然後才告訴我：李察在前一天遭人從後面開槍射中後腦，身亡了。

這是怎麼一回事？

戰後的伊拉克每天都在上演著死亡事件，李察是第二十二位遇害的外國記者。米高認為有關方面不會認真去調查這些記者的死亡真相，真相就這樣石沉大海了。

誰想要幹掉李察？我真不敢相信。米高死抱著李察生前拍攝下來尚未剪輯的錄影帶，不肯讓美軍檢查，表示記者有權保護消息來源。米高說，在伊拉克，任何人都可能做出任何事情，而任何事情也都可能在任何地方發生。他進一步告訴我，那位在巴勒斯坦酒店中槍的路透社攝影記者遇害時，正與他通衛星電話，對方應槍聲倒地呼叫的一刻，米高在電話中聽得一清二楚。

「你知道嗎？入住在巴勒斯坦酒店的所有西方記者，每天都要向英美聯軍報告自己的行蹤。那一天，他們如常回到酒店、如常向聯軍報到，為什麼？為什麼聯軍還要向酒店發射槍砲？」

這是一個永遠沒有答案的問題。

當時為美國安全事務顧問的萊斯（Condoleezza Rice，曾任國務卿）向外界大聲疾呼表示：這是戰爭，任何人在戰爭前線都有危險，記者也不例外。

在中東地區走了一圈，我心裡已經一清二楚：什麼國際法、日內瓦公約，在這裡都不管用。當萊斯說出上述那番話時，她是在有意迴避：即使是戰爭也有戰爭法，記者與平民應受到保護。

不過，我們又如何能在伊拉克講評道理呢？這是一個讓人為之語塞的地方。魯迅說得好：只要你一張口，就會覺得空虛。

阿里、李察、約瑟一家，接二連三的打擊讓我感到有點承受不住了。米高望著我說：「你一定要應付過來，這裡比以前更需要記者、更需要我們如常繼續採訪。」

我深深吸了一口氣，感到自己已經比當年在阿富汗採訪時堅強多了。我和米高互相擁抱了一下，彼此打氣勉勵。

為何而戰？美軍的迷惘

踏出酒店，猛烈的太陽讓我的眼睛異常灼痛，攝氏五十二度的高溫讓人透不過氣來。戰後的巴格達在沙漠氣候中更顯得荒誕，一輛輛的美軍裝甲車、坦克在陣陣煙霧中緩緩駛

左｜一名駐巴格達美軍向記者展示他的泰籍太太與女兒的照片。
右｜記者與駐守巴格達的美軍合影。

來、揚塵而去。在陽光的折射下，路人的目光帶著點詭異，他們孤獨地站在街角，東一個、西一個，是在窺探市面上的動靜嗎？

即使是小孩，也好像要伺機而出。酒店老闆警告我不要濫發同情心，戰後巴格達的街頭出現了一批又一批的街童，大部分是從沒有人管理的孤兒院裡逃出來的，漫無目的，結果被犯罪集團「徵召」，專門偷竊、搶劫、綁架。

有些空虛的小靈魂索性躺在陋巷的台階上吸食強力膠，迷迷糊糊，藉此忘卻戰爭帶來的創傷。

「我不是壞孩子，沒有參與綁架，也不吸毒，你能不能領養我，帶我去香港？」一名十歲小孩走過來拉著我的手望著我說，眼神中透露出最後一絲希望。

一名站得遠遠的削瘦女孩手肘上纏著厚厚的紗布，眼神呆滯，對人世間一點幻想也沒有。酒店老闆搖頭告訴我說，那女孩被輪姦了多次，在一次反抗中還被強姦者打斷手肘，他也愛莫能助。現在在巴格達，誰也顧不了誰。

「唉，才十三歲……」老闆返回酒店，不想再多望一眼，女孩依然呆若木雞。

距離女孩不遠處就是喜來登大酒店，它就位於巴勒斯坦酒店旁邊，兩者之間有個美軍檢查站。一名十九歲有口吃的美軍在那裡當值，每次我經過時，他就會對我叫一聲「毛澤東」，想向我搭訕，來排解苦悶與恐懼。他給我看他寫給媽媽的家書，在旁的同僚也不甘落後地拿出泰籍妻子的照片，照片中還有他三個可愛的兒女。思家之情油然而生，但，問君歸期未有期。

一名美軍勞克・卡特（Luke Carter）以詩抒發感情：

她說，床，你已做好；
現在到了躺上的時候。
我是如此堅強，
希望活得更加長久。
至於你，我希望，
死在那裡，無怨無尤。
現在的我只有淚流，

雖然只有二十三歲，
對死神已經不再苦苦哀求，
不明白為什麼你要殺我……

在伊拉克，誰也說不準自己的立場。他們是解放者？占領者？謀殺犯？救世主？口吃的年輕軍人費了很大力氣，才終於吐露出想回家的心情。

喜來登大酒店對面的廣場石柱上不就寫著「回家」（Go Home）嗎？廣場上每天都有叫美軍「滾蛋」的抗議活動。此時美軍更惘然了；我們是誰？你們是誰？他們是誰？來這裡幹啥？以為是解放，哪知卻站在漫漫的占領長路上；以為來拯救，哪知卻先大開殺戒。

戰後，美國在巴格達廣場上安放了一個自由天使銅像，伊拉克人在銅像下寫上「Go Home」，即請回家之意。

我早已說過，這裡很超現實，什麼道理、邏輯都說不通。

脫序的國家，脫序的人生

我重遇戰前僱用過的翻譯穆罕默德，與他在酒店餐廳吃午飯。他顫抖的手抓起盤子裡的羊肉和米飯拚命往嘴裡塞，邊吃邊回答我的問題，「美軍來解放我們，好，好，好。」說時口裡的飯四周噴濺，卻又忙不迭抓起另一塊肉塞進口中。

沒有工作、沒有安全、缺水、斷電、缺糧……，穆罕默德不敢說不好。他表兄幾天前經過檢查站，遭美軍呼喝，因為不懂英語，嚇得拔腿就跑，結果死在槍下。

穆罕默德不抱怨。誰叫你不懂英語？誰叫你拔腿逃跑？誰叫你的國家需要別人的導彈來「解放」？誰叫你的社會需要別人來維持秩序？

不甘心臣服的人就拿起武器成為游擊戰士，做起敵人眼中的恐怖分子，從內打到外，又從外打到內，無法無天，大家一起捲入一場沒有盡頭的戰爭裡。

酒店餐廳玻璃落地窗外就這樣上演一場又一場的荒誕劇，如噩夢，如海市蜃樓；吸毒的街童、神經兮兮的美軍、潛藏的武裝分子、來自人民的抗議浪潮、出其不意的大爆炸，你的朋友隨時會在街頭喪了命而從此人間消失。還有那些特工、間諜……

我呆望著窗外，直到服務生把我們所點的套餐用力地往桌上一放，我才突然回過神來。

我總愛稱讚這酒店的飯菜好吃，烹調很有味道、與眾不同。酒店老闆偷偷地告訴我：原來廚師以前是海珊兒子烏代的御廚。我恍然大悟，立刻要求專訪這位不同凡響的廚師。

老闆代為傳達，未幾，他轉告說，廚師對烏代猶有餘悸，除非烏代死了，否則他不敢向外透露半點以前的御廚生涯。

怎知沒多久，烏代真的死在美軍手中了，還有他的兄弟，繼而是海珊落網，整個海珊舊政權的官員、顧問亦一一像主人般沒有好下場。一個時代正式結束，就在二〇〇三年即將溜走之際。

踏入二〇〇四年，新人物正式上台，同時顯現出後海珊時代的伊拉克更為脫序，美英聯合編製的攻伊理由亦一一破產收場[6]。

即使那樣，今天——
應當記起，聯繫塵世的莫名眼神，包含
事物無聲的過去，超越未來
受驚的真實：

---

6 美英聯軍攻占伊拉克後，攻占理由中的謊言一一浮現，可參考 Scott ritter & Seymour Hersh 合寫的《*Iraq confidential: The Untold Story of American's Intelligence Conspiracy*》，I.B.Tauris，Sept. 2005。

心緊縮而堅持；承受下午
輕柔的打擊。安靜的陽光匯聚成形。
坐在一塊石頭上鍛鍊勇氣。

——連啥生〈我經歷了〉

我要走了，在迷霧裡的晨曦。我提著行李，站在酒店電梯旁一角，往外望去，酒店老闆也往外望，他總喜歡這樣：拿著一根菸，有時眼睛也不眨一下，整個人如雕像似地看穿了過去、透視了現在，從海珊的極權到美軍的占領，從兩伊的廝殺到海灣戰爭，從恐懼中來，又回到恐懼中去。

酒店門外依然是一群熟悉的流浪街童，那個戰戰兢兢拿著擦鞋箱的孩子哈賽因是否又在等我，為我提供最後一次的擦鞋服務？

太熟知過去的老闆不對現在存有期盼，只是繼續凝望大門外的情景，昨天如是，今天如是。孩子則是有一天過一天，將來，就如裝甲車捲起的滾滾塵埃，令他們瞇上眼睛，不敢張望。在極權的統治下，或是在占領的生活中，命運都不掌握在他們手裡，談未來也實在太奢侈了。

無論是在海珊或美軍的槍口前，人，沒有太多選擇。無論是成年人或小孩，唯一的選擇就是頑強地活下去。

伊拉克的石油原罪

在伊拉克，想不到我是這樣的零距離窺見新聞報導中的豐富油田，藏油量最多的南部，其居民只要在地上輕輕一擦，便會擦出火焰來。我看得目瞪口呆，深知這場戰爭是如何開始的……

「由於伊拉克可能有意利用石油做為武器來操縱市場，所以我們必須在軍事、能源、經濟和外交方面，做出評估並制定方案。」

以上引述自美國智囊機構「貝克公共政策研究所」的一份報告《二十一世紀戰略能源的挑戰》[7]。

---

7 《二十一世紀戰略能源的挑戰》（*Strategic Energy Policy Challenges For the 21st Century*）報告由貝克公共政策研究所撰寫。該研究所創始人 James Baker 乃是老布希時代的國務卿，屬鷹派人物，與石油企業有密切關係。上述報告正好在「九一一」發生前，即二〇〇一年四月期間向副總統錢尼提交，建議以武力來保障美國在中東的石油利益。詳情可參考貝克公共政策研究所網址。Neil Mackay 在二〇〇二年十月七日的《*Sunday Herald*》有專文〈The Battle Over Oil〉分析該報告內容。

早於二〇〇一年四月，即美國總統布希上任不久，希臘中東專家琳達・赫德（Linda Heard）在一份研究報告中即透露一二。

布希在內閣會議上即這樣總結形勢，「由於伊拉克可能會造成石油市場的不穩定，這是美國無法接受的風險，因此軍事干預是必須的。」

如果再追溯美國對中東石油的野心，一九四四年美國海軍部長（US Secretary of the Navy）詹姆斯・佛瑞斯托（James Forrestal）就曾這樣向總統匯報：

「鼓勵相關工業在波斯灣地區……逐步推動燃油資源發展……顯然合乎美國的利益……美國的購買能力……將在某些程度上取決於能否保住這些石油資源……實在有必要擴大這方面的擁有權。」

原來真正的殺傷力武器，對美國而言不是別的，就是石油。

世界第二大儲油國

究竟伊拉克有多少油田？

根據《油氣雜誌》報導，就二〇〇一年的年終統計，伊拉克地下埋藏了一五一・一億噸原油，為世界第二大儲油國，又被稱為「漂浮在油海的最大處女地」。

伊拉克第一塊開墾出來的油田是在北部的基爾庫克（Kirkuk）附近巴巴格格（Baba

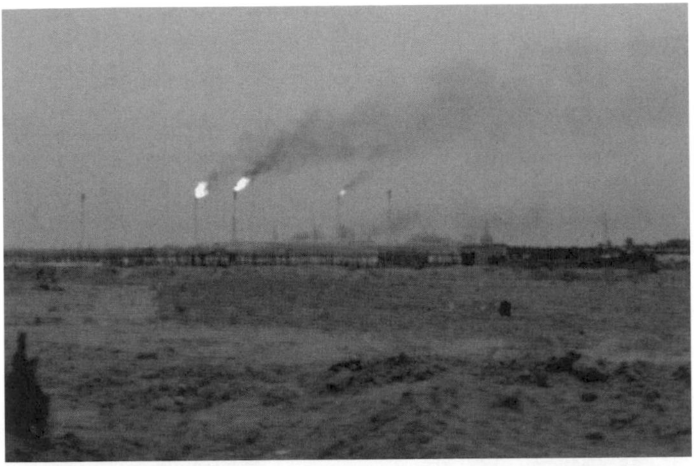

位於巴士拉的煉油廠。

Gurgur），緊接著是札格羅斯山前被證實是世界最豐富的含油帶，一直延伸至波斯灣。位於底格里斯河下游的巴士拉（Basra）亦藏有大片油田，而河的中游更有一組儲量驚人的油田群。

歷史生動記載了一九二七年巴巴格格一號井開鑿的情景，「隆隆巨響驚醒了睡夢中的居民……人們看到約五公尺高的油柱挾著石塊噴出，洶湧地流向村莊和基爾庫克城時，才意識到要築壩擋住石油洪流……人們奮戰八天才控制住噴井……」[8]

自從伊拉克油田大發現之後，這塊土地便注定不得安寧。

第一次採訪伊拉克的時候，我特意請翻譯穆罕默德帶我去看油田，地點是伊拉克南

8 張抗之〈伊拉克到底有多少油？〉《中國國家地理》，第二十三期，二〇〇三年四月號。

部的巴士拉。

巴士拉地區屬於地質構造相對穩定的阿拉伯台地範圍，不遠處的魯邁拉（Rumaila）有二十六億噸儲油，為世界前十名的巨型油田。附近的祖拜爾（Zubair）油田也達六億噸，難怪出租車一到巴士拉地區便處處見到煉油廠，一排又一排長長的煉油爐頂端噴著熊熊烈火，形成起的迷霧，使得景象猶如海市蜃樓，疑幻疑真。

我終於目擊阿拉伯地區得天獨厚的石油資源。

伊拉克獨立前只能獲得石油收入的百分之六，獨立後伊拉克政府國營化所有石油企業，收入全歸政府名下，石油變成伊拉克當權者的真正政治武器。

國際石油爭奪戰

事實上，不只伊拉克，而是整個波斯灣的產油國家都牽制著全球經濟命脈。一九七〇年代爆發的第一次中東石油危機，便是阿拉伯產油國以石油做武器，來抗衡以色列的擴張計畫。那是一九七三年十月以阿第四次戰爭的事，以色列及其同盟國大受石油減產和輸油管關閉影響，自此西方國家不得不調整其中東政策。

我的翻譯穆罕默德談起以石油做武器，大表同意說：「在沙漠地區的艱苦環境裡，真神給了我們石油，讓我們得以生存下來。西方列強殖民時，肆意享用我們的資源，現在我們奪回油價決定權，西方一手操弄的廉價石油時代已經結束了……」

不過，一九九〇年代，伊拉克在聯合國制裁下卻未能得益於石油生產，而令國人陷入貧苦狀態。穆罕默德對此則表現悲憤，認為自己國家在一九九一年波斯灣戰爭中是最大的受害者。

他指著遠遠的科威特邊境，我也瞇著眼睛望過去，突然，他煞有介事地說：「當年是科威特偷取我們的石油，我們才攻打它。」

這都是伊拉克政府的宣傳，有些老百姓卻完全相信這一套。

中午的太陽特別猛烈，但一望無際的曠野上卻有種鴉雀無聲的靜默，空氣局促，我開始有點呼吸困難。在陽光的折射下，視線模糊，所看到的科威特邊境景象重重疊疊。

站在巴士拉與科威特這個昔日主要戰場上，感到有點不可思議，周遭是坦克、戰機及其他戰爭用品的殘骸，見證人類的荒謬。遠處的煉油爐仍然照樣噴著火焰。第一次波斯灣戰爭就是一場石油爭奪戰，伊拉克攻打科威特，背後目的是為了吞併該國豐富的石油資源；美國及其盟友維護科威特，也是為了保障其在波斯灣的石油利益不受侵害。

海珊一直認為科威特本屬於伊拉克的領土，一九六三年在國際壓力下才勉強承認其獨立，但兩國邊境不時發生衝突。

直至一九九〇年五月，在巴格達舉行的阿拉伯國家聯盟會議上，海珊竟改變討論以色列的議題，轉而指責科威特不遵守OPEC協議而增產石油，致使油價下降，損害了伊拉克的石油收入，要求賠償。與此同時，海珊已經開始在與科威特接壤的邊境集結軍力。

海珊此舉發生在冷戰結束之時、蘇聯亦行將瓦解之際，兩伊戰爭也結束了。外界指稱海珊入侵科威特的行為是要重新壯大自己勢力，重拾阿拉伯霸主的美夢，搶掠石油資源一再成為手段。

經過幾番談判後，一九九〇年八月二日，伊拉克終於向科威特發動攻擊，打開科威特的大門，引爆戰爭。

美國眼看這場戰爭威脅到波斯灣產油國，特別是沙烏地阿拉伯的安全，同時也直接侵犯了美國在該地區的巨大戰略利益。

冷戰結束，蘇聯解體後，美國下一步便想在中東建立以美國為主導的「國際新秩序」，怎知海珊壞其好事，但美國又正好可藉此機會反撲，一舉控制海灣這個重要戰略地區。

一九九一年一月十七日海灣的凌晨時間，美國開始對伊拉克進行閃電攻擊，正式展開「沙漠風暴」。

穆罕默德好奇地問我那個時候在哪裡，我告訴他，我正好在紐約市一家超級市場購買當天晚上要吃的菜餚，突然有一名顧客大叫：美國已向伊拉克發出第一枚飛彈了。商場裡電器商店所有陳列的電視機播出同一個畫面，就像電腦上的星球大戰，如天上的閃電，大家駐足而觀。

穆罕默德滿臉憂傷說，當時美國 B-52 轟炸機飛臨巴格達上空發出巨響時，睡夢中的伊拉克人竟然不明就裡，還以為是伊軍的例行演習。

不過，第一次海灣戰爭與第二次的不同之處，在於其所獲得的合法性。第一次有聯合國的綠燈、有美國國會的授權，雖然伊拉克人仍然認為美國非法破壞他們的土地。他們總會問：伊科之間的衝突不是阿拉伯的內部糾紛嗎？美國來管什麼？有些伊拉克人更指出，科威特在歷史上根本就是伊國的一部分，理直氣壯說：「它是我們的第十九個省啊！」

當然也有不同的意見。有些伊拉克人不喜歡海珊、不認同他的侵科行為，但他們會問：海珊的氣焰，海珊的霸道，難道美國沒有責任嗎？

海珊與美國的微妙關係

唐納德·倫斯斐在一九八三年以總統雷根的特別顧問身分訪問伊拉克，滿臉笑容懇切地與海珊握手的經典鏡頭已廣為人知，在此不必多講。那一次握手的時代背景，是兩伊戰爭爆發期間，還有後來海珊在伊拉克北部庫德族人區的哈拉卜佳（Halabja）毒害超過五千名庫德人。在國際社會一片譴責聲中，唯獨美國力排眾議為海珊辯護，還企圖將罪名推給伊朗[9]。

9 請參考 Joost Hilterman 在 www.crisisgroup.org 有關伊拉克的研究報告，他本人是 International Crisis Group 的中東研究中心一員。

當時美國與伊拉克之間的關係密切，暗地裡更提供上億美元的貸款給海珊，而官員與議員也絕不避嫌地到訪巴格達，向海珊伸出友誼之手。

二〇〇三年七月，我第二次到巴格達採訪戰後情況，在海珊以前的辦公大樓裡，看見有個角落裡堆滿了棄置的文件、書籍，一群記者好奇「尋寶」，我則撿拾了一本小冊子，裡面記載一九八三年海珊接受美國參議員代表團訪問的詳情，與海珊展開對話的有參議員索拉茲（Stephen Solarz），他身旁還有美國石油富豪魏斯（Weis）。他們談論石油議題的對話如下：

魏斯：我很想了解目前閣下對伊拉克石油生產有什麼計畫？又或如果閣下與伊朗達成解決糾紛的方案，這對石油生產有影響嗎？

海珊：目前我們所能生產的石油只占市場小部分，而且要經過土耳其向外輸出。不過，你也應該知道我們的儲油量巨大，還未發掘的石油仍然處於高水平，將來你們美國公司在這裡可以大有作為。

魏斯：閣下是否希望沙烏地阿拉伯會給予OPEC更多的限額？你是否計畫提高石油生產量，甚至高於過去水平？或者這一切都留給沙烏地決定？

海珊：如果可以的話，我們當然會提高產量。戰爭（兩伊）之後，毫無疑問，我們需要藉助石油解決國家的發展需要。

魏斯：你是否擔心以石油解決國家需要，最後會導致油價下降？

海珊：當然。當伊拉克和伊朗結束戰爭後，兩者都需要生產更多的石油，這不免會對油價有所影響。

魏斯：那你是否預計其他產油國會因而減產？

海珊：他們自有決定，我不能為他們作主。

魏斯：你會要求他們這樣做嗎？

海珊：在任何情況下，當供與求失去平衡時，OPEC自當會進行正確的研究。但如伊拉克增產，伊朗亦會這樣做，這自然會是一個問題……[10]

文件堆中還有不少石油報告，我們來不及搜尋，就給駐守大樓的美軍取走了。不過有一點可以肯定：一九八〇年代海珊最違反人權的時候，美國卻在背後與之擁抱，在白宮、在五角大廈的後門有多少不為人知的交易、遊說活動？

根據企業監察（Corporate Watch）的報告，在一九八三至八八年間，海珊向伊朗人民投下了上萬個化學炸彈，不但殘害伊朗人民，也殘害了伊拉克人民。但與此同時，美國兩

---

10 《*President Hussein Interviewed by American Senator*》，trans. Dr. A.W. Lu'lu'a, published by Dar al Ma'mun for Translation and Publishing, Baghdad, 1983。

家大企業貝克特爾與哈利伯頓（Halliburton），則透過他們與當時雷根政府千絲萬縷的人事關係，得以與伊拉克建立起生意夥伴關係：主要是在石油工業。其中貝克特爾更積極遊說伊拉克政府與之簽署合約，興建從伊拉克伸展至約旦阿卡巴灣（Gulf of Aquba）的油管。後來海珊過度自信，不受美國控制，兩者關係遂逐漸變壞，於是美國假伊拉克入侵科威特事件以重新掌控伊拉克。

一九九六年，當伊拉克仍處於由美國主導的聯合國經濟制裁下，美國將軍隆尼（US Big. General William Looney）便發表了以下的談話：

「他們應該知道我們已擁有他們的國家，我們擁有他們的上空，規範他們如何生活、如何說話，這就是美國目前偉大之處。這真是一件好事，特別是那裡有很多我們需要的石油。」[11]

如此傲慢的言論，伊拉克人聽在耳裡，做何感想？

戰爭的真相

目前一發不可收拾的抵抗活動，並不是一句「蓋達等恐怖組織欲搞破壞」便可以掩蓋真正的原因。二〇〇三年開戰之前，巴格達出現一連串的抗議示威，也不完全是政府組織出來的宣傳伎倆。我所訪問過的每一位伊拉克人，一開口就直指美國侵伊的背後動機就是為了石油，沒有人相信還有其他原因，儘管美國官員上上下下大聲疾呼，「石油不是我們的關注點，維繫國際安全和推動中東民主才是主要理由。」但鮑爾在戰前參與聯合國舉行的最後一次聽證會時，當時的伊拉克新聞局還特別安排現場直播，不過我們只有在新聞局才能收看到CNN。

記者準時報到，會議廳已擠滿了來自四面八方的人，除了新聞機構外，還有反戰組織、各國非政府組織代表、民間團體等，我竟然還見到法國右翼政客勒朋（Le Pen）的太太。她搔首弄姿地告訴記者：她代表她所主辦的兒童組織前來援助伊拉克兒童。

二月的巴格達天氣已開始暖和，上百人擠在會議廳裡，我覺得有點悶熱。不過，鮑爾很快地出現在螢光幕上，我們立刻忘卻抱怨室內的混濁空氣，靜靜聆聽鮑爾如何解釋美國出兵伊拉克的理由根據。

鮑爾重複一些可能連他也不相信的伊拉克罪證，從巨大殺傷力武器與蓋達組織的聯繫。我身旁的葡萄牙記者不斷搖頭說「bullshit」（胡說）。

老實說，在場有多少人會相信？我在巴格達期間，大家都在談論伊拉克是否真的藏有美國指控的大殺傷力武器。那些在伊拉克採訪時間較久的西方記者，都引用內幕消息，指出根本就沒有，但當時誰敢直言「伊拉克沒有大殺傷力武器」，因為那是多麼的「政治不

11 該將軍說話引述自一九九六年六月二十四日《華盛頓郵報》（*Washington Post*）的報導。

正確」啊！意謂著你不是同情獨裁者，便一定是中了海珊的圈套，又或是發瘋的反西方左翼分子。

記者可以一邊罵美國捏造罪證，可是回到酒店發稿時，說的又是另一套。私底下，大家都很無奈，心中知道一切都是為了石油。連美國記者也與我們分享他們所獲得的消息：這一場仗早於「九一一」前就已決定好了。美國記者羅列了一系列的事件，哪一件不是與石油有關！

一場美國密謀已久的石油戰略

一九九九年，美國副總統錢尼還沒上任，當時他仍是哈利伯頓企業的行政總裁。一次，他向「倫敦燃油協會」（London Petroleum Institute）發表演說，提出了一個問題：到了二〇一〇年，世界每日需要額外的五千萬桶石油，要從哪裡來？占有全球三分之二石油的中東就是答案，將來的石油價格取決於這個地區。

布希於二〇〇〇年底一上任不久，成為副總統的錢尼隨即成立了一個工作小組，名為「全國能源政策發展小組」（National Energy Policy Development Group，簡稱ＮＰＤ），致力於研究伊拉克的石油狀況，以及處於海珊管治下的伊拉克的其他國家石油公司，如何挑戰英、美的石油利益。同年五月，工作小組向白宮提交的報告中指出：所有與伊拉克有合約的石油公司，主要來自俄羅斯、法國、中國、德國等，它們正威脅美國的能源經濟。由於美國本土儲油量逐漸下降，但卻又未能獲得新的來源，勢將影響美國的經濟、生產水平和國家安全。

此外，該工作小組還詳細繪畫出伊拉克全國油田所在的地圖，及其含油量與開發情形。[12]

原來在伊拉克有待開發的石油是五二六：一，相對於伊朗的五三：一、沙地阿拉伯的五五：一、阿聯酋的七五：一、科威特的一一六：一[13]，伊拉克怎不叫耗油量大的工業國家垂涎？更何況美國本土原油已開發了六成。根據美國能源部的報告，到了二〇二五年，美國的石油入口便會占國內需求的百分之七十，非OPEC的油田亦日漸枯竭。因此美國石油雜誌的《石油與天然氣期刊》（*Oil and Gas Journal*）等就美國能源的現實情況，促請白宮正視這一危機。

隨著美國的石油危機感不斷上升，戰鼓亦跟著不斷敲響。

二〇〇二年九月，一場事先張揚的戰爭正蓄勢待發，美國智囊機構傳統基金會乘勢發表了一份報告，名為「後海珊時期的伊拉克前景」（The Future of a Post-Saddam Iraq），建議私營化伊拉克企業，並警告所有石油競爭者在海珊時代所簽下的石油合約將會失效。與

---

12 錢尼的報告一直保密，直至戰後美國民間組織「司法監察」（Judicial Watch）與錢尼打了一場訴訟，要求錢尼公開報告內容。錢尼敗訴，報告才得以曝光。詳情可到 Judicial Watch 網址查看。

13 該調查數字發表於《*Hydrogen Economy*》，撰寫者為 Jeremy Rifkin。

此同時，美國石油公司、布希政府人員和在美的伊拉克反對派人士在國務院正舉行多次會議，商討戰後伊拉克的石油處理問題。

伊拉克反對派組織「伊拉克國民議會」領導人查拉比（Ahmad Chalabi）得意地表示，「美國公司將會在伊拉克石油中獲益最大！」[14]除了美國外，英國的石油公司當然也要分一杯羹，因此從埃克森（Exxon）、雪佛龍（Cherron），到BP、2L，還有錢尼的哈利伯頓，都在摩拳擦掌，等待戰爭的勝利，為他們重開私有化伊拉克石油的大門。

一九七〇年之前，中東石油原本由主要幾家國際石油大公司私營運作。到了一九七〇年代，中東國家將石油工業國有化，國際公司只能控制大約百分之四的原油，令他們一直耿耿於懷。直至二〇〇三年，他們又看到天大良機重現。

如何把握這個機會？從錢尼的「全國能源政策發展小組」，到國防部對伊拉克石油的部署，整個過程都有石油公司的參與。二〇〇二年下半年，國防部便召見了在德州的殼牌石油（Shell Oil Co.）行政總裁卡洛（Phillip Carroll），共同商討發展伊拉克石油的大計。

其後，在戰爭前的一個月，即二〇〇三年二月，美國國際發展機構（US Agency for International Development）和美國財政部發表了一系列大規模私有化伊拉克石油的計畫，報告長達一百頁之多。

白宮智囊「策略及國際研究中心」（Center for Strategic & International Studies）主管艾勃爾（Robert Ebel），是以德州為基地的一家石油開發公司的前任副總裁，他以下的一番談話正代表了不少美國石油公司的心聲，「我們在全球尋找投資的機會，伊拉克正是我們的目標。我想，如果伊拉克人表示要由他們自己開發國家的資源，這會令很多石油公司失望……我們絕不願意與國營性質的伊拉克石油公司合作。」他又說，各大石油公司準備在來年投入伊拉克石油開發的成本，將介於三百五十億至四百億美元之間。這是雄心勃勃？還是野心勃勃？

正如多倫多《星報》專欄作家麥奎姬（Linda McQuaigy）在她的新書裡說的，「當布希政府於二〇〇三年的春天出兵伊拉克之前，他們盤算著手中的選擇：保障廣大而有待開發的油田至為重要，特別在儲油量不斷萎縮的今日美國，為了保證能源安全，讓美國石油公司攫取那些未能出口的財富是最大前提。不過白宮卻極力要說服我們，要我們相信他們最關心的是如何解放伊拉克人民！」[15]

結果，布希政府全力開動宣傳機器，在自己國家、在盟國之間、在世界各地散播海珊政權威脅全球安全的訊息，藉此為戰爭鋪路。

但有一點不要忘記，這場戰爭的幕後「推手」，大部分與軍事及石油生意有關，在此

14 二〇〇二年九月十五日《華盛頓郵報》，Dan Morgan & David B. Ottaway，〈In Iraqi War Scenario, oil is key issue on U.S. Drillers eye huge petroleum pool〉。

15 Linda McQuaig，《*The Crude, Dude: War Big Oil, and the Fight for the Planet*》，(Doubleday，2004)

且讓我們找出這群「黑手」是何許人也？

錢尼、倫斯斐、沃夫維茲（Paul Wolfowitz）、博爾頓（John Bolton，倫斯斐的助手）、副國務卿阿米塔吉（Richard Armitage）、珀爾（Richard Perle，前助理國防部長，曾為國防科學局主席）、哈利札德（Zalmay Khalilzad，前加州聯合石油公司〔Unocal Corporation〕顧問，曾代表美國與塔利班政權協商，建設一條橫跨阿富汗的天然氣油管，後轉任伊拉克事務特別顧問），以及艾布蘭斯（Elliott Abrams，一名最親以色列的美國官員）。

早於一九九八年柯林頓在任時，上述戰爭推手已簽名上書柯林頓，促請柯林頓在中東地區建立並維持一個強勢的美國軍事基地網絡，以此保衛美國的重要（石油）利益，如有必要，甚至可選擇用武力推翻海珊。

開戰理由再明顯不過，有什麼能比在石油處女地上建立美軍基地，更能讓上述達官貴人感到無比得意呢？

因此開戰第二天，美國即先占領了伊拉克兩個在海灣區的離岸石油台，《紐約時報》記者詹姆斯・道（James Dao）這樣報導，「波斯灣一個黑夜裡，從天悄悄而降……」美軍從海空兩路突襲油台，即時制伏企圖保衛油台的工作人員。海軍將領興奮地表示，「這是為打擊伊拉克龐大石油國的戰事中一次不流血的勝利（a bloodless victory in the battle for Iraq's vast oil empire）。」

他們以第一時間占領市中心的石油總部，無視暴徒四處搶掠，包括博物館裡的文物。

美軍「保護」油田比維持街頭秩序來得快速。伊拉克人看在眼裡，很清楚這是怎麼一回事。

大局底定後，布希政府又迅速在沒有投標下，授予哈利伯頓第一份數十億美元與修復油田有關的合約。接著其他美國石油服務公司和顧問公司，競相投入石油基地重建及發展的生意，富樂（Fluor）和貝克特爾這兩家公司不約而同也與布希政府關係密切。

不久，美國向聯合國建議結束伊拉克超過十年的經濟制裁，好讓石油得以出口，但布希政府中的新保守派，卻又不容許聯合國在石油資產分配上有發言權。

最後，美國要處理伊拉克國家石油公司（The Iraqi National Oil Company）的地位問題；現在該公司已由美國安排的技術官僚所控制。此外，由美國精心扶植的伊拉克新政府，亦無法擺脫美國主導伊國石油政策的事實。由於缺乏監察，石油醜聞不絕於耳，特別是錢尼偏愛的哈利伯頓及其所屬工程公司ＫＢＲ（Kellogg Brown & Root），從輕易取得合約到濫收費用，都予人隻手遮天的感覺[16]。

是福？還是禍？

我在戰後重回巴格達，當時住滿外國記者的巴勒斯坦酒店和喜來登酒店，也是美國公

16 有關哈利伯頓在伊拉克合約上的糾紛，可參考英國《獨立報》（*The Independent*, March 27th 2005），《*Iraq: Oh what a lovely war on terror. It's been for Halliburton*》。

司的臨時辦事處，一位經常到這兩家酒店上網的伊拉克學生法華茲（Fawaz），指著這些臨時辦事處有點憤憤不平地向我說：「坐在那裡的美國人便是來管理我們資源的。我的天！他們毀了我們的家園，現在卻又來告訴我們怎樣重建家園；他們首先要我們交出剩下的財產，由他們管理和分配，以及如何運用在重建上。哪有這樣的事？他們以為我們什麼都不懂，但這是我們的家園啊！誰能比我們更認識這家園呢?!」

伊拉克石油貨櫃車司機在發愁，戰後他們全無用武之地，KBR代理卻不僱請他們，寧願找別國貨櫃司機代勞。

還有很多很多的工作，包括石油勘查在內，一向表現優秀的伊拉克工程師不受重用，哈利伯頓和KBR等公司派來自己人，站在油田上指揮。

「有些地方他們能夠做的，我們做得比他們更好，又或者有其他公司比他們做得更好，只不過他們在這裡擁有特權……」一名工作於伊拉克石油出口部門（Iraqi’s oil export division）的員工這樣說。

不過，美國的如意算盤正受到伊拉克亂局的挑戰。

戰爭所挑起的民族與宗教間的衝突，以及抵抗情緒，如癌細胞不受控制地擴散開來。伊拉克人不惜玉石俱焚，油田和運輸油管更是主要的襲擊目標。

當美軍於二〇〇三年四月攻陷巴格達的時候，被所謂的「勝利」沖昏了頭，美國有關官員夸夸其談表示，伊拉克石油生產很快就會恢復應有的水平，還預計二〇〇四年生產量可超過戰前的每日兩百五十萬桶，上升至三百萬桶；到踏入二〇一〇年，伊國的石油生產可達五至六百萬桶。

但二〇〇四年過去了。到了二〇〇五年，石油生產竟不及戰前的產量，現在只能每天生產兩百萬桶。

目前在巴格達街頭，加油站隨時都有長長的車龍。普通老百姓不知在哪裡弄來黑市汽油，以破爛膠桶裝載著，到處兜售，等得不耐煩的司機索性光顧這些無牌汽油小販，用最原始的方式加油。我的司機也不得不這樣做，我心裡有點慌，忙問他這是什麼品質的汽油，會不會引起爆炸？

司機大笑，保證不會。他說：「這是中東最新鮮的原油。雖然在美國占領下，但我們老百姓總有辦法對付……唉，你看，我們是產油國，現在竟然要面對原油短缺，並且還要負擔昂貴油價，太荒謬了。」

對，的確很荒謬，由於原油短缺，油價也跟著上升，弄得通貨膨脹、百物昂貴。

我記起戰前在巴士拉時，巴士拉市政府一位官員用一根棍子敲打地面，隨即又用一根火柴在敲打過的地面上輕輕一劃，立刻燃起一團火焰。他自豪地告訴我：這就是伊拉克得天獨厚的暖油地（warm ground），這就是真神賜給他們的財富。但我心裡竟然為此難過，因為這也就是伊拉克的原罪。

國家重建的困境

在戰爭灰燼中重建伊拉克，無論對美國或伊拉克人來說，都是十分艱鉅的任務。這任務不同於二次大戰後日本和德國的重建，當時這兩國雖然也是在美國的占領下重建起來，但別忘了，這兩個國家本身原已具有頗成熟的政治體制和發達的經濟模式，他們的國家重建只是在原有社會結構上，整頓出一個能夠向前邁進又更為民主的政治制度。伊拉克情況卻不一樣。

彼此缺乏信任與信心

在伊拉克，有個殘酷的現實，那就是重建國家，首先要重建秩序；要重建秩序，則要先結束占領、建立互信與共同的利益，特別在宗教派系與民族錯綜複雜的環境中，一個具代表性的強勢政府更為重要。可是，從美英聯軍攻占伊拉克，成立美英聯軍臨時權力機構

CPA，委任美方代表布雷默（Paul Bremer）[17]為行政長官的一刻開始，你在巴格達街頭詢問任何一位伊拉克人，無論他視聯軍為解放者還是占領者，他們都會不約而同認為：英美正在伊拉克親自扶植親美勢力。

不久，美國果然挑選了與美國關係密切的二十五位伊拉克菁英，成立伊拉克臨時管理委員會（臨管會），以接替CPA。臨管會幾乎有一半成員居住於國外，他們把流亡寄居國當作自己的家，很少會走近伊拉克以爭取民心。因此，臨管會存在期間受歡迎程度不斷下降，有伊拉克人這樣說：「臨管會是由一群當國內受苦受難時他們卻跑到國外享受奢華的流亡者組成的，他們現在回國坐享其成，但對國內情況卻一無所知，他們關注的是權力，不是人民。」

CPA官員吉拔．塔拉巴尼（Qubad Talabani）更一針見血指出：CPA雖然表面上退下來，但它在臨管會背後的影響力仍無遠弗屆。臨管會一名重要成員查拉比就是被視為一個在美栽培出來的流亡傀儡[18]，查拉比流放在外多年，戰後回國卻跑到舞台中央，一般都

17 布雷默（Paul Bremer）曾在美國國務院任職二十三年，二〇〇三年五月獲小布希委任為伊拉克最高文職行政長管，在其一年任期期間，有八十八億美元數字失蹤而他卻無解釋。

18 查拉比（Ahmed Chalabi）在美國流亡期間受五角大廈力捧，其領導的流亡國民議會曾受美中情局長期資助，向美力指海珊擁有大殺傷力武器，後牽涉約旦一銀行財務欺騙醜聞受通緝。伊戰後回國不久，被美國指控為伊朗當間諜及提供假情報而失去美國的支持。

深信背後有美國在牽線，這注定臨管會不能為伊人治伊鋪路。

很快的，「你們」和「我們」把伊拉克分為兩個世界。美國海軍上尉岱爾．達維斯（Dale Davis）很沮喪地表示，「炸掉一些房子不能為我們贏得信任與信心……」或者他應該再加一句：找來滿口民主的流亡者走到台前，也無法爭取民心。正如我在伊拉克採訪時詢問的伊拉克人表示，「我們不要海珊，也不要美國人，我們需要一個來自伊拉克人民的人。但是到現在還沒有這樣的理想人選出現，一個也沒有。」

巴格達的美索不達米亞政治學院院長亞札威（Wisal Najib Al-Azawi）在接受記者訪問時亦感慨表示，「臨管會無法取得人民的信任，它只是由美英硬生生塑造出來的。」

的確，臨管會成事不足，敗事卻有餘，他們未能為伊拉克民主奠下基礎，卻已先展開內鬥，有成員提早請辭，主席遭暗殺，但最戲劇化的則是查拉比被美國指控為伊朗間諜。他們之間爾虞我詐，人民又如何相信美國與其同夥正為伊拉克的福祉努力呢？他們所制定的臨時憲法也備受質疑。總之，到了二〇〇四年六月三十日，臨管會正式解散，讓位給象徵伊人治伊開始的伊拉克臨時政府。

為了避免夜長夢多，美國提早了兩天把權力正式移交到臨時政府手上。那天是個大日子，即使臨時政府背後有美國這個顧問，未能全然擺脫如臨管會的傀儡角色，但伊拉克人還是冒險上街歡呼。

這個臨時政府並未比臨管會更有好日子過，總理阿拉維（Iyad Allawi）[19]與美國中央情報局的親密關係早已廣為人知，人們戲謔稱阿拉維是「中情局的甜心」。

這實在是國家重建過程的致命傷：沒有一個可得到人民廣泛認同與尊重的國家領導層，缺乏岱爾．達維斯所說的「信任與信心」。在這個情況下，臨時政府肯定難以開拓民主之路。

西方勢力與本土派系的拉鋸戰

阿拉維領導的臨時政府最重要的責任，就是為二〇〇五年一月的議會大選鋪路。他們要決定以何種方式選舉才能撫平當地人民的情緒，可是單在這方面也未能取得共識。要普選，還是比例代表制？伊拉克的什葉派要求前者，遜尼派則堅決反對，因為什葉派占了伊拉克人口百分之六十，而普選將可能導致未來的伊拉克由什葉派統治。此外，部落代表也表示不滿。他們認為部落政府是伊拉克的核心政治，但他們卻一直被排斥在國家重建的政治過程之外。

19 阿拉維（Iyad Alawi）為世俗什葉派教徒及商人，長期在美國流亡，伊戰後回國，被美委派為伊拉克臨時管治委員會總理。

當我在戰後的伊拉克採訪時，部落代表就不時領導群眾進行抗爭行動。我訪問過其中一個部落領袖阿堤（Shek S. Azia al-Ati），他氣憤地表示：重建伊拉克不是一個小圈子的遊戲，不能由美國操控整個過程；他們不了解伊拉克的政治，又如何能獲得平穩的過渡？

部落中有遜尼派，也有什葉派，具有傳統宗教色彩，部落的領袖也往往扮演精神領袖的角色。他們眼看世俗菁英與美國合作，主導重建過程，心裡自然不是滋味。這可解釋為什麼什葉派精神領袖以納杰夫為基地的薩德爾（Moqtada Sadr）[20]也起來反對臨時政府，加入抗爭運動。薩德爾所盤據的聖城納杰夫成為什葉派激進分子的中心，其對美英聯軍的破壞，使得聯軍最後不得不邀什葉派中民望最高的精神領袖西斯塔尼[21]，回國擺平納杰夫的騷亂。

正所謂「野火燒不盡，春風吹又生」，伊拉克的武裝抗爭力量如洪水湧來（見附錄一）：本土的，外來的，為重建進程更添困難。簡單來說，在伊拉克有什葉派和遜尼派鬥爭著（見附錄二），兩派陣營中又各自有基本教義派與世俗派之爭。有趣的是，兩派的基本教義派似又有聯手抗美、共同打擊世俗派的趨勢，當中還有在伊北部劃地自治的庫德族人，他們經歷了海珊殘暴鎮壓後，一直渴望有一個庫德斯坦的民族獨立國家出現，但他們的渴望卻受盡別人的剝削與利用[22]，無可避免地捲入後海珊時代的政治鬥爭中。再加上外圍的阿拉伯與伊朗勢力，美國欲在這個複雜局面中推行其「大中東」計畫議程，恐怕不容易。

各懷鬼胎，重建路遙

美國日裔學者福山（Francis Fukuyama）一針見血指出：事實上，美國要肩負重建世界秩序重任，卻又有重建失敗國家最糟糕的經驗。美國只知道如何做出軍事干預，卻未能了解如何重建伊拉克，更沒有準備付出足夠的時間、軍力、金錢與耐心[23]。他又說，要建設一個國家的制度，需要有深遠的文化傳統，美國欲在短時間中將其制度移植在其陌生的土地上，這注定要失敗。

哥倫比亞大學阿拉伯研究中心主任卡力迪亦有類似的看法。他說，根據伊拉克以至整個中東的帝國殖民歷史經驗來看，二十一世紀，想要在伊拉克不受任何抵抗就建立一套西

---

20 薩德爾（Moqtada Sadr）從籍籍無名到戰後一躍而起，成為最令美軍頭痛的什葉派民兵領袖。他父親為知名的什葉派教士 Muhammad Sadiq Sadr，一九九九年被暗殺身亡。

21 西斯塔尼（Ali Sistani）是伊拉克什葉派的大教長（Grand Ayatollah），享有最高地位的宗教領袖。海珊時代被軟禁在家，到戰後重回政治舞台，美國希望他能起到穩定什葉派反抗勢力的作用。

22 請參考 Seymour Hersh〈As June 30th approaches, Israel looks to the Kurds〉in《*New Yorker*》，issue 28th December 2004。或是 Gary Younge〈Israelis' using Kurds to build power base〉in《*Guardian*》，21th June，2004。

23 Francis Fukuyama《*State Building : Governance and World Order*》，Gardners Books，2005。

方統治體系（無論是否稱為帝國），是不可能的。伊拉克人不會忘記：無論是拿破崙或其他征服者，他們都曾做過同樣看似美好的承諾，結果每次都毫無意義。

卡力迪又說，伊拉克人憑藉他們多年的經驗，不會相信占領者重建他們國土的表面意圖；即使布希真的建立起一個民主政府，當中也需要經過不少磨合，到最後還不是一個親美政府？就像一九二〇年代巴格達的費爾薩爾國王一樣[24]。

因此，二〇〇五年一月三十日的一次歷史性自由議會選舉中，伊拉克人雖然以無比的勇氣顯示他們追求民主的決心，投票率高達百分之七十，卻無助於緩和伊拉克的局勢。

美國獨立記者賈梅爾（Dahr Jamail）跳出綠區[25]，深入伊拉克老百姓社會，揭開這次讓美國自誇的大選另一面。他指出美國在幕後極力助長投票率，而大部分投票選民來自什葉派，遜尼派選區卻不怎麼熱鬧，他們甚至在大選前早已在杯葛選民登記活動[26]。

由於遜尼派的杯葛，過渡的國民議會在組織政府和內閣要員過程中，也出現一波又一波的陣痛。在多番的政治討價還價中，有一消息值得注意。根據彭博通訊社（Bloomberg）二〇〇五年四月二十五日的報導，副總統阿登爾．邁赫迪（Adel A. Mahdi）在內閣名單敲定的前幾天，曾親自飛赴華盛頓，遊說布希政府把內政部長一職給予什葉派，更向美國保證他的政黨「伊拉克伊斯蘭革命最高委員會」（Supreme Council for the Islamic Revolution in Iraq，簡稱 SCIRI），不會做出違反美國在伊拉克的安全計畫。在這件事情上，美國明顯在伊拉克新過渡政府的組成上，即使沒有最後的決定權，起碼也有一定的影響力。

不過，過渡政府和內閣要員來自不同黨派，背景亦相當複雜，美國未必有能力理解，甚至駕馭。有人以「各懷鬼胎」來形容，實不為過。最耐人尋味的就是過渡政府裡的什葉派，有不少人與伊朗關係密切，坊間並流傳他們祕密推動「伊朗方案」（Iranian Scheme），即企圖操縱有關部門要把伊朗人遷移到伊拉克，藉此手段改變伊拉克的人口結構。[27]

即使屬於過渡政府少數遜尼派成員的查拉比，經由選舉重返政壇，但他與伊朗亦有著千絲萬縷的關係，如果有所謂的「伊朗方案」，伊拉克將來的發展將甚為微妙。至於其他領導層人物，例如擔任過渡總統的迦拉．塔拉班尼（Jalal Talebani）、總理易卜拉．賈法里（Ibrahim al-Jafari）等，不是庫德人，就是什葉派領袖；他們若不是靠近伊朗，就是支持美國策略的親美派，又或遊走於兩者之間。叫人如何看得清楚？

總之，美國只想到一點：去前朝社會復興黨化（de-baathism）。

---

24 卡力迪《*Resurrecting Empire and America's Perlious Path in the Middle East*》，Becon Press，2004。

25 綠區（green zone）指美軍在巴格達所設的安全地區，周圍設有重重的混凝土防衛牆，並駐有重兵把守，美國記者多躲在綠區做遠距採訪。

26 Dahr Jamail 為美國獨立記者，以單打獨鬥方式在伊拉克進行多次獨家採訪，漸為主流國際傳媒所認識和轉載其文。報導內容可參考 www.dahrjamailiraq.com。

27 見彭博通訊社二〇〇五年四月二十五日的報導。二〇〇五年四月二十五日的報導。

拒絕任命，不肯擔任人權部長的遜尼派希森．喜伯利（Hishim al-Shible）嘆息指出：過渡政府不應只看派系背景，應要用人為才，否則只會加深各派系之間的分歧，削弱伊拉克人的團結。

無論如何，過渡政府的權力分布無疑已成為伊人治伊的藍圖，而藍圖明顯千創百孔，將來國家的重建又怎能不問題叢生？因此，過渡政府的重要任務之一——草擬新憲法，也充滿了爭議（見附錄三），結果需要訴諸公投，以迎接二〇〇五年年底一個正式的伊拉克新政府的誕生，為新伊拉克揭開重要的第一頁。

伊拉克人充滿期待，卻未敢樂觀，大家相信伊拉克境內的血腥衝突在可見的將來會繼續下去。

在一個脫序和缺乏信任的土地上，要建設一個現代民主國家，這實在是政治學者和政治家們的最大挑戰，更何況對於不少觀察家而言，美國要建立的是一個將來能成為美國親密盟友的什葉派伊拉克，而不是一個有現代意義的民主國家。

貧鈾彈的遺害

當日子完了，我站在你面前，
你將看到我的疤痕，
明白我曾經受傷，
也曾經治癒了。

——泰戈爾《漂鳥集》

國家重建，首先除了讓人民可從精神傷痛中站起來，也得恢復健康的面貌。伊戰前夕，全球都在談論大殺傷力武器，全球都在尋找大殺傷力武器，究竟大殺傷力武器的威力有多大？當我跑到伊拉克南部巴士拉，有種大夢初醒的感覺。

如果形容巴士拉為中東區的廣島，實不為過。美國在第二次大戰向日本廣島扔下的原子彈，遺禍至今。在一九九一年波斯灣戰爭中，美國向巴士拉扔下千噸的貧鈾彈，又稱衰變鈾彈（Depleted Uranium Weapons），原來與核爆威力不遑多讓。

巴士拉的兒童悲歌

一抵達巴士拉的機場，機場環境出奇地整潔寬敞，從中可以看到巴士拉原本應是一處富有之地。

一旁的翻譯表示我觀察正確。巴士拉為伊拉克第二大城市，由於靠近阿拉伯灣，擁有天然港口，加上盛產石油，曾是南部經濟的重鎮。巴士拉居民有過一段生活無憂的日子，不過，一場波斯灣戰事，卻完全改變了巴士拉的面貌。

從繁榮到衰落，現在更受到貧鈾彈釋放出來的輻射所覆蓋，有錢人都往外跑了。原來，鈾是用來製造核彈的主要元素，具有強烈的輻射，對人體遺害深遠，可引發各種癌症、阻礙生長發育、出現未老先衰或早死現象，同時也破壞或降低生育能力，甚至造成畸胎和畸形兒童。

貧鈾武器的輻射在過去十多年來不斷污染這裡的空氣、飲水和泥土，無法清除，殺人於無形，加上聯合國的經濟制裁、藥物短缺，受害者的生存機會更加渺茫。

當地居民對我熱情款待，遞上茶、水，但我一想到那些輻射，實在不敢喝下一口茶、一口水，即使午餐，我也迴避了，頂著空肚子，走到一間醫院進行採訪。

一踏入醫院，即可嗅到藥水氣味、人體異味，還有病人強烈的喘氣聲音和家屬淒厲的嚎啕。

醫院院長勒斯亞醫生（Dr.Mohamad Nasir）帶我到了一間病房，病房內躺著一排又一排的孩童，從一到少年，都是年輕的癌症病人，最常見的包括血癌、骨癌、肺癌和腦癌，這很明顯與輻射有關。

我有點震驚，屬於中年人的致命疾病，在巴士拉，卻正肆意蹂躪天真爛漫的孩童。病情使他們原本可愛的臉孔嚴重扭曲，媽媽們不發一言，只是默默把小孩擁在懷中。

有一名病童全身發紫，勒斯亞醫生表示，他過兩天便會死去，本來可以延長生命的，甚至把他救治過來。可是，他們需要的藥物，有些不能進口，有些又太昂貴，醫院無法負擔，只好眼巴巴看著他們死去。

在經濟制裁下，藥物短缺，病人可能因為只欠最後一粒抗生素，無法完成整個療程。用來止痛的嗎啡，也在有限度禁運之列，更遑論專治癌症的昂貴藥品和器材。

聯合國兒童基金會（UNICEF）早已做出呼籲，拯救伊拉克兒童。自一九九一年波斯灣戰爭後，伊拉克兒童患癌症人數以倍數上升，人數之多，居世界之冠。

基金會指出，伊拉克人口中有百分之四十為十八歲以下；戰爭再爆發，孩童無可避免地成為首當其衝的受害者。他們更警告，不出若干年，伊拉克患上癌症的人口中可達百分之四十。

很難想像在一個國家裡，有四分之一人口是癌症病人，而且集中在孩童身上。

恍若地獄——貧鈾彈輻射災區

其後，我又到巴士拉與科威特連接的邊境觀察。那裡是波斯灣戰爭重災區，同時更是輻射高危險地區，不但正蠶食著巴士拉，也正蠶食整個美麗的南部。

在好奇心的驅使下，我坐車前往這個重災區，司機不願去，我只得給他多一倍的車費。由於地區敏感，我還找來一位當地新聞處的官員陪同，方可通過檢查站。但那官員竟表示，只要我多付錢，便可多看一些，少付錢則少看，真是豈有此理。

汽車駛進貧鈾輻射災場，一片荒涼的黃沙大漠，呼呼吹著大風，聯合國崗哨上的旗幟也吹得東歪西斜。新聞處官員指出從聯合國崗哨開始，一直延伸到科威特邊境，已被劃為非軍事區，伊拉克和科威特兩國不得在這裡設軍隊，只能派駐警察看守。

奇怪的是，在這一高危險災場，竟然還有疏落的民房，偶爾見到一、兩間十分原始的小型雜貨店。店主向我們招手，咧嘴而笑，好像在招魂。我心一沉，想起了但丁的〈地獄篇〉，不禁疑惑，我正在遊地獄嗎？

不久，眼前出現一大堆棄置的廢鐵，在茫茫無際的荒土上，那些軍車坦克和導彈殘骸到處四散，隱若感受到那一場戰事，實在讓我心神不定。此際，翻譯員特別囑咐，不要走得太近，也不要觸碰那些殘骸，都是有毒的。官員帶領我們，小心翼翼地在地上行走，生怕有地雷。

官員說，這裡才只是輻射最高危險地區的周邊，我們不能走到核心地帶，要向中央申請，並佩戴防毒面具和防毒衣。

不知是否太陽蒸發的結果，我看到一陣陣的煙霧，從坦克殘骸釋放出來，我恍然大悟，以前所聽到的「波斯灣症候群」。這些受貧鈾彈襲擊過的軍車和坦克，還有遺留下來的兩百噸貧鈾彈，比廣島的原爆有過之而無不及，是世世代代揮之不去的噩夢。

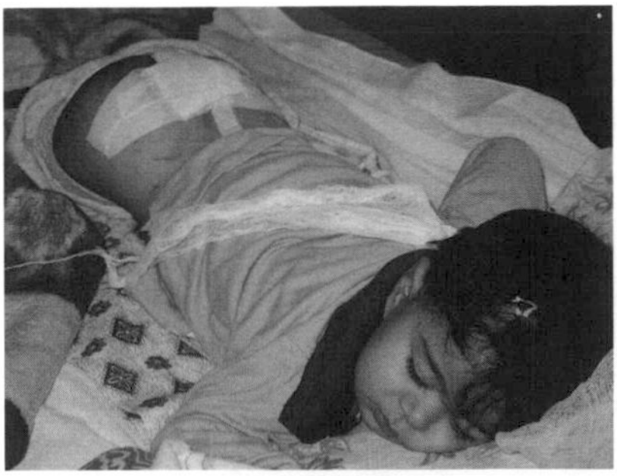

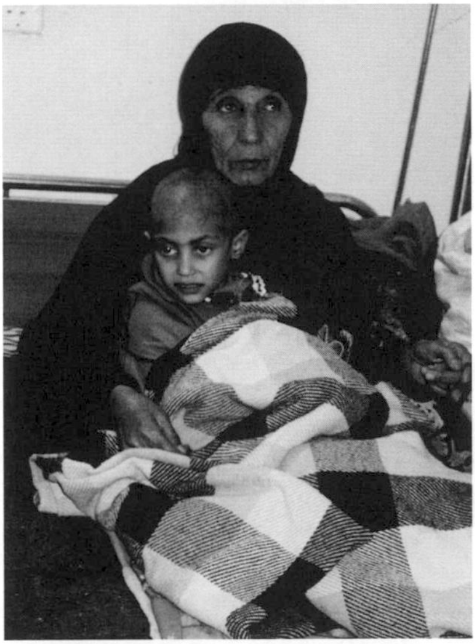

上｜受到貧鈾彈輻射感染的伊拉克兒童。
下｜媽媽抱著受貧鈾彈傷害的兒子。

聽聞有大批當時參戰的美軍也受到感染，回到家中，生出來的孩子有不少是畸型，外界籠統稱為「波斯灣症候群」，但箇中原因，沒有詳細披露。

翻譯告訴我，不但居民和士兵成為受害者，更有外國記者因長期駐守伊拉克，患上惡疾而一命嗚呼。

另一災區——摩蘇爾

與巴士拉面對相同命運的，還有北部歷史名城摩蘇爾（Mosul），一北一南，共同活在貧鈾遺害的陰影下。

在第二次波斯灣戰爭爆發前，我走訪過巴士拉，又趕往摩蘇爾。真不敢相信，從巴格達坐伊拉克航空到巴士拉是十一美元；到摩蘇爾更便宜，只收七美元。在四十五分鐘至一小時的行程中，看起來頗為專業的機師與空姐，正在挑戰美國所指定的南北禁飛區，空姐還不忘友善地遞上餐飲。

摩蘇爾省與庫德自治區接壤，兩地邊界過去經常發生衝突。與此同時，沿著邊界地區又是伊斯蘭激進組織的溫床，加上摩蘇爾盛產石油和礦物，設有不少煉油和化工廠，這使該地變得異常敏感。

事實上，在上一次波斯灣戰爭中，摩蘇爾已遭受過美軍猛烈的空襲，有不少民宅被炸毀，十二年來居民一直沒有金錢維修，在頹垣敗瓦裡苟延殘喘。

正所謂屋漏偏逢連夜雨，戰事完結後，又面對經濟制裁，摩蘇爾受到的打擊至大，原本是該地財富的油田和寶石，因禁運使政府缺乏財政而無法開發，大量相關工人失去工作，摩蘇爾經濟一落千丈。

與巴格達相比，摩蘇爾的民族情緒強烈得多了，這似乎與人口背景和受戰爭損害程度有密切關係。

我在摩蘇爾碰上一個十五歲的孩子都咸（Durlham），他正在幫父親看管一間二手書店。當我問到他對家鄉的看法，他表現成熟，對話內容如下：

問：你喜歡住在摩蘇爾嗎？

答：很喜歡，這是我家鄉，卻無時無刻受到美國的威脅。我要好好保護她，她不但有豐富資源，也有深厚的文化。

問：你覺得美國會襲擊這裡嗎？（編按：摩蘇爾在第二次波灣戰爭再受重創。）

答：你只要出去看看便知道，上一次波斯灣戰爭，這裡已是美國的襲擊目標，他們想毀了我們的家園，掠奪摩蘇爾的石油。

問：是誰告訴你美國的意圖？（記者好奇這位孩子是否在背誦伊拉克官方的宣傳內容。）

答：不需要有人告訴我才明白。每天，我看到人民在受苦，他們在制裁下受到莫大的傷害。

問：那是一種怎樣的傷害？

答：除了物資外，還有尊嚴的傷害，我們只能維持最基本的生活，無法讓精神面貌豐富起來。例如我們很難獲得新書、新的知識。又例如你們所流行的手機，我們根本無法擁有。

問：你為什麼需要手機？

答：我只是舉一個例子而已。

問：你比實際年紀成熟多了，實在使我驚訝，你有什麼抱負？

答：我希望念醫科，當一個醫生。我們這個國家需要更多的醫生，去醫治人民身心的創傷。

在戰爭的威脅下，小孩也變得十分成熟。事實上，小孩說得一點都沒錯，他們需要更多的醫生。

受輻射影響下，摩蘇爾人口中癌症病人和畸形兒童的數目以倍數遞升。當我舉起攝影機那一刻，我感到冒犯了那些瀕死的病人。那些小孩子可能在抗議，但也可能渴望記者把他們無言的痛苦告訴世界。

攝影機對準那些孩子，拍還是不拍？我突然向自己說，算了，算了。我害怕那些病童會在閃光燈閃亮的那一剎那流逝。

戰後，我再重訪當地的醫院。醫生說，貧鈾彈一再被使用，此次的後遺症，五年後便會慢慢浮現出來，這亦即是二〇〇八年，但我沒有再回去了解，倒是在約旦安曼接觸不少伊拉克難民。

絕處未逢生

我在二〇一六年於安曼認識一伊拉克家庭，父母在家鄉因受到派系仇殺威脅，而在二〇一三年帶著有一名兩歲兒子逃到約旦，但聯合國難民專署因資源有限，已不再承認伊拉克人是難民，換言之，他們在約旦永遠不會有身分。

可是，一家怎樣也要生活，爸爸偷偷做黑工，一天幹個二十小時。七年前第二名兒子出生了，這正是我認識他們的時候。

第二名兒子雖在約旦出生，卻不會因此獲得名分，兩名兒子不能入讀公學，只可上私立學校，學費成沉重負擔。

我多次出入安曼都有探訪他們，爸爸努力辛勤做黑工，為家庭提供一切實在不容易，我暗嘆不僅媽媽偉大，爸爸也十分偉大。與此同時，我也見證孩子長大，他們很親我，因他們知道我愛他們。

經歷了三年疫情，到了二〇二三年的六月，我又來到了安曼，立刻跑到上述家庭探望，孩子們擁著我不斷說「我愛你」。這類家庭很少有機會離家出外玩玩，即使到安曼別的地區看看也難，平時亦因省錢少吃肉，我拿著兩隻燒雞到他們家探訪，孩子們高興得跳起來。

大兒子表示愛踢足球，我就帶他兄弟倆到其學校球場玩，遇上體育老師與之閒談，他指孩子在足球方面的確有天分，我笑說他可否參加少年國家隊受訓，老師一臉愕然，回說：國家隊？但他是伊拉克人。

在約旦，像他們一樣偷生的伊拉克人不少，永遠不獲身分、沒有護照、不能到處走、無法有正常工作，而且還會受到當地人歧視，指他們分薄資源。事實上，他們比敘利亞人更無助，因後者還有機會獲難民身分。

某天，我到安曼市中心一文化茶座喝茶，和一年輕女侍應聊天，原來她也是偷偷打工的伊拉克人，突然她指著牆壁上一頭像，是名看上去非常有藝術氣質的年輕人，向側望做沉思狀。女侍應說，他才二十七歲，的確是個有才華的藝術家，小時候從伊拉克隨家人來到約旦，偷偷摸摸的生活，到處逃避警察，了無盡頭，理想又無法舒展，前景絕望，結果未幾在伊戰二十週年的前一年輕生了。

我「哦」了一聲，凝望他的肖像好一會兒，心裡有說不出的難過，原本正是燦爛年華，是誰毀掉了他？而和他一樣有才華的伊拉克年輕人，又有多少正孤獨隱藏於收容國的角落裡？

當獨立記者遇上獨立人道工作者——寫在伊拉克大選前後

二〇二三年伊拉克戰爭剛好滿二十週年，不思量自難忘。

還記得二〇一八年四月，我又跑到安曼來，和一名日本人道工作者高遠菜穗子相見，當時正藉伊戰十五週年，這個國家再度舉行民主大選，但「民主」對伊拉克人而言，真是百般滋味在心頭。

菜穗子自二〇〇三年開始一直參與扶助伊拉克難民工作，並曾在二〇〇四年於伊拉克南部費盧杰（Fallujah）附近遭綁架九天，她被釋放後，不久便繼續對伊拉克人的人道工作，風雨不改。就是她這份堅持，令我感好奇，欲了解她和伊拉克現況多一些。

約旦在紛亂的中東地區算是和平的一個國家，東邊與伊拉克接壤，北邊則與敘利亞相連，因此有上千家非政府組織（NGO）以約旦做為中東地區的人道救援活動基地，四方八面的中東難民先湧到這裡來，數目驚人，即使有不少救援組織，亦遠遠未能照顧到留在約旦的難民。

在二〇〇三年伊戰之前，約旦主要應付巴勒斯坦難民，現在難民則有伊拉克、敘利亞、葉門和來自非洲主要有索馬利亞等。約旦，堪稱難民國家。

高遠菜穗子單人匹馬，也以安曼為落腳之地，進出伊拉克參與救援，直至數年前轉到伊拉克庫爾德地區長駐當地，推動兒童教育。她在臉書上寫：自由身分獨立人道工作者

（freelance humanitarian worker）。我以為記者可自稱獨立記者，怎知人道工作者也有獨立性質，菜穗子就是用個人身分與不同救援組織合作。

想不到，她對伊拉克的委身，竟然與她的日本國民身分有關。她在安曼旅館與我分享她的心路歷程。

她說，一場伊戰改變了她的生命。年輕時，她相信日本深受二戰教訓，改邪歸正，訂立和平憲法，從此日本成為一個以和為貴的國家。

怎知二〇〇三年美國時任總統小布希向伊拉克宣戰，日本政府二話不說便立刻站在美國那邊，並派出自衛隊前往伊拉克，令很多日本新一代為之震驚，菜穗子更是對國家夢碎。「我的天，和平憲法是怎麼一回事？」她腦海出現一大問號。

做為日本國民，她對伊拉克的生靈塗炭，感到自己也有責任。因此，她毅然跑去伊拉克，全情投入人道工作。她想，雖以一人之力，但能夠拯救多少就多少，好為國家贖罪。有日本人指她的思想行動正是彰顯和平憲法的精神，她本身就是一部和平憲法。

菜穗子二〇〇四年於弗盧杰被綁架，原因何在？她說不是因為她來自富裕角度的外國人，又或是女性，而是她身為一位日本人，遂成為綁架目標。綁架者明確表示，要向所有參戰者及其國民報復。但後來的綁架案已有各種原因，有不少為了錢，也有派系仇恨所致。

超乎想像的戰爭後遺症

不過，這麼多年來已證明這場戰爭的非法性，並引發出牽連甚廣的災難。首先，一場戰爭，炸開了派系仇恨。戰前什葉派和遜尼派老百姓相處沒問題，有不少兩派背景男女甚至通婚。可是，戰爭時美國拉攏什葉派打遜尼派，答應可讓前者掌權以做報酬。戰後美國在伊拉克安插西式民主普選制度，一人一票下，人口占優的什葉派上台執政，遂向變成弱勢的遜尼派大加報復。

我在安曼聆聽了一位伊拉克女士的故事，我只是名聽眾，但已感到無比的傷痛。她本身是一名英語系教師，丈夫是工程師，有兩個兒子。戰前，他們就像其他家庭一樣，日出而作，日落而息，假期節日一家人出外玩樂。她還記得哪家咖啡店的咖啡最香、哪家烤肉店的烤肉最好。

可是自二〇〇三年的一場戰爭後，從此伊國陷入另一場更殘酷的教派之戰，令人民陷入人間地獄。前述那位女士的丈夫被綁架至死，兒子受凌辱，她本人險遭強暴，就只是因為他們有個遜尼派名字。其後她和兒子唯有逃到敘利亞，那是二〇〇六年的事。想不到，在敘利亞六年間慢慢喘息下來，二〇一一年該國卻爆發內戰，一切化為烏有，她和兒子不得不再踏上逃難之路。

類似的故事，我聽了一個又一個，一個比一個更令人揪心。可憐的是，由於過去實在太多難民，國際級組織如聯合國難民專署（UNHCR）和兒童基金會（UNICEF）等也應付不了，處理難民得要有優先次序，例如伊拉克難民已遭讓位給敘利亞和葉門。換言之，優先次序乃按戰爭新舊而定。

其後聯合國更定性伊拉克不是戰區，逃出來的人不是難民，只不過是尋找政治庇護的人士，那聯合國等便少了一份責任，把這責任交給私人救援組織。但私人組織近年已出現救援疲勞，結果伊拉克人求救無門，給了極端組織招募的大好機會。

菜穗子對國際組織放棄援助伊拉克，感到非常無奈。事實上，伊拉克有不少地方仍然處於嚴峻的戰鬥狀態，老百姓被迫逃亡。她便曾在伊拉克北部摩蘇爾目睹一場浩大的「出埃及記」，加上其他地方共三百萬人境內流亡（Internally Displaced People, IDP），眼前景象恐怖極了，即使現在重述也感到一種創傷。

她說，最糟糕的是，國際傳媒對伊拉克亦早失去關注。她在二〇一三、一四年間重訪伊拉克遜尼派重地弗盧杰（Fallujah），什葉派民兵打過來，弗盧杰老百姓向政府抗議無效，唯有自組自衛隊反擊。當他們企圖迫退什葉派民兵之際，怎知一群自稱「基地」的武裝分子偷進弗盧杰，插下黑旗，後來又改稱「伊斯蘭國」（ＩＳＩＳ），宣稱要保護弗盧杰。這是伊斯蘭國萌芽的時候。菜穗子見證了整個過程，但國際傳媒缺席，令大家失去警覺。

「你們國際傳媒到哪裡去了？」弗盧杰到處都有這樣的求救橫額。一位曾受美軍虐待、反對美軍占領的弗盧杰居民，面對絕望及無助，竟然向菜穗子說：「我們需要美軍來拯救！」多麼諷刺啊！伊拉克人不需要美軍時，他們來破壞；需要他們來建設拯救，他們卻一走了之，留下了一個個悲慘的故事。

大國窮兵黷武，除了平民百姓不知就裡成為犧牲品外，原來軍人一樣承受苦果。菜穗子表示，她留意到美國退伍軍人事務部統計，美軍退伍回國後自殺數字比在戰場上的死亡數字為多。當我跟著翻查及閱讀有關報告，真不敢相信，在美國平均每天有二十二名美軍自殺。

一位美國精神健康學家指出，每天二十二名只是最低的估計，把我嚇了一跳。還有不少軍人雖不致自殺，但卻患上嚴重創傷後遺症，令他們的家人都不好過。

戰爭受害者固然身心大受打擊，戰爭加害者也得苦果自嘗。不知道那些發動戰爭的強國領袖們，晚上有沒有做噩夢？一聲令下，殺人機器開動，其所帶來的不僅是先進武器下的亡魂，後遺症猶如蝴蝶效應，影響可謂十分廣泛。

對於前線人道工作者和前線新聞工作者，目擊苦難本身同樣會深感傷害，以致造成心理危機。我與菜穗子在約旦相處了近兩星期，跟她探訪難民，聽他們的故事，也聽菜穗子的故事，加上我亦曾在前線目擊過，非常明白他們的感受，一時間有種難以承受的痛楚，湧上心頭。每當向別人轉述他們的故事，根本無法完全說出來。

在此想到華裔美籍作家張純如（Iris Chang），寫完她的調查報導作品《南京暴行：被遺忘的大屠殺》後，引發了她的憂鬱病症，最後自殺而終。她尋死原因雖具爭議，不過，她母親也得承認，女兒寫作過程並不愉快。張純如不曾經歷那場大屠殺，可是在調查過程中，單靠閱讀和訪問，再用文字重訪現場，活像親歷其境，那種煎熬，不足為外人道。

如此這般，親身經歷苦難的人更不用說了。因此，在土耳其的三百多萬難民和在約旦的一百多萬難民，其實他們面對最大的挑戰乃是精神創傷後遺症，除了收容國備感壓力外，救援組織也覺棘手。

可惡的是，伊戰發動者及其盟友，在戰後不知恥地紛紛撰寫回憶錄，自誇藉助戰爭改變了歷史，安倍晉三也不例外。而日本人亦因此對國際事務變得冷漠，不願提及伊戰，以逃避態度對待之。

那一夜，在巴格達

事實上，有關伊戰一役，主流傳媒其實沒有告訴我們什麼？

原來還有那一夜。伊拉克詩人 Abdul Wahid 在一次訪問中，讀出他控訴摧毀者的詩作，我在網上尋找他的其他文章，發現他在二〇〇三年寫了一篇美國空襲巴格達四十二天的見證，還有開戰前那一夜。

他們那一夜，乃是香港早上的時間，我記得很清楚，由於全球媒體已準備拍攝開戰的一刻，香港當然也惟恐不及，巴格達的畫面就占據了三大電視台一整個早上。

當我們屏息等待開戰那刺激的一刻，他們伊拉克人在做什麼呢？詩人在文章中，記錄了一群伊拉克文化人，聚集在巴格達 El Rasheed 文化中心，當中有音樂家、詩人、作家、畫家、大學教授等，他們向阿拉伯文明做最後敬禮。音樂家們即席演出一場和平音樂會，而詩人在誦詩，表達對土地的深刻之情；作家和教授則鼓勵同胞頑強生存。至於畫家，他們沉痛畫下當晚的情景。

戰鼓迫近，他們手拉手禱告，希望奇蹟出現，但奇蹟沒有出現，導彈像煙花連聲爆發，與文化中心裡的和平音符混在一起，還有祈求垂憐的禱告聲，變得越來越小。空氣中充斥紅色的火光，未幾黑雨灑下，他們仍然沒有離開，等候命運的發落。

有人倒下，有人沒有倒下。我看到此，眼睛模糊了，原來有那麼的一夜，卻從沒有傳媒報導過。十幾年過去了，我終於看見那一夜，當巴格達那一個文化中心傳出伊拉克藝術家和知識分子們的最後呼喚，全球各大媒體只在忙於爭相播放導彈的「狂笑」。

小時候讀過的兩條代表古文明河流：幼發拉底河和底格里斯河，那一夜之後，紅色與黑色在河面交織著。

戰爭不僅殺人，也毀掉文化。伊拉克不少寶貴文化資產在戰爭中遭到摧毀燃盡。二〇〇三年主要戰事結束時，首先遭殃的是伊拉克國家博物館和國家圖書館，繼而是巴比倫考古據點，美軍迅速占領博物館和巴比倫，做為美軍基地之用。兩地文物很快給搶掠運走，有些損毀滿地，博物館館長悲憤莫名，在接受訪問時表示，寧願這些文物被偷走總比損毀好。

未幾，美英以保護文物為名，把伊拉克珍藏運往自己的博物館去。一位伊拉克歷史學家憤慨說，美國將所有伊拉克具歷史價值的東西，例如歷史人物銅像雕塑等，不是打碎，便是運走，連海珊用過的物件、穿過的衣服，都一一奪取，現在就放在美國的軍事博物館去炫耀。可憐伊拉克人所有歷史記憶都失去，剩下只有戰爭與仇恨。

想不到國家圖書館裡的古書籍亦不能倖免，它們不是給燒燬，便是被拋到底格里斯河和幼發拉底河。一位伊拉克詩人哀嘆說，當時兩條河流的水染上一片黑色，這黑色就是來自古書籍的油墨。

此外，戰後伊拉克知識分子受迫害，他們感到是一種有系統、有計畫的預謀，從上而下，目的就是要知識分子離開他們的土地，令伊拉克徹底文化和精神真空，沒有知識傳播，沒有知性討論，沒有思想撞擊，也失去批判能力，這才叫真正摧毀。

在摧毀中人們變得瘋狂。極端組織伊斯蘭國竟繼侵略者後，不斷摧毀多個重要歷史文物據點，令全世界蒙受難以彌補的損失。一場戰爭，其破壞力無法想像，人的生存權利從未受到如此的蔑視。

另方面，大家是否想過，數以百萬計的阿拉伯難民中，有至少一半是孩童，他們在收容國缺乏受教育的機會，阿拉伯文化無以為繼，一個民族的新生代沒有出路，這真是致命傷。

川普劍指伊朗的背後

我和菜穗子走在安曼街頭上，記得十多年前到約旦，當地看不見一間美式快餐店，在市中心僅有的麥當勞也早關掉，改成為道地的烤肉店。但十多年後重訪這個國家，美式快餐店成行成市，甚受年輕人歡迎。

我們沿途經過這些快餐店，戲院外的好萊塢電影海報醒目地懸掛著。菜穗子對此有感而發，她說，過去十五年來她經常出入約旦，發覺約旦人，特別是年輕人，越來越西化。

我問，這是否多了機會出國或留學有關？菜穗子指這只是部分原因，最大的影響是社群媒體。社群媒體流行起來，他們能在網上接觸更多西方文化訊息，與更多西方人在網上交往，潛移默化，在思想上和行為上都西化起來。我好奇說，那麼，西方要改變中東地區，其實不需要用戰爭手段，利用社群媒體便可以了。

社群媒體可代替武器，和平演變。現在，戰爭造成生靈塗炭，大量難民到處流離，連西方本土也受衝擊，各大國互鬥武器，花費甚巨。菜穗子立刻插口說，這正是西方國家所要的，軍工產業，對美國尤其重要。從向盟友售武貿易中所取得的利益，龐大得超乎我們想像，軍工產業乃是美國的經濟支柱。

美國到處發動戰爭，其目的昭然若揭。最近，美國總統川普劍指伊朗，就在伊拉克大選期間，他這個舉動對選舉不無影響。眾所周知，二〇〇三年戰爭後，什葉派得勢，並被視為親伊朗一股勢力。近年在伊拉克有個舉足輕重的什葉派民兵組織「人民動員」（Popular Mobilization Forces），不少報導指他們受伊朗金援，而且有「伊朗革命衛隊化」的現象，遭到猛烈批評，看在美國眼中，更不是滋味。

其實，伊拉克一如敘利亞，早成為東西方的代理戰場。伊斯蘭國在伊拉克雖暫時敗陣，但只要大國們不願放棄在中東的爭逐，和平仍是遙不可及。

伊戰過後，世界卻紛紛「仇恨上腦」

「無論是美國，又或是俄羅斯和伊朗，他們之間的軍事較量卻以老百姓為人質，同該受譴責。人道主義才是我們最後的救贖，要讓更多人明白到，人道精神只嫌少、不嫌多，只有此能抵抗殺人機器……」菜穗子表示她致力推動年輕人，與她共同參與更多的人道工作。她強調「在為時未晚之際，我們要及時覺醒，盡一切努力」。沒錯，伊拉克和敘利亞已陷入暴力的惡性循環，不能自拔。

民主大選，聽起來冠冕堂皇，但伊拉克有能力走上健康的民主之路？而滿口民主自由的西方大國，有為這等中東國家創造民主的條件嗎？可悲的是，現在這等被改造的國家，在重建與摧毀之間不斷巡迴上演。

菜穗子以費盧杰為例。她指費盧杰在烽火中經過十年，二〇一三年終能在瓦礫中有望重建，在重建過程中大家本來以為看到出路，怎知一個導彈又把費盧杰炸回原形，而且陷入伊斯蘭國的恐怖管治中。

一場伊戰，可謂是改變了世界。恐怖主義便是因伊戰逐漸向全球散播，至今到了不可收拾的地步，亞洲也難存倖免，我們的話題遂轉到緬甸。菜穗子是佛教徒，她指在約旦有人問她，為何佛教徒要殺亞洲的穆斯林？

她憂心表示，如果不和平解決羅興亞穆斯林的問題，恐怕緬甸會變成「小伊拉克」，然後再輻射到鄰國去。那麼西方與亞洲所形成的兩個漩渦，便會匯在一起，難怪約旦國王阿卜杜拉二世（Abdullah II ibn Hussein）指第三世界大戰已開始了。菜穗子認為矛盾衝突惡化到某一步，此時才想解決卻已太遲了，一如伊拉克。

仇恨隨著烽煙蔓延，人們對眼中的「他者」不自覺地抗拒排斥，這已成為當今世界一個現象。從仇恨言論發展至仇恨罪行，原來日本社會也不能避免。

在日本，最主要的「他者」可說是韓國人，即使在日土生土長的韓裔人，也一直受到歧視，但今年二月卻出人意表，有兩名日本右翼分子向東京的「在日本朝鮮人總聯合會」中央總部開了數槍。

說到此，菜穗子聲音高了八度，瞪大眼睛向我強調，「他們有槍啊！要知道，我們日本一直禁槍，只有黑社會能非法取得槍枝。以前雖曾發生對居住在日本的韓裔人士不敬行為，但只停留在口頭上，但今次是頭宗有非黑社會人士採用槍擊手段對付韓國機構。這說明了有人如何從仇恨言論發展至仇恨罪行，震驚日本社會。」

菜穗子表示，她做為人道工作者，對世界各地的衝突自然非常敏感。例如過去一年南北韓關係緊張，美國和北韓又互相威嚇動武，因此她和其他人道組織便立刻評估，一旦動武，其所引發的人道災難規模有多大、如何應付難民潮等，不過最好還是能制止戰爭。她做出呼籲，發表有關文章，卻給右翼人士責罵她為「北韓間諜」。自從上述槍擊案發生後，她亦開始擔心自身安全。

「仇恨上腦」真是全球現象，這是否伊戰後遺症我不清楚，只知道近年右翼民族主義抬頭，分裂世界，仇恨言論愈趨嚴重。

當伊戰到了二十週年，我們是否也有所警惕和省思？就讓我們反觀台海兩岸，竟然也處於一片戰爭恐慌的叫喧聲中，是誰製造出來的？

此刻，我想到《孫子兵法》的一番勸勉，「兵者，國之大事，死生之地，存亡之道，不可不察也。」

附錄一
聖戰組織

在伊拉克，伊斯蘭激進組織乘勢而起。二〇〇五年初，華盛頓最具影響力的智庫機構「策略與國際研究中心」（CSIS）在報告中一針見血指出：美國軍方太自滿，因而未能及時回應迅速惡化的局勢。

報告指出，美國策略出錯，在於全力打擊前復興黨成員和遜尼派，卻又得不到什葉派民心。而伊拉克武裝組織正與聯軍打著政治、心理和資訊之戰。他們利用意識形態和伊拉克群眾實際的困境來增強自己的支持度，又利用戰後百家爭鳴的傳媒來製造宣傳效果，建立情報網絡。

在遜尼派當中，武裝抵抗組織主要分為非復興黨和前復興黨成員。另一方面，什葉派的抵抗勢力也不小。戰後，什葉派抵抗運動搶盡傳媒視線，其中以薩德爾的名氣最大。他所成立的「救世主軍」（al-Mahdi Army），成員主要來自薩哈德城的貧民窟和南部貧困城市，並以聖城納杰夫為主要戰場。

不過，令聯軍感到最為棘手的則是專門進行綁架、暗殺和砍頭行動的組織，其中以蓋達（Al Quada）成員札卡維（A. M. al-Zarqawi）領導的「統一聖戰組織」（Tawhid and Jihad），為最令人憂慮的外圍力量。

街頭出現大批外國聖戰者，他們利用與敘利亞和伊朗漫長的邊境線偷運武器和戰士。到了二〇一一年，敘利亞反對派當中武裝力量藉「阿拉伯之春」起義，令伊拉克遜尼派激進組織在敘到亞有機會開闢第二戰場，兩國激進勢力在伊敘兩國結合，到後來出現令全球陷入恐懼的「伊斯蘭國」，是有跡可尋的。

附錄二

什葉派與遜尼派

在伊拉克，屬小眾的遜尼派過去掌握權力，打壓什葉派。戰後，兩派鬥爭更甚。目前，伊斯蘭世界都面臨一個重大的挑戰，就是如何盡快促成什葉派和遜尼派的和解，以阻止內耗和受外來力量利用。

其實，什葉派只占全球穆斯林的百分之十五，其他大部分為遜尼派。他們基本上推崇同一思想，分歧在於先知穆罕默德的繼位問題。什葉派認為應由直系子孫繼位，而遜尼派則要推選產生。前者奉行「以瑪目」（imamate）教義，以瑪目可集政治與宗教領導於一身；後者則具有哈里發（Caliphate）概念，哈里發為政治兼軍事領袖，但沒有宗教權威。

分歧導致暴亂與積怨。非阿拉伯人後裔對遜尼派居多的阿拉伯統治不滿，紛紛轉向什葉派。早於一九五九年，開羅大學（遜尼派重點大學）神學院為解決分歧而發布宗教法令，要求所有穆斯林尊重不同的學派，採取寬容態度。可是，兩伊戰爭進一步加深兩派的鴻溝。

在反恐戰中，阿富汗和伊拉克已納入美國勢力範圍，引起伊斯蘭世界的警覺。遜尼派與什葉派人人自危，再次感到兩派的和解與團結至為重要。《亞洲時報》穆斯林評論員沙赫因（Sultan Shahin）表示：正是伊拉克世俗阿拉伯民族主義、沙烏地瓦哈比伊斯蘭原教旨主義和西方帝國主義，造就了目前什葉派和遜尼派的不和。他建議世界各派伊斯蘭領袖為伊拉克兩派穿針引線，重建伊拉克的和平前景。

可是，除意識形態外，伊拉克兩派世俗菁英之間，利益衝突鮮明，更何況抵抗組織越多、越散，訴求也有不同。如何達到團結，當中存在有不少困難。

附錄三

新憲法的爭議

新憲法把伊拉克建基於民主原則的世俗聯邦。美國密西根大學中東專家 Juan Cole 擔憂，這種聯邦制度最後可能導致諸侯割據，誘發更多的衝突，到頭來影響伊拉克的民主進程。

要知道，遜尼派聚居的中部不但乾旱，也是伊拉克最貧窮的地區。目前主要抵抗力量來自遜尼派，如果實行上述的聯邦制，把遜尼派鎖在中部的話，那麼，抵抗力量就會擴大，難以停息。

此外，這種分配也使各懷鬼胎的伊拉克鄰國虎視眈眈，例如伊朗對伊拉克憲法草案隨即表示歡迎。熟知內情的人一聽就明白，資源富庶的南部透過憲法自然成為什葉派的囊中物。

可是，其他的阿拉伯國家，卻感到伊拉克的聯邦制正威脅著以遜尼派為主的阿拉伯地區利益。而土耳其也一樣憂心伊拉克北部的庫德族自治區，透過聯邦制得以壯大，激發土耳其境內庫德人的分裂活動。

這一切使得伊拉克的聯邦制暗流洶湧。

分析家認為，伊拉克複雜的國情，很難給予美式民主有發揮的空間，但美國急於在伊拉克實驗其大中東計畫，將使伊拉克更為動盪。在戰後的伊拉克，民主選舉？它不是所有問題的答案。

文學・政治

Politics Literature

阿拉伯藝術家

巴勒斯坦詩人達維希，正為其詩作簽名。

左｜敘利亞詩人阿都尼斯，正準備朗誦詩作。
右｜大馬士革舊皇宮。

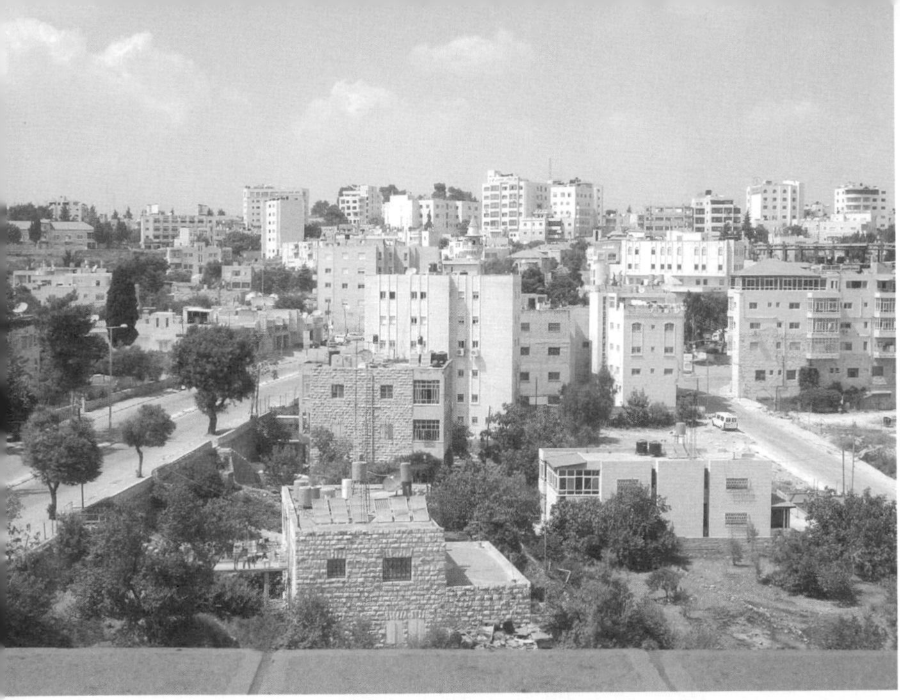

從薩卡杰尼文化中心向外望去，橄欖樹林立景象。

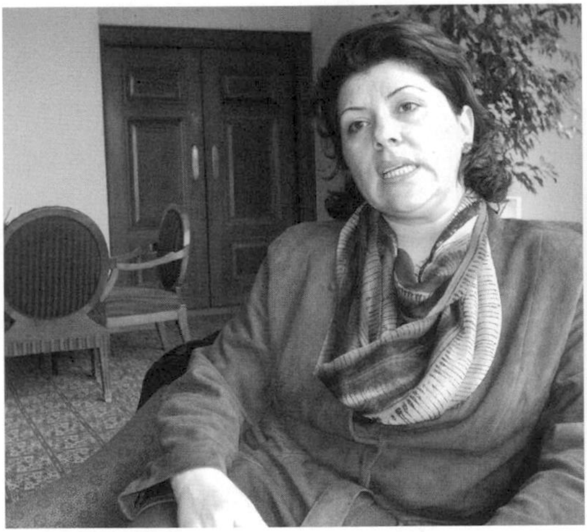

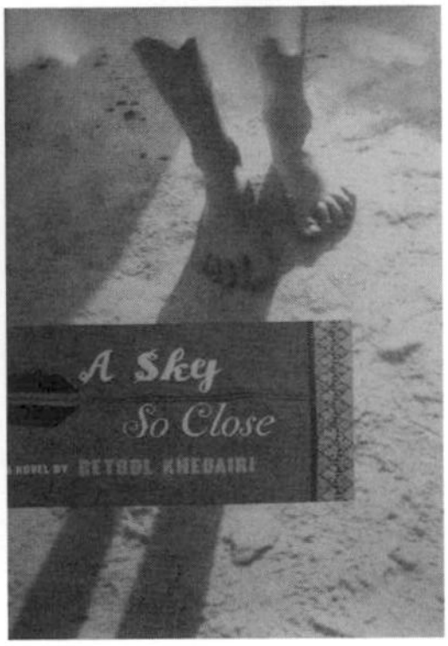

伊拉克女作家赫達卉，及其著作《天空如此接近》。

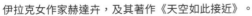

阿拉伯文學家如是說

文學，另一種現實的呈現，直抵心靈深處，呼喚出共同的情感。而阿拉伯文學所照耀的世界，是陌生？是親近？阿拉伯文學家所發出的聲音，是激昂？是低迴？

在敘利亞、巴勒斯坦、約旦、伊拉克，我走訪了多位阿拉伯作家、詩人、畫家，他們無法擺脫所屬的政治環境，但在他們的作品中，我們看見一個更觸動人心的阿拉伯。在此就讓我們聽聽他們如何說。

愛是如此困難——訪巴勒斯坦著名詩人達維希

馬哈默．達維希（Mahmoud Darwish），一九四一年生於巴勒斯坦一個伊斯蘭村莊，為國際知名詩人，二〇〇八年病逝於美國。

他曾移居貝魯特，協助巴勒斯坦解放組織及其領袖阿拉法特，後又因以軍入侵而流亡塞普路斯（Cyprus）。一九九六年重返巴勒斯坦，定居於拉姆安拉。達維希過去曾獲不少文學和自由獎，其作品亦被翻譯成二十二種語言，被譽為巴勒斯坦最真摯動人的聲音。現為加爾默羅（Al Karmel）基金會主任及其旗下文學評論季刊總編輯。

達維希的主要作品包括：《兩座伊甸園的亞當》（*The Adam of Two Edens*）、《歌謠小書：烏鴉的墨水》（*The Raven's Ink A Chapbook*）、《巴勒斯坦之愛》（*Love from Palestine*）、《橄欖葉》（*Olive Leaves*）等。

無論對猶太人或穆斯林而言，橄欖樹都代表著希望、智慧、和平，但它同時也是爭端的開始。

以色列人和巴勒斯坦人都要維護自己所種植的橄欖樹，使得雙方的仇恨持續了半個世紀，並且在最近不斷升高。

處於風雨飄搖之地，文人和知識分子特別傷感，達維希在題為「在坡上，高過海洋，他們睡著了」的詩中寫道：

超越時空的界限，在文學轉化成石頭的坡上，他們睡著了。
在鳳凰骨刻鑿成的石頭上，他們睡著了。
我們的心會為他們的慶典舉杯，在一個沒有時間的時空裡。
我們的心會奪回那一片土地，讓鴿子回到地上的石床。

啊！在地球的盡處，在我的心裡，睡著了的同胞，願和平降臨你們身上！和平。

達維希，被譽為當代最偉大的詩人之一，巴勒斯坦文壇代表人物。他的詩見證並承載了一代巴勒斯坦人亡國苦難，以及流亡的虛無感。

溫柔的詩人同時也是一位抗爭者。他曾被軟禁，身陷牢獄，之後再遭放逐，在無家可歸的旅途上唱出流放者之歌，觸動了世界的心靈，而他淒美的作品也在國際文壇上大放異彩，並曾例外地入選以色列中學教材。

當我從耶路撒冷致電到達維希位於拉姆安拉的辦公室，要求專訪時，他回應說：「請放過我吧！我的心情太沉重，不想接受訪問。」但我堅持要造訪，哪怕只是一次非正式的會面。結果他不忍心拒絕這位從香港遠道而來的客人，於是說，「好吧！你就來這裡聊一聊吧！」

一次非正式的會面，最後變成一次深入的對話，他的祕書認為我很幸運。

達維希所工作的薩卡杰尼文化中心（Sakakini Cultural Center），位於巴勒斯坦西岸的拉姆安拉一座山坡上，環境清幽，乃中東地區一個十分著名的文化交流中心。

可是，二〇〇二年四月以色列軍隊進駐時，卻對這個中心大肆破壞，留下了不少彈孔，裡面的掛畫和雕塑也倒了下來。巴勒斯坦領袖阿拉法特就曾特別到該中心視察損毀程度。

過去原本一直周遊列國的達維希，現在卻插翅難飛，敏感的詩人心情沉重極了。當我推開達維希辦公室大門時，他稍微拉下大眼鏡，有點好奇地看著我，然後露出友善的笑容說：「你就是從香港來的那位記者張小姐？」

之後，一位香港記者與一位巴勒斯坦詩人展開一段難忘的對話，暢談愛與恨、自由與樊籠、流亡與家園，以及身分證等問題。

（記：記者；達：達維希）

記：達維希先生，我先送給你一盒從香港帶來的小禮物——中國茶葉，希望可以緩和一下你的憂鬱情緒。如果不見效的話，那我下一次會讓你試試日本綠茶。

達：（大笑）中國人是不是都如你一樣幽默？但我們是第一次見面，有點不好意思收下你的禮物。

記：可是我認識你已經好幾年了，自從數年前開始閱讀你的詩集到現在，你已經是我的老朋友了。我還把你的詩翻譯成中文呢！那一首〈我是從那裡來的〉（I am from there）。我記得很清楚。還有〈在坡上，高過海洋，他們睡著了〉（On The Slope, Higher Than The Sea, They Slept）。

達：（再次大笑）你吐出的每句話就像魔術棒，把我的憂鬱暫時消除了。

記：對了，當我約你見面時，你說心情沉重，不想見任何人，為什麼？

達：（憂鬱又回到他臉上）你目擊到這裡的情況吧？我們就如生活在一個監獄裡，不知道什麼時候實施戒嚴，也不知道什麼時候解除戒嚴。我們每天都在等待，等待變成一種生活習慣。可是，前路是如此模糊不清，命運也不在我們掌握中，甚至也無權過問。我們失去了天堂。

記：我雖然不太認識拉姆安拉這個城市，但採訪過兩次之後，直覺上也感到拉姆安拉曾經是人間天堂。我很喜歡這裡的山、別致的房屋，紅瓦黃磚，優雅極了。還有市中心那些傳來陣陣咖啡香的咖啡館。

達：對，這裡的確曾是天堂……沙烏地阿拉伯的皇族過去也很喜歡到這裡來度假，特別在夏天，這個優美的山城將為你帶來陣陣清風……但這個天堂已經消失了。現在，它只是一個憂鬱的愁城，我們坐困其中，連身分也失去了……他們想打擊我們的士氣、想毀滅我們的夢想，但這是不會成功的，巴勒斯坦是個堅強的民族，我們終有一天會尋回身分和夢想。

（略停頓）我很感興趣，你的身分又是什麼？

記：（被問到身分有點意外）什麼？我的身分？與你一樣，我也沒有身分，又或者我根本沒有去理會吧！中國？英國？還是加拿大？（編按：作者早年移民到加拿大）我感到迷失了。事實上，香港雖然回歸中國了，但在身分上依然混淆不清。我拿著兩本護照，甚至三本。我從哪裡來？旅途上，有人問我，你來自中國嗎？

我卻糾正對方說：是來自香港。

達：（表現得極感興趣）那你們香港人對過去英國殖民歲月有何感想？

記：跟你們的殖民經驗完全不同。你們想爭回自己的土地，重返家園；但香港人，特別是中產階層的一些人，受過英國教育的，他們骨子裡可能寧願把自己的身分與英國連在一起。一些人認為，英國代表西方，西方代表進步文明。

達：你也是這樣嗎？

記：我不知道自己是什麼，只是不停在這個世界遊蕩的靈魂。

達：（瞪大眼睛）真是太奢侈！我們卻寸步難移，猶如困在籠中的鳥兒。

記：在戒嚴令下，朋友不能如常往來，每個人都活像一座孤島？

達：（沉思一會兒）每天，我們的確都在為基本的生存條件而鬥爭，從糧食到人身安全，以軍的占領讓我們陷入無邊的黑暗、焦慮、不安……但，不！至少我沒感到自己是一座孤島，幸好有網際網路，還可以觸及外面的世界，不至於太孤獨。但如果孤獨（他打趣地說），我可以看《靈山》。

記：《靈山》？在阿拉伯文化中，如何了解中國文化中的靈山？是否太抽象？

達：文學的語言是共同的。（略停頓，然後站起身來，欲在書架上尋找《靈山》）太抽象？噢！不會，絕不會，對他們而言，太真實了。我們的心靈在遊蕩，每個人都在尋找靈山，尋找心靈的最終救贖……

我覺得高行健的筆觸很有阿拉伯的節奏感，我還喜歡另一個中國詩人北島的作品，他曾訪問過這裡。

中國作家與巴勒斯坦作家很不同。我們巴勒斯坦人必須團結在一起，爭取民族的基本權利，要成為異議人士？時候未到。

記：可是，巴勒斯坦的政治氣候容易把文學也變得政治化，很難把政治與文學分開，是嗎？

達：的確如此。我相信文學反映生活，巴勒斯坦人的生活很難與政治、歷史分割，這多少對我造成困擾……

我經常思考，如何平衡？如何避免做出直接的表達？把現實呈現出來是不容易的事情。例如我的過去、我的家鄉，還有在這裡所發生的戰爭。流亡成了我們重要的生活體驗。但這與中國作家的經驗有所不同……

我們在一夜之間喪失家園，被迫流亡，成為難民。我也是一名難民，因此，巴勒斯坦文學與巴勒斯坦整個民族的悲劇都情不自禁地連結在一起。

記：難怪你的詩都負載著強烈的民族悲劇意識，還有對家園的渴望。我知道你曾經參與巴勒斯坦抗爭運動，是革命詩人，也曾在一九八七到九三年成為巴勒斯坦解放組織某個委員會的成員。

達：那是他們沒有得到我同意就委任我的，當時我很生氣，直至一九九三年九月，我藉反對「奧斯陸協議」而退出委員會。我是詩人，可透過詩來發出我的聲音。在詩句行間，我獲得一種特殊感覺，那是我的生命所在。

記：即使面對目前的惡劣環境，也沒有停止寫詩？

達：當然沒有，這使我更「詩」潮如湧，我的士氣是打不垮的。

（談到此，有位當地訪客進來，竟然以普通話向我問好。達維希聽到普通話感到很新鮮。）

請問「I love you」（我愛你）的普通話是怎樣說的？

記：（感到愕然）你為什麼要學這句話？

達：（哈哈大笑，然後轉為嚴肅）你知道嗎？對我們而言，愛是如此困難，這個字在我們的語言中好像已經遺失了。如何去愛你的敵人？或者，我可以在普通話中重拾意義。

記：（感傷地）對，剛才我在市中心看到一幅廣告看板，寫著「我們不會忘記，我們不會饒恕（We won't forget, we won't forgive.）」。

達：這是猶太人針對納粹屠殺首先說出的。現在，我們借用這兩句話來向他們表達我們的感受……

你還有問題嗎？就讓我們到此為止吧！不然，（開玩笑地說）我便要向你扔石頭了。（這時達維希調皮地向我做個擲石頭的手勢。）

當我正要離開文化中心之際，隱約聽到他在辦公室裡吟詠一首他的詩：

我是從那裡來的，我還憶起
與別人無異，我就這樣降臨人世，
有一個母親，
有一間房子，有很多窗戶；
我有兄弟、朋友，以及樊籠。
我擁有海鷗撲身而過的海濤，
我擁有自己一個景觀和餘下的一片青草，
我擁有那輪越過語言顛峰的明月，
我擁有由神遣送的鳥群糧食和超越時間視野的橄欖樹；
在利劍把血肉之軀變成宴會之前，我已穿越那一塊土地。
我，是從那裡來的。
我把那片天空歸還它的母親，而那片天空卻為自己的母親哭泣……
我學會了拆毀所有的字句，而只去建構一個字：家。

文學無疆界。在與詩人的一席話後，巴勒斯坦已經不再遙遠了，藝術讓不同的民族更加貼近，在相互的了解中產生共鳴。

不過，這次訪談讓我的心情很複雜；達維希越表現輕鬆，我則越感到沉重，他的幽默是屬於灰黑色的。從他辦公室往窗外望去，依然是陰霾密布，在他的哈哈大笑中隱藏著悲哀。

他調皮地向我做出一個擲石頭姿勢，但是姿勢卻象徵著一個民族的苦難和悲劇。而我們對巴勒斯坦人的認識，或者就始於擲石頭吧！

我們可能對「文以載道」的文學有異議，但對於生活在這塊悲壯土地上的作家詩人而言，「文以載道」變得無可避免，而且有血有肉。畢竟，嚴肅的文化正是一個民族的尊嚴和力量所在。

原本在這次行程中，我也想採訪以色列著名作家阿默斯．奧茲（Amos Oz），但他以「敏感時刻不方便接受採訪」為由而拒絕了。

無論如何，戰爭把以色列和巴勒斯坦兩個民族分隔，但文學又把兩個民族的情感連結在一起，正如達維希所說：「無論是我們或是他們，都渴望堅強地生存下去。」

當我踏出薩卡杰尼文化中心時，竟然看見對面有一棵橄欖樹，默然屹立在山頭上，像是等待和平之鴿的來臨。

我們不是魔鬼！採訪伊拉克藝術工作者

戰爭的砲火震碎了伊拉克藝術家的心靈。上一次波斯灣戰爭便曾導致一大群伊國的藝術工作者逃離家園，成為浮萍遊子，他們用最敏銳的眼睛繼續觀照自己的國家。

我特意在伊拉克和其鄰國約旦分別採訪了伊拉克新竄起的女作家比杜兒．赫達卉（Betool Khedairi），和伊拉克知名畫家阿伯拉罕．亞塔尼（Ibrahim Abdali）。他們同聲表示要透過藝術還原伊拉克人真正面貌，並高呼：我們不是魔鬼！

赫達卉：天空如此接近

在約旦首都安曼的凱悅酒店咖啡廳裡，一位三十來歲的伊拉克女作家赫達卉抽著一口菸，正細看報紙上有關美伊大戰的最新報導。戰爭，對她來說，並不陌生。在她二十歲發生的兩伊戰爭，到她近三十歲經歷的波斯灣戰火，以致當她步入四十歲的中年危機時所出現的美伊大戰，都與她的前半生扯上關係。

戰爭與政治，太多大國晃動的影子，以及獨裁政權的非人統治，她不願多談政治，她甚至對政治有一種異常的神經過敏。

當我約她做專訪時，她即鄭重聲明，不談政治。這是伊拉克人特有的反應。談起政治，他們就發慌，即使在流亡的歲月裡。

政治，猶如戰爭，只能閱讀，而且要保持一些距離，就好像現在的她，在安曼閱讀美軍如何部署攻打自己的國家。

她放下報紙，好奇問我，「你相信伊拉克還有能力擁有足以威脅全球安全的生化武器嗎？美國會先下毒手向伊拉克投放化學毒氣嗎？」

她承認她有一種戰爭恐懼症。曾經目擊過的人，就會產生恐懼。即使不談政治，也十分關注戰爭的遺害。

在赫達卉的近作《天空如此接近》（*A Sky So Close*），便有一個場景，天空下著如黑雨般的炸彈，人們迅速進入無邊的黑暗與惶恐。這是外國報章沒有報導過的，赫達卉卻對此有詳細的描述。

她說：「其實，當時我已及時逃出伊拉克。到了倫敦，我崩潰了；家人還在巴格達，我只能遠在倫敦乾焦急，心，有癱瘓的感覺。」

她望著天上的一片雲，能否傳來家鄉的訊息？

天空如此接近，人心卻阻隔重重。這是赫達卉新書的主題。

雖然她還是強調不談政治，但大家都知道，伊拉克人擺脫不了政治，伊拉克文學也擺脫不了政治，或者，至少難免有政治的隱喻。

「如果外國媒體要妖魔化伊拉克人，我則要人性化伊拉克的兄弟姊妹，我們擁有人類共同的本質……」赫達卉企圖透過文學的語言呈現伊拉克的真實，她表示「政治充滿偏見與扭曲，但文學可透視人心，讓我們了解真實的全面」。

結果，赫達卉成功了。

一九九九年，《天空如此接近》一書以阿拉伯文首次問世，旋即受到西方文壇的關注，於二〇〇一年被翻譯成英文。

或者，我們可以說，該書占有天時、地利、人和的優勢。自「九一一」事件發生後，伊拉克又成為美國白宮的政治討論焦點，以致演變成為今天的邪惡軸心國，正要面對一場舉世矚目的二十一世紀大戰。

突然，我們警覺，對伊拉克的認識是如此貧乏。

赫達卉不斷地點頭，補充說：「還有不少的誤解。」

她受邀到處演講，由於赫達卉有一半愛爾蘭血統，《天空如此接近》使她與西方世界拉近距離。她以英語直接表達她另一半伊拉克血統的情感。

赫達卉於一九六五年出生於伊拉克首都巴格達，父親為伊拉克人，母親則是愛爾蘭人。她生長於伊拉克，是個虔誠的穆斯林，卻長期遊走於阿拉伯文化與西方文化之間。

她再抽一口菸，在煙霧中慨嘆自己國家一再成為美國的眼中釘，再次面臨戰爭的殘害。

「一九九一年波斯灣戰爭已經是一次災難，現今的戰爭將會是更大的災難……」赫達卉神情轉凝重，瞪大眼睛對我說，「我們曾經活在戰爭中，很清楚知道那是怎麼一回事，伊拉克人民無法不斷承受戰爭的威脅。」

在她的小說中，主角正好也是一位伊拉克與英國的混血兒。她經歷過戰火的洗禮後，逃到西方世界，繼續處於東西方文化的衝突中。

赫達卉指出主角雖與她的背景和經歷相類似，但並不是自傳，她說：「作家的作品，很容易是他／她個人經歷與時代的反映……」

「當我於上一次波斯灣戰爭爆發開始構思這部小說時，我的母親正好罹患癌症。在倫敦，我一邊悉心照顧母親、一邊看著新聞報導；又一邊擔心在巴格達的父親和弟妹、一邊承受流亡之苦。我的心給撕裂了。那是一種雙重的痛、一種屬於伊拉克人的命運之痛。」

小說充滿烏雲，人們在烏雲中爭相逃走，非常超現實。

不過，小說一開始卻是有條有理，一位沒有名字的女主角從她的童年開始說起，屬於個人層次的文化衝突……提升到阿拉伯與西方的政治矛盾。

本來說好不談政治，但文化衝突有多少政治的矛盾，可政治矛盾中又有多少文化的衝突，這已是有理說不清了。

赫達卉忍不住告訴我，小時候媽媽帶她到英國。在英國，有人竟問她巴格達的主要交通工具是否就只有駱駝？她大笑，我也大笑起來，想起有些人把中東人描繪成蒙著紅白格頭巾的恐怖分子。

「九一一」事件加深了這種文化的誤解與政治的扭曲。赫達卉的《天空如此接近》竟然大受歡迎，英文譯本面世後，讀者抱著好奇的眼光閱讀這一本小說，特別面對美伊大戰之際，他們希望能在小說裡尋找一些東西，一些連他們也不太清楚的東西。

赫達卉對這個現象不以為然，只希望她的作品可以打破伊拉克的孤立，拉近西方與伊拉克的距離。

「那是一種人與人之間的距離，人性的距離。」赫達卉不斷強調她的小說沒有政治的議程，只有人的議程。

正當世界局勢因美伊大戰處於非常時期之際，赫達卉風塵僕僕於約旦與歐美之間，推廣她的小說，推廣人的議程。但另一方面，她還展開撰寫第二本小說，一本有關在經濟制裁下伊拉克人民心靈受創的小說。

赫達卉的題材總是富有爭議性，尤其當世界對伊拉克文學缺乏認知下，她的作品難免在世界文壇上掀起一些漣漪。

亞塔尼：與和平鴿一同出走

從二〇〇四年至今，約旦首都安曼集結了大批國際媒體，報導美伊世紀大戰，使原本平靜的山城變得躁動不安。

在風起雲湧的時候，記者們不會留意到，在山峰上有一間知名的達爾—安妲畫廊（Dar Al-Anda），不時舉辦伊拉克畫家的畫展。

畫廊內潔淨幽雅、鴉雀無聲，與畫廊外的烽煙四起、人心惶惶，極不協調。不過，懸掛在牆上的一幅幅伊拉克作品，卻承載著無盡的控訴。

原來，在過去十二年來，伊拉克有大批畫家逃到安曼，安曼成了他們的心靈驛站。我邀約了其中一位知名老畫家亞塔尼進行訪問，他欣然應允，並早已在畫廊門外等候。

亞塔尼高興地迎接我這位外來訪客，指著一幅畫，畫中伊拉克少女在火紅的陽光中若隱若現。她們沒有機會如嫦娥般奔向太陽，卻在戰火裡燃燒著心中的夢想，還有她們寶貴的青春。

老畫家向我講述伊拉克的印象派與寫實派，表示自己屬於寫實派，

上｜伊拉克畫家亞塔尼與他的名作《和平鴿》。

中｜亞塔尼在作品中展示在制裁下的伊拉克兒童面貌。

下｜亞塔尼畫作中的三位阿拉伯男子，一臉愁苦。

透過色彩繪出一個又一個活生生的伊拉克人情面貌，以及戰爭下的生離死別。

他更告訴我，他曾被徵召為伊拉克總統海珊繪畫人像。

「在伊拉克，藝術家經常身不由己……」亞塔尼欲言又止，但談到那一次經驗，他有點無可奈何。海珊只是需要知名畫家為他服務，展現不同的神態、不同的場景，讓畫家有點不知所措。

只要人在巴格達，便會知道海珊對自我形象的追求，已達瘋狂的地步。在首都，有一間主要的國家畫廊——海珊畫廊。亞塔尼表示他還留有不少作品在這個畫廊裡。

亞塔尼拿出一本照相簿說：「在逃離伊拉克之前，我知道我不能拿走畫廊裡每幅作品，因此，我小心翼翼地把作品拍攝下來，收藏於這個相簿內。」

他特別拿出一張作品的照片，得意地指這作品拿過不少獎項，作品中有一名年輕的伊拉克軍人離家出征，親友向他潑水祝福。

「戰爭似乎成為我們恆常的主題。世人透過戰爭來認識我們，但我們不是魔鬼，我們只是批普通的老百姓。」老畫家越說越激動，表示他飛離伊拉克，卻未能飛得更遠，其他西方國家不歡迎他們。

「我早年去過英國，現在只希望再造訪英國辦畫展，與老朋友相聚，但申請簽證已近一年，還沒有批下來，他們顯然對伊拉克人懷有戒心。」

老畫家輕撫他另一幅得意傑作《和平鴿》。他與這幅作品一同逃出伊拉克，但他多麼希望能如鴿子一樣，海闊天空，自由飛翔，好讓伊拉克的文化藝術飛得更遠。

老畫家認為伊拉克的文化藝術，正被喧鬧的政治搶去了鋒頭。

伊拉克啊伊拉克，藝術家用最敏銳的心靈向她發出呼籲，可是，提到出走他鄉的原因，老畫家一樣不願談政治，只表示受不了經濟制裁的折磨。

事實上，流亡到約旦的伊拉克知識分子，都異口同聲地表示，出走的主要原因在於經濟制裁，生活看不到出路。亞塔尼說：「為了生活要賤賣心愛的作品時，心裡有多難受，尊嚴有多受損？」

我和老畫家步出畫廊，站在頂峰上看著美麗的景色，卻有著何處是吾家之感。此時，太陽西沉，夕陽餘暉偷偷穿進了畫廊的深處，瀉滿一地淡黃，弄得吊在牆上的畫作也格外淒迷。

老畫家回望他那一幅幅的作品，永恆的戰火，永恆的鄉愁。

當記者在約旦與伊拉克接壤的邊境上準備報導第一手的戰爭新聞時，老畫家卻默默用上那一大片紅的顏色表達去國懷鄉的憂慮。

戰後，我再次造訪亞塔尼，在他的畫作上，在巴格達，他的故鄉，仍是一大片紅。

地獄門前的救贖呼喚——敘利亞詩人阿都尼斯

中東地區亂成一團，阿拉伯文學家憤怒了；他們的災難國土、他們的倔強尊嚴、他們的多變命運都一一化作動人的詩歌。享譽國際詩壇的敘利亞詩人阿都尼斯（Adonis），用最深沉的筆觸，哀嘆阿拉伯目前的亂局。

阿都尼斯這個名字，在國際文壇響噹噹，在阿拉伯世界裡，更是現代詩的先驅、阿拉伯現代化運動的倡導者。在近年的諾貝爾文學獎中，他多次被提名，為熱門候選人，只可惜都未能如願。

有詩評家笑說，如果他不是敘利亞人，以他的成就，早已摘下諾貝爾的桂冠了。正如薩伊德指出，阿拉伯語在西方永遠屬於「有爭議性」的文字。

無論如何，阿都尼斯於二〇〇四年再次受到阿拉伯文壇的肯定，在埃及獲得歐懷斯（Sultan bin Ali Owais）最高榮譽文化成就獎。他深深一鞠躬，在轟動的掌聲中卻隱藏一副寂寞的身影，一如他有次回國參加一場個人讀詩會。在大馬士革的舊皇宮裡，在同樣熱烈的掌聲中，他卻緊繃著臉，似是載滿了一個時代的憂患。我有幸是座上客。他一開始即以激昂的聲音讀出新作〈向巴格達致敬〉（Homage to Baghdad）：

把你的咖啡擱在一旁，喝一些別的吧！
還有聽聽侵略者的話語，「在上天保祐下
我們上演了一場先發制人的戰爭，
我們將會帶來生命之水，

來自哈德遜河和泰晤士河的河水，
並流到底格里斯河和幼發拉底河。」

一場衝著河水與樹木而來的戰爭，
也衝著鳥兒與孩子之臉孔而來。
他們的手綻放著集束彈的煙花，
泥土變為紅色與黑色，
坦克與大砲的行使者，
導彈猶如鯨魚般飛舞，
偌大的火山在噴出它的唾液。

我們是否應該相信，啊！侵略者，
侵略可帶來解放的導彈？
文明在核廢料中重生？

阿都尼斯的詩句迴盪於古皇宮露天花園的空氣中，天上群星閃耀，照亮我們每個與會者的心靈，我們幻想與阿都尼斯拉著手，讀出一個時代的悲劇。

在此，我想起薩伊德的《鄉關何處》（*Out of Place*）。我們屬於哪個時代？哪個地方？望著黑漆的穹蒼，我們與阿都尼斯發出天問。

台上樂隊幽怨的音樂餘音裊裊，在潺潺的池水上仍然浮著玫瑰紅色的花瓣。阿都尼斯在讀詩會結束後，留下來與我們交談。

原來，這位年屆七十高齡的詩壇泰斗，真正的名字為 Ali Ahmed Said，與愛德華・薩伊德的姓氏相同。他少年時開始寫詩，以真名投稿遭到拒絕，結果改用了「阿都尼斯」這個古典希臘文學中的名字後，作品才有機會發表。

阿都尼斯的一生活像一頁阿拉伯歷史。他最初在大馬士革大學研讀哲學，一九五五年因活躍於敘利亞國家社會主義黨，而被監禁了六個月，釋放後輾轉逃到黎巴嫩，繼續他的博士研究。一九七〇、八〇年代，黎巴嫩內戰。一九八二年又面對以色列的入侵，當時他正擔任黎巴嫩大學阿拉伯文學教授，目擊人類的仇恨殺戮，他深惡痛絕。

由於那個時期社會動盪，生死存亡無法預測，文學家面對的是急切的政治性題材，因此，關心現實使他大部分作品也介入了政治。一九八五年他離開一團糟的黎巴嫩，轉往巴黎講學，其後定居該地。

他告訴記者，阿拉伯詩人 Autun Sa'ada 比英國詩人艾略特（T. S. Eliot）更能讓他明白，詩歌應如何面對時代的挑戰，特別是當阿拉伯詩人面對西方挑戰的時候。

阿都尼斯是一位徹頭徹尾的社會派現代主義詩人。在一九四八年巴勒斯坦「淪陷」後，他的詩風轉變以尋求傳統與現代之間的平衡，因此，他首先擺脫了傳統的文體和韻律，追求一種不拘於特定風格的作風。

在一九五〇、六〇年代，阿都尼斯的作品極具革命性，在無政府的意識形態中滲有一種神祕意境，他渴望社會變革，一個語言銳變之心躍於詩句之中。他追尋一種全新的創意精神和一種語言的創新，兼容於社會現實及他的政治理想中。

當記者問到他的宗教背景如何影響他的詩風時，他沒有否認自己的作品受到伊斯蘭什葉派傳統下成長經驗的影響，隱約看得到蘇菲派（伊斯蘭神祕派別）的影子，可以說，他的詩風十分接近法國的象徵主義和歐洲的超現實主義。

他的創作生涯儼然如一次冒險旅程，不斷實驗，不斷創新。他這種精神正帶領著阿拉伯的現代主義運動，並奠定他在阿拉伯詩壇的地位。

我不會來，如果所有山徑都已安全
有指路明燈和指路人，那我只會在
所有燈光都熄滅時出現
以及那些茫然不知所措的行人與
混凝土石頭相撞時。

我會前來，如果我可以找到我的道路
沿著狹長的小徑通往地獄
直到地獄的盡頭。

——〈聖遷：一六一〉(161 of the Hegira)

阿都尼斯說，中東局勢的確已走到地獄的大門。他在詩作中除了表達一種憂患意識外，也對文字創意不斷追尋，他說要解放加諸於他們文字——文化的枷鎖，從而化解政治的殖民，讓阿拉伯文化重回活潑的泉源，然後再融匯到人類的普世價值河流裡。

他說，西方從上而下的政治經濟操控，只會導致衝突和敵視，變成一個「他者」，政治的疆界牢牢固守著每個人心中的樊籠。他表示希望藉詩歌的敏感帶來超越與提升。最後，他引用法國文豪雨果的話語，「每一個小我走在一起造就一個大我。」人類是一個整體，我們如何確立和回饋這個整體？

在紛擾的亂局之中，我們聽到阿都尼斯在焦慮中喊出救贖的呼喚！

（本章所有詩作翻譯：張翠容）

美國・中東

America Middle East

從文明衝突到東方主義

美國學界爭相出版評論文明的衝突。

哥倫比亞大學中東研究中心主任卡力迪為激進猶太社群攻擊的對象。

美國基督教基本教義派抬頭，言詞激烈，一名福音派領袖 Jerry Falwell 公開表示，要以「主」的名義炸掉敵人。

美國的中東政策塑造了中東的命運。

薩伊德生前曾對東方主義學者大力批評。

尋找美國中東政策的幕後推手

一個無可否認的客觀事實：自二次大戰後，美國介入中東地區越來越深，她要塑造中東的面貌，也因此引起該地區人民的極大反彈。何去何從？或許，尋找出美國中東政策背後那隻看不見的手，至少能掌握美國針對中東發展的論辯基礎，以窺探未來的方向。

就這樣，我從中東轉往美國，在一個黃金的時節——十一月，變了色的秋葉輕輕地飄滿地，偶爾吹來一陣風。不算冷，但總帶點寒意。

我拉緊外衣，在費城市中心尋找《中東論壇》（*Middle East Forum*）的辦事處，那是二〇〇四年十一月九日，美國大選結束後不久，我邀約論壇的創辦人兼主任丹尼爾．派普斯（Daniel Pipes）做訪問。

猶太裔的派普斯在中東問題上一直支持一個軍事強大的以色列，以平衡來自阿拉伯的威脅。他還設立了一個名為「校園監察」（Campus Watch）的組織，招募學生會員在校園監察一切「反猶」行為，引起學術界非議。

派普斯的確是一名具爭議人物，但他所主持的《中東論壇》對白宮頗有影響力，是白宮中東政策的重要智囊之一。

二〇〇三年，小布希便委任派普斯為「美國和平研究所」（US Institute of Peace）主任，使得華盛頓的自由派十分不滿，因為派普斯是伊拉克的主戰者、政治上的強硬者，卻又甚得小布希的欣賞。

在美國，像派普斯這樣強硬的猶太裔人士不算多，美國的猶太人大都屬於溫和自由派及民主黨的支持者；不過，派普斯卻代表了少數但強勢的猶太社群，積極推動激進的猶太復國主義（Zionism）[1]，原本不為當地保守基督教教派所接受，可是，近年則變得不一樣。

被忽略的基督教基本教義派

華盛頓有一個基督教組織「基督徒聯盟」（Christian Alliance），屬於基本教義的福音派系，其創辦人羅伯遜（Pat Robertson）及霍維爾（Jerry Falwell），經常語不驚人誓不休。前者曾公開主張布希剷除委內瑞拉總統查維斯而引發外交風波，後者則在CNN大呼「以

1 《一個猶太人的反省》（立緒出版，二〇〇五年六月）作者馬克・艾里斯（Mark Ellis）指出，錫安主義不一定等於猶太復國主義，前者要求重返錫安山，但不表示就要建國，有些甚至反對建立世俗的以色列猶太國。

主之名把他們炸掉」（blow them all away in the name of the Lord），「他們」指的是伊斯蘭「激進分子」，嚇得美國一些開明派系（包括社會派與福音派）立刻登報劃清界線，表示基督教誨倡導愛與和平，絕不支持以暴制暴。

但是，「基督徒聯盟」勢力龐大，他們不但全方位宣揚基本教義的信念，還擁有跨媒體企業，其中「七百俱樂部」（Club 700）是他們旗下電視台的一個重要節目。此外，他們亦活躍於政界。羅伯遜曾參與二〇〇〇年的總統選舉，二〇〇四年的大選他們則全力支持小布希，其動員的能力，令人驚嘆。

早期基督教基本教義派排斥猶太人，後來態度改變，「基督徒聯盟」在其網頁上便清楚解釋，他們支持猶太人復國事業，乃是基於《聖經》的救世主預言，他們協助以色列即有助預言的實現[2]。

其實，以色列於一九四八年復國後，一直受到美國長期的支持，這已是不爭的事實。但是自小布希上台，這位屬於南部基本教義派教會的基督徒總統[3]，其意識形態與環繞其身旁的新保守主義力量不謀而合，新保守主義力量與激進猶太復國主義者亦建構了相類似的政治議程，主要是想削弱伊斯蘭在中東的勢力。

換言之，共同的敵人使他們走在一起。

新保守主義崛起與泛中東藍圖

新保守主義是在美國出現的一場政治運動，根植於冷戰高峰期的反共意識形態。諷刺的是，新保守主義者源自於一九六〇、七〇年代的自由派陣營，其中一群成員因無法認同主流自由派的外交主張而轉向保守力量，對當時社會的自由運動造成不少打擊。

他們之所以被稱為新保守派系（neo-conservatism），乃由於他們相對於較偏向內政、力主恢復美國傳統價值的傳統保守主義不同。新保守主義者主要集中在美國的外交政策上，提倡進取的單邊主義，相信美國政治菁英只有擁抱超高道德水平，才能保障全球民主，因此，他們主張積極介入國際事務、建立世界霸權、打破傳統保守主義者所鼓吹的外交孤立

2 近年來，《聖經》預言一直在西方社會占有影響位置。以美、英為首的西方基督教世界和以色列，幾乎成為一個聯合陣線，其中有世俗的原因，也有很深的宗教原因。《聖經》預言彌賽亞（救世主）來到人間之前，以色列人要控制耶路撒冷，所以任何對以色列和耶路撒冷造成威脅的因素，以色列及西方都要干預和設法鏟除。

3 小布希受美國知名福音派佈道家葛培理（Billy Graham）影響至深。他的基督教基本教義主義思想及對其執政方向的影響，可參考 Esther Kaplan《*With God on Their Side : How Christian Fundamentalist trampled Science, Policy, and Democracy*》in George W. Bush's White House，2004，以及 Wayne Madson《*Bush's Christian Blood Cult : Concern Raised by the Vatican*》，Counterpunch（www.counterpunch.org），April 22，2003。

政策[4]。

新保守主義者在雷根時代漸露頭角，到了小布希上台後，其權力更為鞏固，在共和黨中慢慢取代傳統保守主義者。

究竟新保守主義者是誰？根據成員的背景分析，他們包括猶太和基督教菁英中的福音派右翼，當權的猶太菁英有現任世界銀行行長暨前國防部副部長沃夫維茲、國防部部長倫斯斐、副總統錢尼，以及屬基督教福音派右翼的前司法部部長艾許克羅（John Ashcroft）。

他們共同分享著美國道德優越感，以及美國在世界的道德責任，而小布希亦不時強調其外交政策，乃是要解放被壓迫者和向全球傳達自由訊息。他們亦不諱言自己贊同在必要時，以軍事力量在世界各地推動民主變革，特別是中東的伊斯蘭地區，因此出現了所謂的「泛中東藍圖」——即不惜以武力去改造中東政治版圖，來符合美國的安全利益。

新保守主義者建立美國世界霸權的野心，與美國基本教義派教會利用猶太復國主義完成他們心目中的救世主論，以致猶太復國主義者透過新保守主義運動，來鞏固以色列的權力與擴張政策，可謂是你中有我、我中有他。他們組成智囊機構，訓練政治人才，占據權力中心，提供治國與外交策略，並主辦刊物電台，製造輿論，培養學者，為其行動提供理論基礎。

當冷戰結束後不久，哈佛大學知名政治學教授杭廷頓（Sammuel Huntington）所撰寫的《文明的衝突與世界秩序的再造》（*The Clash of Civilisation and the Remaking of World*

Order），當中指出不同文明之間的衝突，其實主要是針對西方與伊斯蘭。這明顯供給了新保守主義思想養料，並為他們的主張鳴鼓開路。在這方面暫且容後再談。

在此，我先介紹新保守主義智囊的角色。要了解他們的角色，得先了解他們的言行如何在政府政策制定上發揮作用。

中東論壇主任派普斯：武力比外交更有效

我終於來到位於美國費城市中心《中東論壇》的辦事處。該辦事處位於某商業大廈某一層的角落裡，絕不顯眼，卻是塑造白宮中東政策的重要地方之一。特別在「九一一」後，其主任派普斯忙個不停，上電視、電台節目、到校演講、撰寫文章抒發反恐見解等等，被右派刊物《前鋒》（*Forward*）列為美國五十個最有影響力的猶太人之一。

五十多歲的派普斯，身高六呎，尖瘦的臉孔上留有濃密鬍子。他本身也是一名學者，為中古伊斯蘭歷史研究的博士，再進修成為現在的中東歷史專家。其父親李察・派普斯（Richard Pipes）是雷根時代的蘇聯專家。父子倆同屬典型的鷹派人物，兒子更是青出於藍更勝於藍，極力主張政府向伊斯蘭世界展示其軍事力量。我對他的訪問亦從他被小布希委

---

4 可參考 Chip Berlet an Matthew Lyons《*Right Wing Populism in America*》，Guilford Pubications，2000。

任為「美國和平研究所」所引起的爭議開始說起。

（記者：記；派普斯：派）

記：你曾表示外交解決不了衝突，只有軍事強勢才能擊退敵人，但你最近受小布希委任為「美國和平研究所」主任，你自己相信和平可以實現嗎？這個職位對你而言又是否太諷刺？

派：我和總統先生的想法很一致，就是柔治不了剛，必須以剛制剛，要讓人家知道打不過你，他們即使動武，也是沒用的，這樣你才可看到和平的曙光。

記：因此，你認為以色列也必須以軍事行動來解決與巴人的衝突？

派：對，以色列對巴人激進分子太手軟。我覺得，以色列只能靠武力，直至巴人自我察覺他們不行了、不打了，就會投降。你看，過去哪一個和約是有效的！

記：那你還相信兩國論可以解決以巴紛爭嗎？

派：巴人根本不願承認以色列人的生存權。事實上，巴人那方面亦不存在有難民的問題，他們卻不斷強調重回故土。請仔細想想，老一輩的巴人有不少於一九四八年已遠離巴勒斯坦，至於那些在外國出生的巴人，他們有權自稱為難民嗎？他們沒有資格和以色列人爭取土地……要知道，一個巴勒斯坦國的出現對巴人的傷害比以色列人更大，前者將受到統治巴國的巴解政府所壓迫。巴解是一個恐怖組織，他們只會鎮壓人民，同時間又威嚇以色列。

記：你所說的顯然與我在該地區採訪所目擊的情況很不一樣，請問你最近有到過以巴地區嗎？

派：最近？沒有。

記：以前呢？

派：噢，那是一個非常不友善的地方，我不會去。當地正是伊斯蘭激進思想的源頭，他們憎恨猶太人，也憎恨美國。我擔心的是，越來越多穆斯林移民到西方，這造成了西方潛在的危機。

記：你認為恐怖主義與伊斯蘭可劃上等號？

派：過去美國一直不敢把恐怖主義說成伊斯蘭恐怖主義[5]，但根據發生在西方多次大恐怖襲擊，都是伊斯蘭極端分子所為。我覺得，政府應正視伊斯蘭主義與恐怖主義之間的密切關係，然後對症下藥。

記：我知道你在不久前出了一本書名《激進伊斯蘭登陸美國》（*Militant Islam Reaches America*）……

---

5 布希在二〇〇五年十月六日於 National Endowment for Democracy 發表有關反恐戰的談話，直指伊斯蘭主義與恐怖主義的關係。可參考 www.ned.org。

派：對，「九一一」已把很多人敲醒了。對於猶太人、基督徒、女性、同性戀者等而言，激進伊斯蘭是他們真正的威脅。可是不幸地，我觀察到在美國有不少伊斯蘭恐怖主義的同情者，主持大學中東研究課程那一群阿拉伯學者，他們經常發表一些不符合美國利益的言論……

記：我最近看到你與哥倫比亞大學阿拉伯學者卡力迪的論戰，但我最感興趣的是你所成立的「校園監察」，已把不少中東問題研究學者納入了黑名單，有人批評這危及到學術自由。

派：可是，他們卻嚴重扭曲中東的研究，他們偏向伊斯蘭，那麼，到底是誰危及學術自由？有不少人漠視了主流伊斯蘭主義裡的種族歧視、仇外情緒及反猶情緒的暗流，大家只把注意力集中在中東地區的獨裁政治，又或者如薩伊德之流的阿拉伯學者，把一切問題歸咎於東方主義及西方的中東政策。

反美背後的政治圖謀

派普斯一方面指控美國的阿拉伯學者把矛頭指向西方，但另一方面卻把矛頭指向伊斯蘭，他於一九九〇年在《國家評論》（*National Review*）刊登了一篇文章「穆斯林來了！穆斯林來了！」（The Muslims are coming! The Muslims are coming!），呼籲美國準備打一場從外至內對抗穆斯林的「聖戰」。

我從費城的《中東論壇》跑到華盛頓的哈遜研究所（Hudson Insitute），訪問該所的中東研究主任梅爾・烏美莎（Mey Wurmser）。

哈遜研究所亦是新保守主義派系的重要智囊之一，年輕的猶太裔中東專家烏美莎正代表新保守主義的新一代力量。她在訪談中與我交換了對中東問題的看法。

（記者：記；烏美莎：烏）

記：很高興有機會與你見面，聽聞你是柏納・路易斯教授（Bernard Lewis）的信徒，你們分享了不少有關伊斯蘭的見解……（編按：路易斯是美國普林斯頓大學中東研究權威，對政府的中東政策有重要影響。）

烏：噢！我很尊崇他，他給了我寶貴的思想指導，我們十分關注恐怖主義與激進伊斯蘭的關係。

記：這的確是個很熱門的話題，我正想聽聽你在這方面的意見。在美國，有一種很流行的說法，就是：伊斯蘭主義者自知難挽回伊斯蘭昔日的光輝，遂轉而憎恨美國的強大，要毀滅美國。以中東為例，美國視該地區為最大的威脅。

烏：那要從歷史談起，我想你也很清楚吧！自奧圖曼帝國崩潰後，西方旋即介入中東，把該地區按西方列強利益劃分成多個民族國家。我得承認這種強行劃分疆土沒有照顧到當地居民的感情連繫，使他們四分五裂，其皇朝亦由此迅速衰敗，光輝的日子一去不復返，代之而興起的是獨裁及壓迫人民的政府，令原本貧困的人口更形艱苦。他們無力面對世界現代化與世俗化潮流，難免對西方產生怨恨；但另一方面，他們又暗自仰慕西方的成就。這種愛恨交纏心理，造成與西方關係的矛盾。

記：你認為單是西方的成就便足以令他們產生如此的恨意？

烏：對，特別是激進的遜尼派。西方的自由與民主暴露了他們的不足與缺點，他們企圖批評西方的道德來掩飾他們的錯失，以為靠暴力便能扭轉形勢。但最可怕的卻是他們反而認為自己是現代化的受害者、是伊斯蘭傳統的最後守護神。

記：可是，回顧歷史，衝突背後實際上又存在政治、經濟的因素，這很難簡化成一個宗教的不是而造成的不幸反彈。

烏：在這方面的確很複雜。一九四八年與一九六七年兩場中東戰爭，阿拉伯世界全軍覆沒，敗在小小的以色列手中，這無疑令他們十分沮喪，當中激發不少伊斯蘭激進思想。伊斯蘭主義者把失敗的責任推諉到獨裁、貪污的世俗民族主義政權上。他們感到要打倒猶太復國主義者、打倒這些背叛伊斯蘭的國家領導人。這裡出現了一個弔詭，獨裁腐敗的政權轉向西方尋求協助，說：「請看看，這些激進伊斯蘭組織不但威脅我們，也威脅你們，他們是我們共同的敵人。」西方成為他們的盟友。激進組織則對此感到更憤怒，並把怒火轉移到西方，其中美國自然首當其衝。

我們曾指出的弔詭是，腐敗的阿拉伯政權利用激進伊斯蘭的怒火，獲得西方對其政權的支持；另一方面，他們又煽動狂熱分子把矛頭指向西方，令他們把怨恨發洩在反美、反西方的情緒上，就好像埃及、巴人自治政府……

巴人對抗以色列之戰的邪惡處，在於神化了恐怖與死亡。那些自殺式炸彈襲擊對誰有益？可改變什麼？沒有，一點也沒有，只會製造更多的恐懼、鼓動更深的仇恨。但阿拉伯當權者為了維護自己的政權，竟樂於見到仇恨之火從他們那裡轉移而燒向西方。

巴人自治政府在此便很成功地把巴人對他們的不滿情緒發洩在以色列身上，阿拉法特以此手段來達到他的政治野心、鞏固他的權力。至於以色列，他們已妥協了不少，二〇〇〇年巴拉克在「大衛營會議」上做出空前的讓步，最後卻失敗收場，阿拉法特要負主要責任。

記：把問題推向一方，似乎漠視了占領所造成的傷害……

烏：你們要明白，以色列有權保護自己的安全，面對獨裁、腐敗、欺壓人民的談判對手，是不可能獲得和平的。他們透過操控媒體，企圖把人民視線轉移到美國人、猶太人、西方人——他們全是十惡不赦的敵人。我們的反恐戰也是一場反暴政之戰；只有為中東地區帶來自由與和平，才能免除西方所面對的威脅。

不可低估的新美國世紀計畫

美國應該透過何種手段推動中東民主？於一九九七年成立的「新美國世紀計畫」（Project ofr the New American Century），在華盛頓智囊團中算年輕，但它的倡議原則卻足以代表了居主導地位的新保守力量意識形態，並在華盛頓脫穎而出。布希上台後，更見舉足輕重。

「新美國世紀計畫」，簡稱PNAC，主張以軍事建立美國在世界的霸權，並不惜以武力來改變中東政治版圖，以傳播「美式民主」削弱激進伊斯蘭的影響。

PNAC最初由一個叫「新市民計畫」（New Citizenship Project）所創辦，該組織背後有美國具影響力的右翼基金會支持，其中包括史凱夫（Sarah Scaife）基金會、歐林（John M. Olin）基金會和布雷德利（Bradley）基金會。這些基金會與美國軍火能源企業有著千絲萬縷的關係。

只要看看PNAC的創會核心會員，如錢尼、曾任董事的哈利伯頓、倫斯斐有參與的貝克特爾，以及雷根時代的助理國防部部長珀爾開設的戰船創投公司（Trireme Partners LP），便能明白PNAC好戰的背後原因。

一九九八年初，PNAC發給當時的總統柯林頓一封簽名信，主張以強硬手段除掉伊拉克的海珊，之後更為能源政策獻計，為美國進入新世紀繪畫出一個主宰世界的宏遠藍圖。

到了小布希上台，PNAC的世紀藍圖與小布希的基督教基本教義派思想一拍即合，加上兩者在國防企業中的共同利益，PNAC成為布希的寵兒。大部分的PNAC創會會員，即當年呈書給柯林頓的簽署者，在布希政府中占有要職，主要集中在外交事務上，從錢尼、倫斯斐、沃夫維茲、美國副國務卿阿米塔吉、白宮政治顧問羅夫（K. Rove）、珀爾、副總統錢尼的助理李比（I. L. Libby）等，都曾左右了白宮在中東問題上的決定。

美式民主是中東地區的答案？

我在美國總統大選期間，專程造訪了PNAC，並與其中東研究專家葛瑞契（Reuel Marc Gerecht）進行一次訪問，藉此了解PNAC這個舉足輕重的智囊機構，是如何看待戰後伊拉克的中東局勢及其對策。

該次訪問主要集中於美國在中東強銷美式民主的評價，充滿自信的葛瑞契一開始即指美國使用武力推翻海珊的政策是正確的，並表示只有植下西方民主制度，才可以改造與美國為敵的阿拉伯世界。

他說：「我對中東的民主發展是樂觀的，即使是伊拉克，人民在亂局中仍然表達他們對民主的渴望，當然，我不認為民主在伊拉克可以一夜間實現，但它卻朝著正確的方向邁進。」

「其實，在中東的穆斯林地區對西方思潮並不陌生，他們經歷了奧圖曼、法國、英國的殖民；在第二次世界大戰之後，他們亦實驗了西方的政治理念，如民族主義、社會主義，甚至法西斯主義，現在來到了西式民主的實驗場……」

「如果伊拉克能夠建立一個民主制度，那麼，其鄰國的民主潮流將在人民的內心翻騰。」

我好奇地問，伊拉克的亂局似乎不僅讓民主發展窒息，且引發大規模的反美浪潮，而美國攻打伊拉克的意圖亦昭然若揭，這叫當地人民如何與美國合作？

葛瑞契不以為然地回答，「反美與民主進程並不互相排斥，你可以反美，但也可以有民主。美國在這地區推動民主當然有自身的利益考慮，這沒有什麼不妥之處。只要有民主，那些伊斯蘭基本教義派如要參與主流政治，便不得不順應民主程序來修訂他們的思想。當他們願意這樣做的時候，賓拉登與蓋達組織才會受到打擊，激進伊斯蘭便會失去舞台。」

葛瑞契顯然太樂觀，就是由於這種樂觀驅使美國的五角大廈，拿著美式民主的大旗馳騁於中東地區，他們認為沒有美式民主蓋章的伊斯蘭阿拉伯是危險的、是具有威嚇的，就好像當年蘇聯的共產主義一樣。因此，中東也必須如蘇聯般受到改造，要把民主的思想注入不民主的伊斯蘭。

總之，一如烏美莎所說，一切問題歸咎於伊斯蘭社會內部的矛盾，還有伊斯蘭這個宗教。這又一如派普斯所言，美國必須要去降伏之，才能達至和平。

文明衝突論：新保守主義的思想養料

自一九九〇年代初東歐與蘇聯的共產政權解體，冷戰結束後，美國輿論的焦點轉移到伊斯蘭上，領導這場伊斯蘭大辯論並推到高峰的是杭廷頓。杭廷頓在冷戰完結不久，即提出文明的衝突，與當時美籍日裔學者福山所發表的《歷史的終結》（*The End of History*）持完全相反的論點。

福山認為冷戰過後，意識形態對峙的局面亦隨之結束，普世民主的世界將來臨。

可是，杭廷頓卻隨即反駁之，指出新的世界正面對新的威脅。當人類進入全新類型紛爭的新紀元，戰爭原因不再由於意識形態，而是不同文明之間的相互對立，其中杭廷頓最關切的就是伊斯蘭與西方世界的衝突。

他在他著名的《文明的衝突與世界秩序的再造》一書中，清楚指出西方不但要擔憂伊斯蘭基本教義，還有伊斯蘭本身。伊斯蘭做為一種人類主要的文明，其信徒一方面為自己的文化存有一分優越，另一方面卻為逐漸衰落的力量感到挫敗，因此要挑戰西方的文明。

杭廷頓的理論正好為新保守主義勢力和猶太復國主義者，以及基本教義派教會的主張鳴鼓開路。他們把一切政治經濟的衝突簡化成為西方文明與伊斯蘭文明之間的衝突，好戰的伊斯蘭在挫敗中企圖尋回昔日的光輝所做出的種種反擊。

新保守主義派系聯盟曾坦然表示，他們在等待一個如珍珠港的激發事件，來印證杭廷頓的理論。因此，當「九一一」發生後，右派傳媒立即啟動輿論機器，杭廷頓便被視為偉大的預言家。影響所及，連法國《世界報》（*Le Monde*）的撰稿人多明尼克．棟伯（Dominique Dhombres）也不禁於二〇〇一年九月十三日發表〈杭廷頓的預言——大戰之開端〉，把文明衝突論應用於解釋「九一一」慘劇。「文明衝突論」無論在學界、傳媒、政界、宗教界都有深遠的影響，其實，他的思想乃承繼自美國東方學專家柏納．路易斯。

路易斯是普林斯頓大學具國際權威的東方學學者，在中東問題上是多個共和黨政府的思想導師，他於一九九〇年發表的《穆斯林憤怒的根源》（*The Root of Mislim Rage*）成為了《文明衝突論》的藍本[6]。

路易斯在上述論文中描繪出伊斯蘭與西方對峙的情況，他說：

「伊斯蘭與西方之間的搏鬥已持續了十四個世紀之久。它由一系列漫長的進攻和反攻所組成；聖戰與十字軍，征服和再征服。今天穆斯林世界大部分被一種強烈的仇恨情緒所支配。突然間，美國變成了大敵和邪惡的化身，一切善良之物的惡魔般反對者，特別是對穆斯林和伊斯蘭[7]。」

路易斯對伊斯蘭這一「突然而至」的新威脅，企圖解構其根源歷史，原來只不過由於不服輸而積壓了厚如塵垢的憤恨，向西方展示其非理性的好戰面貌。

從路易斯到杭廷頓，從中東論壇到「新美國世紀計畫」，從小布希到羅伯遜，再加上主流傳媒所啟動的宣傳機器，一幅泛伊斯蘭恐怖幻象正式入侵大眾，大家會如《世界報》的棟伯所想，「迎接我們的絕非是一個幸福、普遍文明的降臨，而被地球上所有人接受、在自由主義和市場經濟的民主架構下透過和平模式定期選舉的世界，也絕不會來臨。事情正好相反，我們正處於一場大戰的開端。」[8]

東方主義與製造敵人的文化

面對這個「文明衝突」的旋風襲擊，自由派與新左派學者紛紛做出反駁，其中的代表人物為薩伊德。他是哥倫比亞大學巴勒斯坦裔美籍學者，於二〇〇三年逝世，生前毫無保留地痛擊杭廷頓、路易斯等右翼學者的言論。從《東方主義》（*Orientalism*）到《遮蔽的

6 柏納・路易斯被視為政治化學者，曾積極推動白宮的新保守主義外交政策。伊拉克流亡領袖查拉比便是由他向白宮引介的。

7 柏納・路易斯《穆斯林憤怒的根源》（*The Root of Mislim Rage*）、《*The Altantic Monthly*》，September，1009，P2。

8 Dominique Dhombre《世界報》，2001。

伊斯蘭》（*Covering Islam*），薩伊德批評那些東方學者以刻板的想像去論述東方，然後再夸夸其談，透過模糊的觀念草率地將龐大的群體擬人化為「西方」與「伊斯蘭」兩大陣營，而在伊斯蘭陣營中又毫無區分地把這個宗教肆意妖魔化。

薩伊德不禁問：「大家為什麼不看看賓拉登及其信徒，與大衛教派、蓋亞那的吉姆・瓊斯（Jim Jones）牧師或日本奧姆真理教之間的相似性？

「與其迷失在龐大抽象的理念中，不如從其他的觀點來思考，諸如強勢族群與弱勢族群、俗世政治的理性與無知、公義與不公義的普世準則。文明衝突理論就像世界大戰一樣是譁眾取寵，只能夠強化人們防衛性的傲慢自大，但卻無助於批判性地理解我們這個時代中，複雜的相互依存關係。」，

法國國立科學研究中心（CNRS）研究主任馬可・克黑朋（Marc Crepon）索性指出杭廷頓等學者的理論目的，志在打造一種「製造敵人的文化」。

「在他的理論與政治層面上，與以『指定敵人』為手段的想法分不開；這要告訴美國人、西方人，以及杭廷頓稱之為西方文明代表的人（就好像好萊塢提供絕佳的劇本一樣），誰才是他們的敵人。這或許可以說是他這本書的首要任務吧！它不僅僅是製造、建立劃分與指定敵人的文化，甚至進而發展出這樣一種文化……」

「杭廷頓的理論——製造恐懼的文化——唯一的目的就是要引人重新懷疑多元文化社會的存在和未來。這樣一來，此後即使處於同一個社會當中也一樣，都應該鄙視不屬於相

同文明的一切，而就長遠來看，便得警覺到彼此根本不可能共處。換句話，一旦承認且賦予這種文化（製造恐懼和敵人的文化）的正當性，其實也就是在同樣的西方社會裡，把從他國移民來的人也看成是潛在的敵人了。」[10]

美籍伊斯蘭研究學者埃斯波西托（John Esposito）一針見血地指出，製造恐懼與敵人、把「我們」與「你們」區分出來的背後心態，可追究至冷戰後對歡呼共產主義的解體和民主的勝利受到了許多問題的誘惑。這些問題除了要去理解、分析和制定政策外，最重要的是：對民主的勝利和喜悅，是與不斷增長的恐懼意識和把敵人惡魔化相伴隨；透過「邪惡軸心」的鏡頭來觀察「他們」，其後果是可讓「我們」重新獲得一種滿足的優越感。[11]

美國的文明衝突論者，已把對伊斯蘭的戰線，從中東地區拉到其國內，阿拉伯裔的美籍中東學者近年飽受攻擊，《中東論壇》主任派普斯所成立的「校園監察」，近年把矛頭對準哥倫比亞大學中東研究中心主任卡力迪。

我在哥大專訪了卡力迪。讓我們聽聽阿拉伯學者的聲音，並以之結束本章的討論。

9 薩伊德《遮蔽的伊斯蘭》，閻紀宇譯，立緒出版。

10 馬可・克黑朋（Marc Crepon）《製造敵人的文化》，李風新譯，果實出版社出版。

11 埃斯波西托所寫的《伊斯蘭威脅：神話還是現實?》（*The Islamic threat : Myth or Reality?*），社會科學文獻出版社。

歷史，一把了解世界的鑰匙

二〇〇三年七月，美國哥倫比亞大學創立了一個新的教授級職銜「薩伊德講座教授」（Edward Said Chair）。這個講座以薩伊德命名，以表揚他對哥大的貢獻。當時他還沒有逝世，卻一直是位具爭議的教授。

哥大聘請了同樣富爭議性的教授華斯德．卡力迪（Rashid Khalidi），擔任薩伊德講座教授一職，引起學術界一陣轟動。

卡力迪與薩伊德是好朋友（見附錄一），同為巴勒斯坦裔的美籍知名學者，兩人對美國的「東方主義」同樣採取嚴厲的批判態度。他們受到相同的尊敬和攻擊，活像孿生兄弟。

專訪阿拉伯學者卡力迪

我專程跑到哥大，訪問這位被視為另一個薩伊德的卡力迪。不過，他一開始即澄清，他不同於薩伊德。薩伊德是屬於文學的，不是中東專家，而他卻是專門研討中東的歷史學者。他悲嘆美國在中東的政策和其反恐行動完全漠視了歷史。歷史，對他而言，是一把了解世界的鑰匙。

我專訪卡力迪時，正值美國大選有了結果、阿拉法特死訊剛傳出、美軍再次狂轟濫炸費盧杰，中東波瀾迭起。

卡力迪向筆者遞上他的新書《帝國復活》（*Resurrecting Empire*）。然後，我們展開了長達兩小時的對談，節錄如下。

（記者：記；卡力迪：卡）

記：卡力迪教授，謝謝你在百忙中抽時間接受我的訪問，這個訪問顯然對亞洲讀者很重要。為什麼呢？踏入二十一世紀，美國重拾在中東地區的角色和位置，特別在「九一一」後，西方與伊斯蘭世界的關係再起變化，從阿富汗到伊拉克，現在大家又談論伊朗，還有以巴的和平路線圖。在這方面，亞洲這邊似乎只聽到美國的聲音，傳媒跟著美國的詮釋走。例如美國學者杭廷頓、路易斯，他們的論調成為了主流，塑造了我們對兩大「文明」的認知。但阿拉伯學者如何看待自己的問題？我們沒有太多機會去了解……

卡：阿拉伯知識界怎樣詮釋中東地區的發展，與你們慣常聽到的一套，有很大的分別。主流那一套，對不起，很多時候充斥著偏見。在美國，你會發現，大學裡不少學者，甚至政府裡的一些分析家，與我們一樣，看法和那些所謂專家如路易斯或華盛頓的智囊如美國企業研究所（AEI）大不相同。不幸地，他們現在正主宰白宮的中東政策。他們的提議建基於意識形態多於實際環境，甚至抽離歷史。

記：但路易斯被視為一位具有權威的中東歷史專家，香港有些評論家還根據他的作品來分析中東問題呢！

卡：他對中古的中東歷史研究很出色，從中確立了他的權威地位，那是基於大量資料研究。可是，一到當代的中東歷史，路易斯便露出馬腳了。他沒有讓當權者汲取歷史的教訓，因為，他們太急於攫取權力、太急於擴張他們的帝國……（卡力迪翻開他的《帝國復活》最後一章，指著最後一句）請看看，我引用了薩伊德的一番話，「我們所身處的中東，經歷了多年的動盪與苦難，坦白說，其中一個主要原因就是美國的勢力。美國拒絕正視問題，亦拒絕了修補的希望。」

記：在美國之前，有英國和法國，還有前蘇聯，他們不也是在中東種下了不少問題嗎？

卡：對，但我的意思是，美國卻步上前人的危險步伐；對歷史的無知，加上帝國的野心，企圖按照美國觀點重塑阿拉伯世界。他們以武力介入阿拉伯事務，嘗試改變其歷史軌跡，以及重新引入西方的控制勢力，但他們可知道，這正是當地人民在過去兩千年來所要抵抗的力量。錢尼在美國向伊拉克開戰前曾說過，伊拉克人民將會視美軍為解放者般歡迎他們。可是，當我們翻開歷史，他的話何其熟悉。一九一七年，英軍殺入巴格達的時候，其將領也這樣說：「我們的軍隊踏入你們的城門，不是征服者，也不是敵人，而是解放者。」

記：歷史正不斷地重複，不過，我們也不能把阿拉伯的問題全歸咎於外來因素……

卡：噢，這個當然，在《帝國復活》（見附錄二）裡，我也提到阿拉伯本身的問題。踏入後殖民的民主實驗，一開始就先天不足、漏洞百出，當權的菁英們一味地為自己的利益玩弄權術，要實現他們的強國夢。回首這個阿拉伯世界，各國的政治體系相類似，目的就是要以強硬的政治手段維持他們的寡頭統治。如果單靠當地人民帶來轉變，十分困難，他們需要外界的鼓勵和幫助，但不是美國那一套，他們只是在破壞當地的民主發展。歷史中有太多事例，伊朗便是一個好例子。

記：武力與傀儡政權只按照美國的利益，而不是中東的利益行事？

卡：對，因此，伊拉克出現阿拉維、查拉比等中情局的打手，一如當年英國統治埃及的手法，還有義大利對利比亞、法國對摩洛哥及敘利亞等情況，這必然引發當地人民的反抗。

美國不該以為可以在中東地區重施前人的伎倆、安插西方操控的體系而相安無事。阿拉伯人比美國人更熟知歷史，他們的記憶猶新。

記：現在布希連任，新保守勢力抬頭，他們處理中東的局勢，是否更強硬？

卡：準確點說，圍繞布希身旁的人，錢尼、倫斯斐、萊斯等，他們是好鬥的民族主義者（muscular nationalists），他們的想法和信念不是源自新保守主義，反之，是新保守主義者擁戴他們的主張，甘願成為他們的喉舌，為他們的主張提供依據。外界總以為是新保守主義在主導美國政策，其實不然。我看到有一股全新的民族主義力量出現，萊斯等人對美國在世界的角色有一種很特別的看法——以為美國可以凌駕國際法、國際輿論，甚至其盟友。他們搬出上天的公義，很是嚇人。美國一直在實行霸權，但霸權發展到布希這一屆政府，已有不同的演繹。過去的美國總統如羅斯福、杜魯門、艾森豪、甘迺迪，甚至雷根，他們都會對身邊的人豎起耳朵，聆聽他們的聲音，但布希這批人卻不會，他們自稱在聆聽上天的聲音。因此，中東局勢只會越演越差，直至有人開始察覺問題的所在。

附錄一

卡力迪與薩伊德

一次，薩伊德到芝加哥大學演講，與當時在芝大任中東歷史系教授兼國際研究中心主任的卡力迪結緣，從此惺惺相惜。薩伊德每次到芝加哥，都會到卡力迪家中作客。

卡力迪與薩伊德之間有很多相似處，他們的父親同是巴勒斯坦裔，母親也一樣來自黎巴嫩。一九九一至九三年間，他們各自為阿拉法特領導的民族機構扮演顧問的角色，為以巴和談出過一份力。

正由於這個角色，他們被攻擊者譏笑為巴解組織在美國的發言人，但他們同樣一笑置之、我行我素，在作品的字裡行間流露出強烈的個人感情、喜怒哀樂，毫不掩飾。其演講充滿張力，令愛者越愛、仇者越仇。

訪問卡力迪時，必須很集中精神。他說話急促、內容寬廣卻又一針見血，他不喜歡「不著邊際」的問題，一定要問到重點，不然，他便會表現得不耐煩。這可能與他太忙有關，他要把握每一分一秒。訪問多次被電話打斷，美國各大傳媒都找他評論中東發展、美國政策。

聽聞，薩伊德生前在辦公室的情況也差不多，他們要在有限的時間生產最多的東西。

不過，薩伊德屬文學評論範疇，他的激情會有人原諒；卡力迪的激情卻令攻擊者有機可乘，指他不客觀、不冷靜。

在紐約出生的卡力迪，沒有薩伊德那一份流亡的體驗；但面對阿拉伯的歷史，他揮不去那一頁又一頁故事背後的故事，屬於一個民族的集體記憶。他高呼「請汲取歷史教訓！」。

打開他的書，歷史的幽靈躍於紙上，令人無法迴避，當中浮現了很多答案。歷史本身就是答案。卡力迪自信地向我表示，外界可以批評他的觀點，但他的歷史研究卻是無可抨擊的。

他的敢言、直接、憤怒，他的哀嘆，還有夾縫裡的掙扎。或者這又會使人想起薩伊德。

附錄二

帝國復活

卡力迪的《帝國復活》一開始即從伊拉克之戰說起。昨日的歐洲，自稱帶著文明啟迪的任務來到中東；今日的美國，則堂而皇之以民主自由使者之名到中東大開殺戒。

讀者可能認為「帝國」一詞已過時，但卡力迪直指美國今日的所作所為與當年歐洲的行徑無異，同樣是帝國主義。《外交事務》雜誌稱讚卡力迪敢於引用美國政府最不喜歡的言詞——帝國。

薩伊德曾出版兩本有關「帝國」的著作：《文化與抗爭》（*Culture and Resistance*）和《文化與帝國主義》（*Culture and Imperialism*），主要從文化角度看帝國主義的衝擊。卡力迪則以大量詳細的史實證明，美國在中東的帝國野心比人們所理解的還要早。從一百年前的經濟殖民，到以色列立國後的政權擴張。這包括環繞石油而開展的地緣政治和以巴衝突。美國角色無疑呼之欲出。

美國如何自圓其說他們的介入與早年歐洲推行的殖民統治不一樣？說到底，太陽底下無新鮮事。

既然太陽底下無新鮮事，卡力迪早已警告，美國向伊拉克開戰一定會帶來災難性的後果。可是，對白宮中東政策有影響力的顧問，卻偏偏是那些不明白阿拉伯歷史、不懂阿拉伯語言、未踏足過阿拉伯土地的顧問。

因此，《帝國復活》一書的副題為「西方在中東的足印與美國危險的道路」（Western Footprints & America's Perilous Pathion the Middle East）。

美國書評界大都認為《帝國復活》應是布希必看的一本，至少可為他對歷史的無知補補課。

和平運動在中東

Peace Movement

黑暗中的光芒

以巴人民共同種植和平的橄欖樹。

致力推動以巴和諧的以色列先生與太太。

以色列猶太教拉比 Jeremy 與巴人小孩。

以巴和平工作者衝破阻隔，
做出一次動人的吻別。

國際和平組織表示要履行世界公民的責任。

發現和平之旅

當我們了解到敵人的歷史背景，他們的悲痛已足以讓我們放下仇恨。

——亨列·朗法羅（Wadsworth Longfellow）

我到以巴和伊拉克地區多次，原本以為只採訪政治要聞，怎知跑到每一個角落，都碰見浩浩蕩蕩的和平人士，有本地的，也有國際的；有老人家，也有年輕人；有教授作家、醫生社工，也有勞動工人、家庭主婦……

他們幾經困難、自掏腰包，走在一起，只有一個目的，就是展示非暴力的和平手段，在這個充滿暴力的地區仍有所作為；在黑暗的路上，有人願意燃點燈光；在仇恨的火焰中，還可看到愛與關懷。

這一幅動人的和平之牆，卻在傳媒視線之外。我把它忠實記錄下來，為讀者提供另一個角度，另一種思考。

聖地省思

聖城耶路撒冷在晨曦時分最惹人遐想，特別在寒冷的冬天，如果再加一點徐徐飄下的細雪，一股肅殺之氣撲面而來……

此時，我遠望舊城大馬士革的城門，背後依稀可見的聖殿山，金色的清真寺頂環在何時已變得黯淡無光？

當我的腳一跨進城門內，無可迴避的，是數千年神與人的歷史，蜿蜒曲折的大小陋巷，石春路上傳來的咯咯之聲，在整個舊城回響著。就只有在晨曦的寂靜下，才可以清清楚楚聆聽每一個人的步伐：一個猶太人的步伐、阿拉伯人的步伐、阿美尼亞人的步伐，甚至我這位香港人的步伐，古代的、現代的。晨曦如霧迷離，有些詭異。

不知不覺，前面的哭牆，一大清早已有不少信徒在為它哭訴。雪，打在淚水上。

即使是旁觀者，身處於此刻白雪裡的晨曦，眼前的景象被抹上一陣悲情，心，就這樣敏銳起來。誰不會動情？半個世紀的生死愛恨，他們一直糾纏到現在。

二〇〇五年一月到以巴地區採訪，特別有感觸，可能是由於冬日的肅殺之氣，也可能是終有機會觀察巴勒斯坦的民主大選，大家都指聖地的和平很快出現曙光了。

但，聖殿山依然是禁地，哭牆繼續傳來如泣如訴的頌禱聲，政治還是這樣磨人。來往以、巴兩地，總擺脫不了那一面面的隔離牆，一種新的景象，有形的隔膜。但最重要的，卻是人心受到重重阻隔。

人們厭倦了，做為記者，我也厭倦了。大家拿著受害者的遮羞布，指著對方說：「不是我的錯，罵他！罵他！」

不然，就是大家一邊拿著武器，卻又一邊握著手，吹噓和平的曙光，從奧斯陸、大衛營、馬德里，到最近在埃及的 Sharm El Skeikh 和會，有多少個希望？又有多少個失望？

真的厭倦了。

伸出橄欖枝

二〇〇五年一月初，再訪以巴，在肅殺的季節裡，我竟看到政治以外的人文面貌。在淌血的土地上，滋養出人間友愛，默默地、慢慢地在散播和平種籽。

他們的工作，在國際傳媒的聚焦光以外，我則看得感動，充滿喜樂與興奮，一次旅程的意外收穫。

歐法（Orfa）與希維雅（Sylvia），多好聽的名字。她們從美國移民以色列數十年，到現在快要接近七十歲了，銀絲的白髮，飄於呼呼寒風中。每天清晨六點多，她們便結伴跑到不同的以色列檢查站，觀察人權狀況。

「和平的女兒」（Daughters for Peace）、「女性為人權」（Women for Human Rights）……

想不到，以巴地區的女性，勇敢地站在和平運動的前線上。

那個早上，我的臉被寒風打得赤痛，雙手僵硬得不能張開，但她們拿著照相機、筆記簿，站在檢查站上，一站就好幾個小時。

歐法對我說：「我們在這裡，不是要針對軍人，而是不要讓他們犯錯，即使執行任務，也可以禮待人。畢竟，他們年輕啊！活像我的小孫兒，他們就是我們的孩子。我們這副老骨頭，要站在這裡，看守他們、守護他們……

巴勒斯坦人見到她們，也感到欣慰，有什麼怨氣，一一向她們申訴。有人做判官，從中化解了檢查站上多少的衝突。

「我們比巴人有特權，我們必須先踏出第一步，伸出我們的友誼之手。」杰若米這樣說。

杰若米是「拉比為人權」一員，不過，他比其他成員更為積極，主動跑到巴人地區打招呼。

一頭金色捲曲長髮，一把鬍子，一個大肚腩，巴人小孩子看到他，可能覺得奇怪，他是我們的敵人？還是天上使者？耶誕老人？

杰若米張開他的雙手，為這些孩子創建了一所學校，就在垃圾山上，孩子第一次嘗到讀書的滋味。垃圾山附近的巴人居民，也向杰若米道謝，由於他的努力，他們終於有了一條電線，雖然不足，卻為他們帶來了一點光明。

嘩啦、嘩啦……杰若米在學校一出現，小孩子搶著跳到他懷裡、騎到他肩膀上、扯他的鬍子、吻他紅紅的臉龐。

「他不是敵人、使者、耶誕老人，他是好拉比、好老師……」孩子七嘴八舌說著感受。好一幅溫馨、美麗的圖畫。

打破敵視與仇恨

一個晚上，在耶路撒冷舊城一間酒店內，一位以色列人、一位巴勒斯坦人，他們擁抱在一起，為他們遇害的親人，痛哭一番，然後向對方說：「我感受到你的痛苦。」

「只有放下仇恨，才可以打破暴力循環，才可以阻止更多家庭失去至親。」

「父母圈」（Parents' Circle）創辦人蘿比以最沉重又溫柔的聲音，道出以巴雙方無法承受的傷痕。和解，是唯一的出路。

來自南非的蘿比，她二十多歲的兒子大衛在年前服役，遭巴人激進組織殺害，失去摯愛令她陷入了一段黑暗的日子。她不斷問：為什麼？為什麼？

可是，這個地區永遠問不出一個所以然。但有一點，她知道她不是唯一的受害者，推己及人，她想到巴勒斯坦自治區也有像她一樣的受害家庭，體會到他們同樣的痛苦。為了阻止更多悲劇上演，她首先從以色列出發，尋找其他的受害家庭，成立「父母圈」，組織慰問團到西岸。西岸的巴人受害家庭覺得奇怪，心想：他們的子女被我們巴人殺掉了，為何他們沒有恨我們，反而前來慰問？

巴人家庭大受感動，明白寬恕才是出路，了解到以色列老百姓也一如他們面對傷痛，巴人激進組織必須停止以暴力打壓無辜以色列人。於是他們也加入了「父母圈」，共同推動和平。

在我面前，蘿比擁抱著一位巴人朋友蘭達，但蘭達的哥哥卻在以軍槍下喪生。如何是好？她們不約而同回答，「我們更應靠近些，毋須親以色列或親巴勒斯坦，我們所親的、所支持的，是和平，這是我們共同的目標。」

遲暮的覺醒者

除了組織外，也有單打獨鬥的個人，所展示的力量同樣巨大。

二〇〇五年七月，在西岸一座巴人村莊馬斯卡（Maska），一個反對隔離牆的和平集會中，我碰到一位老人家，體態龍鍾，從在我身邊走過。我忍不住扶他一把，他望著我，微笑說：「啊！我的確是一位老人了。」

我有點不好意思，連忙表示，集會的人太多，隔離牆附近的路不好走，我也差點跌倒，人與人之間實在需要互相扶持。老人家聽後，大笑，問我的名字及從哪裡來？

其後，他也報上名來，「我叫以色列（Israel）。」咦，你叫「以色列？」，旁邊的韓國人好奇，怎麼會叫以色列。我一點也不覺得奇怪。我讀過一本好書《以色列的公開祕密》，作者就叫以色列，而且是一位知名作家。

自此之後，我稱老人家為以色列先生。以色列先生七十七歲，每次集會他都出現，不辭勞苦。他一生就是一部歷史，出生於奧地利，經歷納粹時代，那時他才十歲。有一天，媽媽被納粹軍帶走，他哭得死去活來，以為媽媽不回來了，怎知過了幾天，媽媽回來了。爸爸認為奧地利不宜再住下去，舉家移民到巴勒斯坦地區，那時是一九三九年。

以色列先生曾與當時英國殖民者奮戰，之後則有獨立戰爭，以及與阿拉伯三次戰爭，當以色列完全占領巴勒斯坦土地後，以色列先生在特拉維夫的美麗海濱上建立自己安穩的家園，兒孫滿堂。

怎知到了七十三歲那年，就是因為見證了一場警民衝突，令他的人生起了很大的變化，自此成為一位社會活動家。

二〇〇一年五月的一場示威，在以色列的領土上，以色列先生與太太朵樂絲親自見證軍警射殺平民事件。這些平民全都是以色列籍的巴人，他們沒有武器，只是進行非暴力抗議。

就這樣，在子彈連珠砲發下，十多名以籍巴人倒下，以色列先生看到了，以色列太太也看到了，他們目瞪口呆，海濱區的生活突然起波濤，他們不斷在思考：為什麼？為什麼軍警要射殺國民？他們雖然是巴裔，但他們怎說也是以籍啊！

自此，他們不但想多了解以籍巴人的處境，同時也希望知道在巴人地區，究竟發生了什麼事情？原本不敢踏足西岸，認為那裡是恐怖分子的溫床、是極危險的地方，周圍的人都這樣傳說，猶太人一走進西岸，他們就會被巴人襲擊、被巴人吞掉。

但由於那一場見證，以色列先生和太太鼓起勇氣，跑進西岸，走訪巴人家庭，他們拿出極大的善意，巴人也向他們伸出友誼之手，慢慢地，不知不覺間，以色列夫婦倆成為和平工作者、社會運動家。在七十多歲的高齡，他們以個人身分穿梭於各和平組織當義工，開著自己破舊的汽車，在以巴兩地風塵僕僕。

以色列先生笑說，在七十七歲時，他才明白殘酷的現實、人生真正的意義。朵樂絲也是如此說。

他們把剩餘的人生，貢獻給正義。他們是右派？是左派？左左右右，對他們來說，根本就不是這麼一回事。

一天，他們夫婦倆帶我走訪巴人村落的一個家庭。這個家庭被重重鐵絲網圍困，以色列太太隔著鐵絲網，親吻這家庭裡的媽媽。這一吻，把鐵絲網融化了。

當他們身上，我明白到他們所寄望的，不是那一紙和平協議，也不是個別政客的空頭承諾，而是在民間社會裡，一個個普通老百姓，手牽著手，最終能夠把對方看成為朋友，不是敵人。這一代不成，下一代，再下一代。

第二天，隔離牆的工程繼續展開，隆隆隆……震耳欲聾，但我知道，杰若米、蘿比、歐法、以色列、朵樂絲等人，終有一天，能夠打破隔離牆、打破兩個民族的阻隔，因為他們是至親。

我們盡了責任，
我們和孩子們出去，
在森林採集蘑菇，
那些林木是我們年幼時種的。
……
而在光明之子和黑暗之子的戰爭中，
我們愛善美並且減少黑暗，
而且恨痛苦之光。

——以色列詩人阿米迦

追訪和平締造者的蹤跡

在以巴地區，除了有以色列人和巴人攜手締造和平外，也有來自世界各地的和平工作者，在該紛紛擾擾的地區獻出大我的精神。二〇〇二年，當以色列重新圍困西岸和加薩、環境最惡劣的時候，我看到他們的和平足印，見證他們以非暴力手段來保護平民百姓。

主誕堂前的赤子情

位於埃及開羅市中心的解放廣場，車水馬龍、嘈雜混亂。不過，在廣場不遠處有一間美國大學（American University in Cairo），簡稱ＡＵＣ，它的存在卻使該地區增添了不少文化與書卷氣息。

ＡＵＣ在貧窮的埃及裡頗為突出，它由美國私人基金會開辦，屬於貴族的私立大學，聘請了不少美國教授，也有很多外國交換學生，是一所研究中東問題和阿拉伯文化的知名學府。

這間大學雖然有著濃厚的美國背景，但卻又培育了相當多對美國持有批判角度的師生，充分展現學術的自由氣氛。

二〇〇二年四月底，AUC便有兩名美國學生，跑到屬於巴勒斯坦地區的伯利恆，抗議以色列的軍事行動，結果被逮捕、監禁及驅逐出境。

AUC師生籌集旅費讓他們得以回到開羅，其中一位學生勒文．撒意狄（Nauman Zaidi）在返回美國之際，我正好有機會在開羅訪問他。一個讓人深思的訪問。

二十歲出頭的撒意狄，戴著厚厚的眼鏡，書生氣十足，但誰也想不到他擁有驚人的勇氣。

二〇〇一年年中，以色列總理夏隆對巴勒斯坦地區開始執行強硬的政策，並逐步升高，撒意狄和另一位美國學生羅伯．奧尼爾（Robert O'Nell）在大學宿舍看著相關的電視新聞，心裡很不舒服。以色列和巴勒斯坦之間的長期衝突，似乎看不到出路。

「我覺得美國傾向以色列的中東政策應該有所改變，但政府不會踏出第一步，只有靠美國人的輿論壓力。身為美國人，我和羅伯都深感要為該地區的和平做些事情。第一步要做的，就是實地考察，獲取第一手資料……」

撒意狄和羅伯在開學前便跑到耶路撒冷，展開他們對該地區人權狀況的觀察和研究。

他們滿腔熱情，可是劍已出鞘，卻有四顧惘然之嘆。後來，他們在耶路撒冷接觸上「國際團結運動」（ISM: International Solidarity Movement）組織（該組織被以色列定性為同情恐怖分子組織），撒意狄和羅拔就加入了。

撒意狄回憶說：「我們身在衝突地區，發覺個人的力量有限，只靠單打獨鬥，實在有點天真。最後，我們加入ＩＳＭ，從人道工作開始……」

不過，以色列方面解釋，這其實是巴人武裝分子挾持了主誕堂，並攻擊以軍，才造成對峙局面。撒意狄想了一想，繼續講述他的見證。

二〇〇二年四月底，他們又跑到耶路撒冷。當時西岸和伯利恆一帶情況告急，以色列坦克占據大部分地區，被迫滯留在伯利恆主誕堂的巴勒斯坦居民，向ＩＳＭ求救，撒意狄和羅伯就隨著ＩＳＭ救援人員出發到主誕堂，派發糧食，同時在主誕堂前舉行示威，抗議以色列軍隊的濫殺行動。

我笑說：「在亞洲，我們從電視上看到一批西方和平分子組成人鏈，保衛主誕堂，原來你就在其中。當時我心裡想，這批人冒著生命危險，在陌生的地區為正義呼喊，這個世界還是有希望吧！我不得不由衷佩服你們，更何況你只是個二十出頭的年輕學生，有受傷嗎？」

撒意狄捲起褲腳，讓我看他腳上的槍傷，嘆了一口氣說：「我們手無寸鐵，仍受到以軍開槍襲擊，不過，我看到我們的存在的確可以對以軍起嚇阻作用，至少他們只開了數槍，就停手了。在我們來臨之前，以軍在這裡的攻勢很猛烈。」

不過，年輕的心靈，對死亡始終難以承受。

「事情並不全是這樣的。我們走進主誕堂內，向滯留的居民派發糧食並保護他們。他們大部分是無辜的老百姓，只有少部分持有槍械，自稱是巴勒斯坦警察。他們全都對我們很有禮貌，用餐時經常給我們最大份的。其中有一位名叫卡尼夫，有十一個孩子，卻只能帶幾個孩子暫避於主誕堂。我們特別談得來，他就好像我們的老大哥。一天，他在窗旁掛上剛洗過的衣服，突然中了以軍一槍，倒在我身旁，流血不止，死去了……」

「最後以軍還指稱他是持械的恐怖分子，我把真相大聲地說出來，但也無濟於事，當時共有十七人中槍身亡。對我而言，這實在是一個十分震撼的場面，衝擊很大，死亡陰影徘徊不散，直到現在。」

撒意狄深呼吸了一口氣，表示「我仍然存有希望，因為巴勒斯坦人仍然抱有希望。當我回到美國後，我會繼續為以巴地區的和平工作，把我的第一手經驗告訴所有的美國人。我相信，他們有一天會明白，真相是怎麼一回事」。

我好奇地問：「你會再回到以巴地區嗎？」

撒意狄托了一下眼鏡說：「暫時不會吧，由於上次主誕堂事件，我已被以國政府列入黑名單，還在牢獄中度過了兩個星期，我父母都哭了。我想，在未來的一年，我會在美國本土多做點團結的工作。無論如何，希望在人間。」

在這世界上，就是存在這樣的年輕人、這樣的赤子之情，在主誕堂前，還是會繼續出現一批又一批這樣的年輕人。

灰燼上的鴿子

遠在夏隆撤出加薩之前，在加薩走廊南部的拉法，經常遭受以軍大規模的轟炸，一片頹垣敗瓦，水電失常、運輸困難、糧食短缺，市民生活大受影響。

當地市政府無法派人修理倒塌的房屋和遭破壞的水渠和電纜，他們說：「我們一出來，對面以軍哨站就開槍。」

人肉盾牌在此又派上用場了！我從耶路撒冷開始追訪一批正準備出發到拉法災區的和平組織人士，他們一行二十多人，來自歐洲各地，其中有從西班牙東部遠道而來的三母女，媽媽已經六十多歲了。她笑說她是最老的盾牌，但卻是最堅硬的。

當他們在災區邊緣組成人牆之際，他們的領隊提醒我說：「以軍隨時會開槍，但不要怕，不敢真的打過來，不過你也要小心照顧自己。」

其後，他們穿上由和平組織製造的T恤，在綠色的圓圈標誌上寫著組織名稱「Civil Mission for the Protection of the Palestinian People」（民間行動：保護巴勒斯坦人民），排成一字型，並舉高自己的護照，好讓居民在他們後面安心修渠整路。

拉法災區對面可清晰見到與埃及接壤的邊境上，有以色列的控制塔，塔上飄揚著藍白的以色列國旗。

未幾，控制塔內發出連串槍聲，濃煙冒出，以軍真的開槍了。我正好在人牆後面拍照，聽到槍聲便本能地退後幾步，想到領隊剛才提醒我的話，便再次勇敢舉起攝影機拍下罕有的鏡頭。

不久，控制塔那邊竟然開出了一部破舊的坦克，「隆隆」地向「人肉盾牌」駛過來。坦克捲起滾滾黃沙，黃沙中的空氣在猛烈陽光下不斷地蒸發，使得眼前的景象猶如海市蜃樓。

可是，眼前的一切絕不是幻覺，坦克開始發砲了，到處橫飛的子彈是如此的真實，嚇得記者本能地轉頭慌忙逃跑。

我一直在跑，跑呀跑，中途慢慢發覺原來只有我不停地跑。當時眼睛變得模糊了，汗水與淚水混雜在一起，不期然責罵自己，太窩囊了。

「人肉盾牌」一直沒有退縮，他們堅定站著，手仍然高舉著護照。而那一位六十多歲的西班牙老太太，說得一點都沒有錯：她是一個堅硬的盾牌，面對子彈橫飛的坦克毫無懼色。

他們為什麼不畏懼？為什麼要自費並冒著生命危險來到這裡？

坦克終於退下了，槍聲也停止了，居民完成修理水渠的工作，大家不禁大聲鼓掌，慶祝一次非暴力行動的勝利。

一名來自法國的和平分子尚．保羅向我強調，他們這樣做並不表示他們支持巴人激進組織的暴力行為。他們譴責國家恐怖主義之餘，也反對自殺式襲擊等游擊恐怖活動。他們來到這裡，主要的出發點只不過想幫助無辜的弱者，阻止以方用集體性懲罰來引發更多巴人非理性暴力襲擊，因為最後傷害的都是以巴兩國的老百姓。

他又補充說：「國際社會不可以再沉默了。我們要在這血腥的地方撒播和平的種籽，以非暴力的手段來對抗暴力的行為，要讓世界看到人民的力量。」

風蕭蕭兮易水寒——他們到伊拉克去

從前我們曾夢見我們都是陌生人，
當我們醒來時卻發現我們互相親愛著。

——泰戈爾《漂鳥集》

哪裡有戰爭，就會有反戰的聲音；哪裡有發動戰爭的好戰者，就會有對抗戰爭的和平人士。

自美國在反恐名義下向伊斯蘭「邪惡軸心國」宣戰以來，同時亦掀起一股反戰浪潮，席捲歐美，規模越來越大。

在伊拉克戰爭前夕，一批又一批來自歐美各地，乃至亞洲的日本、韓國等地的和平組織者，聚集在約旦安曼或敘利亞的大馬士革，準備前往伊拉克組成人牆，保護無辜的老百姓。他們充當人肉盾牌，為婦孺擋坦克和砲火，在耶誕鐘聲響起之際，他們扮演守護天使。

一場事先張揚的美伊大戰，一次世界矚目的全球千萬人反戰巨浪，也把人肉盾牌推到國際舞台的中央。

無論是開戰前或開戰後，他們在伊拉克的安危，備受關注，聽起來更活像一群充滿悲情的壯士。

我藉採訪戰事的機會，順道報導歐美人肉盾牌的實際處境。

風蕭蕭兮易水寒，他們是否一去兮不復還？

浩浩蕩蕩的國際隊伍

開戰前的二〇〇三年二月，在約旦首都安曼，我所入住的酒店，同時也有一大批來自歐美各地的反戰團體和人肉盾牌。

我與他們相處了一星期，終於，他們要出發前往巴格達。望著他們的背影，我不禁自問：「我們還會有相見的一天嗎？」

事實上，在美伊衝突白熱化之前，已經有不少人肉盾牌前仆後繼地跑到中東，特別是巴勒斯坦地區，在當地以身擋坦克，組人牆、擋砲火。他們勇氣可嘉，其情更可敬。

不過，在歷史上，從來沒有一次像此次的伊拉克戰場，充斥著來自四面八方的反戰人士，他們跑到學校、醫院，以及其他民用設施充當盾牌，用西方人士的身分，來制止一場由西方老大哥美國所發動的戰事。

約旦為伊拉克的鄰國，在伊拉克面對經濟制裁下，所有民航機不得飛往巴格達，唯獨皇家約旦航空在近年才開辦了安曼與巴格達兩地的航線。此外，從安曼通往巴格達，還有一條筆直的高速公路。

由於交通的便利，人肉盾牌首先在安曼會合。他們來自不同的國家，有美國各州和歐洲各地。

至於亞洲，以日本人最積極。他們浩浩蕩蕩地從安曼奔赴巴格達，發揮武士道的大無畏精神，令人刮目相看。

人肉盾牌來自不同的社會背景，有教師、護士、學生、作家、白領和藍領工人，甚至家庭主婦、退休人士等。

他們離開家人、離開工作崗位、自付旅費，千里迢迢來到安曼，有些是跟著團體來的，也有些是看到網頁上的呼籲，孤身跑來安曼尋找同道的蹤影。

一人有一個故事

人肉盾牌的來臨，令酒店老闆笑顏逐開。近年由於以巴衝突升高，不少國家取消聖地之旅，原本是聖地一部分的約旦，旅遊上大受打擊，酒店更經營乏力。

此次美英要向伊拉克開戰，促使大批記者與人肉盾牌湧入安曼，使得死氣沉沉的安曼酒店業，突然迴光返照，盡情大發戰爭財。

酒店老闆高高興興地在酒店大門前，貼上告示「只招呼人肉盾牌」。

這樣便已生意不絕，房間不敷使用。老闆要求我與一位從美國來的女人肉盾牌茱利亞共住一個房間。

茱利亞來自美國紐約州，本身是一名作家，已五十六歲，但她看起來精神抖擻，說到美國領導層，特別感到義憤填膺，高呼「戰爭是一種罪行，我不能眼巴巴只看著電視上的戰爭報導。人要為他的信念赴湯蹈火」。

可是，茱莉亞出發前，也不無掙扎的時候。

「我很害怕，那一種一去不回的恐懼，去還是不去，弄得我久久不能入睡。但有一個晚上，我做了一場噩夢，夢見一名伊拉克孩童在空無一人的曠野上呻吟，向我求救。此際，遠處一枚導彈快要掉下來了，嚇得我大叫而驚醒。」

茱莉亞說時眼睛泛紅，想到無辜的老百姓，她決定前往巴格達，加入血肉長城。

她還說，要寫一本有關伊拉克的報導文學，一個有關戰爭與人的故事。

她一邊跟我聊天、一邊整理行囊。看著她，我不禁肅然起敬，就好像教堂頂尖上的聖母像。

另一個人肉盾牌菲芙（Faith），退休老師，已屆六十五歲高齡，來自美國德薩斯州，年輕時經歷第二次世界大戰，曾參與反越戰運動，之後即安享穩定的教師工作和家庭生活，直至最近美伊之間衝突到達沸點，她對戰爭的恐怖回憶又回來了。

她痛恨戰爭，相信和平手段，相信只有人道精神才可以促進人類的文明進步。

她的名字叫「Faith」，一個十分特別的名字，英文的意思即指信念、忠誠。人如其名，她為自己所相信的付出行動，要以行動表達對無助的伊拉克老百姓的關懷。

出發前，她的兒孫將她擁入懷中，拉著她的手，表示不願她離去，卻理解和支持她的決定，大家會在家裡等候她，期待她在上機前可能改變主意，又回到家。

險境中的掙扎與矛盾

菲芙的故事，也發生在其他人肉盾牌身上，無論男女、年輕的或年老的、是大學教授或是技術工人。他們有過掙扎和矛盾，亦有過與家人的臨別依依。

單憑一顆赤子之心，他們分別來到安曼，齊聚一堂，七嘴八舌，討論行程與策略，並舉行記者招待會，高調地公開他們的活動細則，藉此讓美英等國知道他們的所在，減低風險。

可是，美英聯軍不會因為有國民在伊拉克當人肉盾牌而手軟。一名來自英國倫敦的年輕小伙子勒斯達憤怒地告訴我，當他在出發前致電英國外交部，查詢在戰爭期間，他可否在伊拉克要求英國的外交保護，有關官員回答，「你要冒風險當人肉盾牌，這是你個人的抉擇，一切後果應自負，與國家無關，恕我們不能向你提供協助。」

除英國外，以美國為首的戰爭國家，紛紛表示人肉盾牌不能嚇阻他們在必要時開戰的決心。另一方面，伊拉克卻熱烈歡迎人肉盾牌，到訪伊拉克來保護平民百姓。

從簽證、交通，以至住宿，一律提供協助，大開方便之門，甚至一切免費使用。

在酒店，我遇上人肉盾牌的代表，上午拿了一大批護照到伊拉克安曼大使館，下午便獲發簽證，但我們記者卻要等簽證等上數個月之久。

此外，伊拉克還派來觀光大巴士歡送他們到巴格達，並安排他們入住五星級酒店。其中一名人肉盾牌領隊無奈表示，「我們沒有別的選擇，唯有安排成為伊拉克政府的座上客，才有機會前往巴格達。」

當我在安曼旁聽他們的會議時，有人肉盾牌就此發出質疑，他們擔心會由做為老百姓的人盾，最後變質成為海珊的人盾。

事實上，英國《星期日電訊報》曾報導，有人肉盾牌被安排駐守高危地點，從煉油廠到發電廠和水淨化廠等。

一名英國人肉盾牌被指派到發電廠，旁邊是伊拉克共和國衛隊所駐守的一條橋，他感到害怕地說：「這顯然是主要的攻擊目標。」

最後，他選擇提早離開巴格達。臨行前，他含淚向伊拉克工人解釋，「我對於在你們需要時離你們而去，感到慚愧，但我實在感到害怕。」

戰前，留守巴格達的西方人肉盾牌，共有三、四百人。當我在巴格達時，每天都會碰上不同的和平組織和意氣激昂的人肉盾牌到酒店報到。

人肉盾牌的工作，原本就是要以和平手段、血肉身軀來保護平民百姓，來嚇阻戰事的發生，可惜的是，在混亂的巴格達，特別在戰後一片綁架浪潮裡，當地激進組織進行非理性暴力行為，人道與和平工作者亦成為他們的攻擊對象，人肉盾牌也無奈有所迷失。最讓人擔心的，就是他們極有可能身陷險境而不自知，而他們的和平工作也隨之變得更具爭議性。

偉大的身影

無論如何，在一場浩浩蕩蕩的國際和平運動中，有我難忘的偉大身影。當在戰場上遇見他們時，我感到很震驚，連記者採訪完也立刻跑掉，恐多留一陣亦有莫大風險，為何那位和平使者這麼勇敢？想來她的勇氣源於心中的慈悲。儼如人間的天使、行走的菩薩。耶穌曾向門徒說：「我實在告訴你們：這些事你們既做在我這弟兄中一個最小的身上，就是做在我身上了。」是的，正如佛家所示，「此身不向今生度，更向何生度此身」，就是從無我的智慧展示出無私的悲心。

日前與朋友吃飯，我提到我在巴勒斯坦所遇上的年輕和平工作者，只有二十來歲，為何有如此的大愛，有些甚至和當地人共同經歷莫大的痛苦，最後壯烈犧牲。我感覺他們本是天使菩薩，來到世界向我們彰顯什麼叫做慈悲，並企圖喚醒大家心中愛之本能，當完成使命便走了。

我舉個例子，一位叫凱拉米勒（Kayla Mueller）的二十六歲美國女孩，在二〇一五年為幫助敘利亞難民給「伊斯蘭國」綁架身亡，她生前曾這樣說：「有人在聖堂中見到神，有人在大自然中見到神，有人在愛中見到神，但我卻在苦難中與神相遇；如果祢以此來向我顯示，我就以此來追尋祢。」（Some people find God in church. some people find God in nature. Some people find God in love. I find God in the suffering eyes reflected in mine. If this is how you are revealed to me, this is how I will forever seek you.）

她死後我重讀又重讀她這番話，這是一種怎樣的慈悲心，孕育了她非比尋常的精神？

另一位令我難以忘記的和平使者，也是來自美國的若雪．柯利（Rachel Corrie），她更早於二〇〇三年因在加薩保護平民而遇害，當時她只有二十三歲。她遇害前我曾在耶路撒冷和她有幾面之緣，交談過好幾次，原來她自小便關注世界，立志成為人道工作者，用自己雙手做為工具，以減輕別人的痛苦。

若雪在她大學畢業後，毅然離開舒服的校園，老遠的從美國跑到加薩南部拉法（Rafah），她表示要去保護那些無法保護自己的人。她曾經說過，對於不管住在何處的人類同胞，都不會吝嗇她的愛和責任。

她以嬌小的身軀阻擋以色列推土機摧毀難民營和民房，以軍指難民營內有恐怖分子，因此，他們要執行集體懲罰。本來有不少來自世界各地的和平工作者，也以這種方式來阻擋摧毀民居行動，他們高舉外國護照，那些正在前進的推土機或坦克便會停下。

很可惜，若雪那次行動，推土機沒有為她停下，結果她被推土機輾過，血肉模糊，最後她的精神長埋於加薩的土地裡。

有人認為這些和平工作者可能自小在虔誠的宗教環境氛圍給薰陶了，產生出悲天憫人的人格。但要做出這樣巨大的奉獻，心中應自有一股非常人的力量，難道他們真的是天上派來凡間的使者？

事實上，知易行難。我們很容易說，要愛人如己、行善積德、不要自私自利諸如此類，但一般人講時可以天下無敵，做起來便有心無力。那些大富豪、大慈善家也只不過在沒有影響自己利益時，才參與一些慈善事業，提升自我形象。我看有些一邊做慈善、一邊繼續其窮奢極侈的生活，善行變成被利用的公關手段。

當我們看見窮國人民的悲慘生活，難免產生憐憫之情，哀嘆他們的不幸，然後呢？然後就感到自己很幸福，要珍惜眼前的幸福啊！因此，如有人目擊苦難後便放下自己一切，走進苦難者當中，實在堪稱聖人或偉人，由於非比尋常，凡人實難做到，我們只能敬佩讚賞。例如德蘭修女，獻身於孟買的貧民窟，你我都做不到。

尼泊爾王子釋迦牟尼放棄榮華富貴悟道去，他被稱為覺醒的智者；一如耶穌，道成肉身，降下凡塵，不是嘗盡人間美好，而是走進不幸的人當中，經歷他們的苦難。這些智者、偉人聖人的出現，為我們帶來了生命強烈的訊息。

第三條道路

無論如何，從人肉盾牌到和平組織，中東地區的人民學會如何組織、動員，以非暴力、理性的手段來發出自己的聲音，爭取他們的政治訴求，並從中認識到擴大公民社會是他們唯一自救的方法，即使在滿目瘡痍的巴勒斯坦土地上，我卻在嚴冬中看到春蕾。

當國際社會只把焦點放在政治改革，但巴勒斯坦人社會裡已在默默發起革命。他們要尋找第三條出路，亦即在腐敗的巴勒斯坦自治政府與激進基本教義以外尋找第三種可能性。而在此積極推動的是一位不為主流媒體所關注的民間領袖穆斯塔法・巴爾古提（Mustafa Barghouthi）。他的哥哥便是極受巴勒斯坦人歡迎的馬爾萬・巴爾古提（Marwan Barghouthi），目前仍身處以色列的牢獄中。

在二〇〇五年大選期間，有人提名巴爾古提參選。大家心裡知道，只要他能參選，便一定勝出。他的聲望比阿巴斯還要高。以色列大為緊張，極力反對釋放他。弟弟繼承了哥哥的夢想，參選挑戰阿巴斯，雖最終失敗，但他一直致力擴大巴勒斯坦人的公民社會，成為回應以色列占領的一種另類和平，理性抗爭，讓人看到希望的出口。

我特地跑到拉姆安拉專訪巴爾古提。巴爾古提本身是一名醫生，後轉為社會活動家，多年前與已故著名美籍巴勒斯坦學者薩伊德，及另外兩位知名巴勒斯坦領袖沙費（Haidar Shafi）和達卡（Ibrahim Dakak）成立了一個民間組織——「巴勒斯坦全國動力」，阿拉伯文為「穆巴達拉」（Mubadara）。

他們成立「穆巴達拉」的目的，是要回應巴勒斯坦人的民主訴求。他們渴望在建國的過程中，可以擴大巴勒斯坦人在當中的民主參與，以推動一個獨立、可行且具代表性，有前景的國家。這國家同時建基於公義、公平、法治的基礎上，可讓巴勒斯坦人有尊嚴地生存。

就第三條道路的發展，我在拉姆安拉特別訪問了巴爾古提。以下是訪談摘要：

（記者：記；巴爾古提：巴）

記：你經常談到巴勒斯坦的第三條出路，這是什麼意思？

巴：我的意思是，巴勒斯坦人不一定只能在腐敗政權與原教旨主義之間做選擇，我們還可以選擇民主，但不是美式民主，而是從人民草根中自發出來的民主參與，這叫公民社會。在肢離破碎的大地上談公民社會，聽似荒謬，但這的確有可能。

記：對，但看到巴勒斯坦人連行動自由都受到限制，那些隔離牆、檢查站，令巴勒斯坦人只能在有限的空間活動，你要如何擴大他們的民主參與？

巴：首先，我想告訴你，一九八七年與二〇〇〇年的兩次「起義」，反而幫助了我們慢慢建立起公民社會來。在那兩次起義中，巴勒斯坦人學會如何為了生存而抗爭、如何組織自己和進行動員活動，期間有不少來自世界各地的和平組織，前來幫助我們，教導巴勒斯坦人一種非暴力的手段。

記：我也留意到，這實在是十分感人的場面。和平組織人士以非暴力方式為巴勒斯坦人擋砲火，但以色列方面卻指他們為恐怖分子的同情者。不願意見到他們的身影。

巴：噢！以色列當然不希望他們前來見證在新聞現場所發生的一切，更何況他們對巴勒斯坦人的政策是圍堵與孤立，公民社會就是要打破圍堵與孤立的企圖。你有留意嗎？我們雖然生活在滿目瘡痍的土地上，但非政府組織活動（ＮＧＯ）非常活躍。

記：事實的確如此，那你如何評價這些國際ＮＧＯ前來與巴勒斯坦人合作，推動公民社會？

巴：有一點我必須強調，在這些國際ＮＧＯ當中，有不少是完完全全來自草根階層。他們的人得以發聲，並通過團結形成一種力量，這正是我們要學習的。他們來保護我們，讓我們有機會在較為有保障的環境中活動，同時認識到非暴力的可能性，這種國際團結運動令人欣喜。現在的巴勒斯坦社會，與過去已經大有不同。即使是過去只能留在家裡的巴勒斯坦婦女，現在也懂得站出來說話。

記：我也接觸過好幾個婦女團體，例如「國際婦女和平組織」（International Women for Peace），他們吸引了不少巴勒斯坦婦女加入。你認為這是巴勒斯坦人民主意識的萌芽嗎？

巴：事實上，我們巴勒斯坦人已建立了一個很強的公民社會，堪稱是阿拉伯世界的代表，只不過你們傳媒沒有太多的報導。我深信，朝著這個方向，巴勒斯坦人最終能夠立國，而這個國家必會是一個阿拉伯民主國家的典範。

訪問完畢，我想，如何壯大公民社會，不但是阿拉伯社會的出路，也是我們的出路。

後記

為和平做談判

我以和平運動做為本書的終結，目的是要展示在一個充滿暴力與仇恨的地區，原來也有生命的訊息，指出一個希望的方向。這不是一味追求戰爭與死亡的小布希集團所能比擬的，也不是腰纏炸彈的「聖戰者」可以較量的。

游擊式的恐怖主義固然恐怖，國家恐怖主義更恐怖。它之所以更恐怖，乃由於它鮮少在我們的關注視線之中，於是可以比前者更胡作非為、激發更多有害細胞。不幸的是，它總會穿上美死的外衣、手中握有絕對的權力，以及輿論的咽喉。

為什麼會有伊斯蘭主義運動？為什麼會出現蓋達、真主黨、哈瑪斯等激進伊斯蘭組織？一個危險的訊號，紅色的燈光向世界閃動著。

當我要剖析恐怖主義的謎團時，卻感受到一股巨大的壓力撲面而來。有人有心混淆視聽，有人根本搞不清楚，他們總會向一些企圖了解恐怖主義的人扣上同情恐怖主義的帽子，然後，言論一剎那便給窒息了。

有不少時候，和平組織也被視為恐怖主義的同情者，甚至是同謀者。當權者不喜歡他們的身影，一如他們不希望記者在前線目擊一切。

但，只要我們走到前線，讓一切世人以為沒有發生的事給描述出來，好讓人們停留一刻，想想那裡究竟正在發生什麼事，然後走出冷漠與無知，監察戰爭發動者的行為，那麼，我們的來臨，便可為和平做談判了。

寫完這本書，還有未完結的感覺。真的，它仍未完結。在中東採訪過程裡，我認識不少朋友，例如，駐守耶路撒冷舊城的以軍，其中一個總會大呼「Susanna, you are back！」（你又回來了），然後，我們緊緊擁抱，親如兄弟姊妹。

這個地區，的確需要改變，但不是來自集束彈、貧鈾彈，甚至人肉炸彈；也不是來自殖民者、占領軍或「聖戰者」。那些新保守勢力的帝國霸權野心，那些走向極端的宗教狂熱分子，還有民族擴張主義及貪污腐敗的獨裁政權，他們弔詭地互相依附生存，造就了今天的中東局面。人民要對這一切說「不」，國際和平隊伍甘願冒險與他們牽手，展示了世界公民的力量、非暴力的可能。

對，如何在該地區建構一個相互包容、尊重的公民社會（Civil Society），並與國際接軌，或許當中可找到答案。

MS1031X

中東現場

揭開伊斯蘭世界的衝突迷霧（全新增訂版）

作　　者❖張翠容
封面設計❖木木 Lin
內頁排版❖李偉涵
總 編 輯❖郭寶秀
責任編輯❖林俶萍

出　　版❖馬可孛羅文化
104 臺北市中山區民生東路二段 141 號 5 樓
電話：(886) 2-25007696
發　　行❖英屬蓋曼群島商家庭傳媒股份有限公司城邦分公司
臺北市中山區民生東路二段 141 號 11 樓
客服服務專線：(886) 2-25007718；25007719
24 小時傳真專線：(886) 2-25001990；25001991
服務時間：週一至週五 9:00 ～ 12:00；13:00 ～ 17:00
劃撥帳號：19863813　戶名：書虫股份有限公司
讀者服務信箱：service@readingclub.com.tw
香港發行所❖城邦（香港）出版集團有限公司
香港九龍土瓜灣道 86 號順聯工業大廈 6 樓 A 室
電話：（852）25086231 傳真：（852）25789337
E-mail：hkcite@biznetvigator.com
馬新發行所❖城邦（馬新）出版集團 Cite (M) Sdn Bhd
41, Jalan Radin Anum, Bandar Baru Sri Petaling,
57000 Kuala Lumpur, Malaysia.
電話：（603）90563833　傳真：（603）90576622
E-mail：services@cite.my
輸出印刷❖前進彩藝有限公司
初版一刷❖2006 年 1 月
二版一刷❖2024 年 2 月
二版二刷❖2024 年 7 月
紙書定價❖520 元（如有缺頁或破損請寄回更換）
電子書定價❖364 元

城邦讀書花園
www.cite.com.tw

ISBN：978-626-7356-57-9（平裝）
EISBN：9786267356562（EPUB）

國家圖書館出版品預行編目 (CIP) 資料

中東現場 : 揭開伊斯蘭世界的衝突迷霧 / 張翠容著 . -- 二版 . --
臺北市 : 馬可孛羅文化 , 2024.02
面；　公分

ISBN 978-626-7356-57-9(平裝)

1.CST: 中東問題 2.CST: 國際衝突 3.CST: 報導文學

578.1935　　113001355

中國
西藏
中亞
新德里
喜馬拉雅山
尼泊爾
珠穆朗瑪峰
加德滿都
錫金
不丹
印度
孟加拉
緬甸
河內
寮國
越南
中南半島
泰國
吳哥窟
柬埔寨
洞里薩湖
金邊
胡志明市
孟加拉灣
香港
澳門
台灣
太平洋
菲律賓海
南海
亞齊省
婆羅洲
伊里安查亞
（西巴布亞）
印尼
雅加達
爪哇島
狄力
西帝汶
東帝汶
帝汶海
澳洲

匈牙利
羅馬尼亞
巴爾幹半島
保加利亞
黑海
希臘
安卡拉
土耳其
地中海
敘利亞
大馬士革
安曼
開羅
埃及
巴格達
伊拉克
中
德黑蘭
伊朗
裡海
鹹海
烏茲別克
土庫曼
塔吉克
喀布爾
阿富汗
開伯爾山隘
伊斯蘭馬巴德
達蘭薩拉
巴基斯坦
利雅得
沙烏地阿拉伯
波斯灣
東
阿曼
葉門
印度洋